기이한 나의 집

18세기 개인의 발견 3

이 용 휴 평 전

기이한 나의 집

박동욱 지음

글항아리

혜환 이용휴李用休(1708~1782)는 연암 박지원과 함께 이름이 오르
내렸을 정도로 문제적인 인물이었다. 본관은 여주驪州, 자는 경명
景命이고, 호는 혜환惠寰이다. 그의 문집은 온전한 상태로 남아 있
지 않은 데다, 그나마 남아있는 것들도 대개 만년의 작품들이다.
그의 생애에 대해서는 흔한 묘지명, 행장, 유사 등 개인의 행적을
알 수 있는 것들을 이상하리만큼 찾기 어렵다. 그뿐 아니라 다른
문인들의 문집들에도 약속이나 한 것처럼 그에 대한 기록이 거
의 없다. 그래서 혜환의 생애를 재구再構하는 작업은 짝이 맞지
않는 퍼즐을 맞추는 일 같았다.

　그러나 남아 있는 시와 산문만으로도 혜환이 얼마나 대단한
작가인지 알기에는 충분하다. 시는 산문처럼 쓰고 산문은 시처
럼 썼다. 시는 대부분 만시輓詩와 송시送詩가 차지한다. 만시는 죽
음에 대한 통찰을, 송시는 인간애를 보여준다. 각종 한시의 금기
禁忌를 위반하면서까지 의미를 전하는 데 주력했다. 산문은 편폭

篇幅이 매우 짧지만 발상과 서사는 대단히 독특하다. 할 말만 하되, 남들과 똑같은 말은 하지 않았다. 어떤 작품들에서는 독특해야 한다는 특유의 강박까지 느껴진다. 이 점을 어떻게 보고 받아들이는가에 따라 평가가 엇갈릴 수 있다.

그처럼 개인과 자아 문제에 천착한 작가도 많지 않다. 그러한 문제의식은 고스란히 문학론과 작품에 반영되었다. 그는 자기다운 글을 자기만의 형식으로 직접 써야 한다고 생각했다. 그 바탕에는 엄청난 독서가 숨어 있었다. 기이한 책들을 구해서 수장收藏하고 끊임없이 책을 읽었다. 그의 글들은 기존의 것들을 충실히 이해한 뒤에 얻은 궁극의 성취였다. 달라지기 위해서 달라진 것이 아니라, 같아지다 보니 끝내 달라져버렸다.

그동안 이용휴에 대해 여러 권의 책을 썼다. 일평 조남권 선생님과 함께 『혜환 이용휴 시전집』(소명출판, 2002), 『혜환 이용휴 산문 전집 1, 2』(소명출판, 2007)을, 송혁기 선생님과 함께 『나를 찾아가는 길』(돌베개, 2014)을 펴냈다. 혜환의 남아 있는 모든 작품을 한데 모아 역주했고, 그중에 소개할 만한 산문을 뽑아서 평설을 달았다. 이번에 평전을 쓰면서 이제야 혜환과 조금 가까워진 느낌이다.

매사에 맏형처럼 푸근하고 넉넉한 모습을 보여주었던 박경남 선생님, 오래전부터 함께 만나왔던 내 친구 송혁기 선생님, 그리고 온갖 궂은일을 도맡아 처리해준 하지영 선생님까지 모든 분께 감사한 마음을 전하고 싶다. 같은 평전 팀으로 이분들과 함께 공부했던 시간을 눈물겹게 그리워할 날이 언젠가는 올 것이라 믿는다. 그때 이들이 예전에 함께 공부했던 추억 속 인물들로 기억될 게 아니라, 지금도 앞으로도 변함없이 서로에게 삶을 의지하며 함께 살아가는 도반道件들로 기억되기를 바란다.

이 책을 쓰는 시간은 개인적으로 가장 극심한 슬럼프에 빠져 지낸 시간이기도 했다. 도무지 글을 쓸 수 없는 상태였으나, 결국 책을 낼 수 있게 되어 안도감과 아쉬움이 함께 남는다. 얼마 전 이양연의 시집을 옮긴 『눈 내린 길 함부로 걷지 마라―산운집』(소명출판, 2021)을 펴냈다. 그리고 이 책 『이용휴 평전』을 펴냄으로써 올해 석사·박사학위 논문 주제였던 이양연과 이용휴의 책을 함께 펴내게 된 셈이다.

삶이 어떻게 흘러갈지 모르지만, 그저 하루하루의 일과를 열심히 살아본다. 끝까지 버틴다는 뜻을 담은 영화 「록키」의 배경음악 「Going the Distance」는 나에게 언제나 힘을 가져다준다. 삶이란 싸워 이겨야 하는 것이 아니라, 그저 마지막 라운드까지 버티는 것이 아니겠는가? 그렇게 버텨가며 또 한 권의 책을 펴낸다.

2021년 5월
국립중앙도서관에서
박동욱

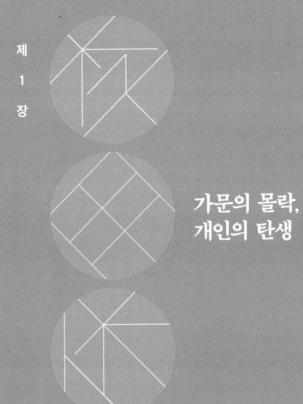

제
1
장

가문의 몰락,
개인의 탄생

관직 없고 작위 없고 권세 없으나
대도 있고 매화 있고 연꽃도 있네
취하면 노래하고 노래하면 술 마시니
살아 있는 신선이라 해도 무방하리라

1

세상에 태어나다

이용휴李用休(1708~1782)는 본관이 여주驪州이고, 자는 경명景
命,[1] 호는 혜환惠寰,[2] 탄만歎嫚,[3] 매남梅南이었다. 아버지는 이침李沈
(1671~1713)[4]이고 어머니는 조석제趙錫悌[5]의 따님이다. 혜환이 부
모님에 대해 쓴 글은 남아 있지 않다. 그는 충청도 예산군禮山郡
덕산면德山面 장천리長川里에서 태어났다. 예산은 여주이씨의 대
표적인 세거지世居地로서 혜환의 종조부從祖父 되는 이명진李明鎭
(1641~1696) 때부터 거주하기 시작했다. 이명진은 맏형인 이하진
李夏鎭(1628~1682)이 경신대출척庚申大黜陟 때 진주晉州 목사로 좌천
되었다가 운산雲山에 귀양 가서 죽자, 1694년 양근군수楊根郡守를
사임하고 장천리로 이주하게 되었다. 한 가문이 절망 끝에 머문
곳에서 혜환은 태어났다.

아버지 이침은 전배前配 초계정씨草溪鄭氏와의 사이에서 이미

1남1녀를 두었다. 아들은 이광휴李廣休이고 딸은 홍일휴洪日休[6]에게 출가했다. 재취인 한양조씨漢陽趙氏와의 사이에서 이용휴와 이병휴李秉休를 낳았다. 1713년(혜환의 나이 6세) 아버지가 세상을 떠났다. 그에게 아버지의 상실은 감정적인 슬픔에서 그치는 것이 아니라, 매서운 현실을 직면케 하는 사건이었다. 가족은 한곳에 정착하지 못하고 계속 떠돌아다녔다. 어머니와 함께 섬곡剡曲(오늘날 경기도 안산시에 편입되었다)과 외가外家를 떠돌다 1719년 12세가 되던 해 서울로 거처를 옮겼다.

과거를 포기하다

최생崔生이 와서 매우 상세하게 말했으니 마음이 위로됨을 이기기 어렵구나. 가환家煥은 글을 보고 읽는 것을 중지하지 않았더냐? 듣건대 과거에 응시하는 것을 허락하지 않는다고 하니, 이와 같은 하나의 판단은 또한 쉽지 않은 것이다. 옛날에 중씨(이잠李潛을 가리킨다)가 16세에 향시에 합격하여 명성이 일찍 드러나 모두 반드시 성공할 것이라 했지만, 선군자께서는 너무나 이르다고 하시었다. 그런데 운명이 버린 것일 뿐이었으니, 조상을 더럽히지 않았다고 할 수가 있다. 나는 서늘한 기운이 생긴 뒤로 신기가 점차 소생이 되었으나 밤중에는 진진하게 오한이 더하여 그 차츰 상서롭지 못할 것이 매우 두렵구나.[7]

『천금물전千金勿傳』(보물 제1673호), 이하진, 27×44.3cm, 성호박물
관. 1680년 매산梅山 이하진李夏鎭이 자손들에게 가르침을 주기 위
해 만든 서첩.

1722년에서 1723년으로 넘어가는 겨울에 혜환은 숙부인 이익
李瀷에게 몸을 맡겼다. 이익은 여주이씨 일문의 자제들에게 많은
영향을 끼쳤는데 혜환도 예외는 아니었다. 이 서찰은 이익李瀷의
『성호선생전집星湖先生全集』에 있는 글이다.[8] 이익이 조카 혜환에게
남긴 유일한 편지인데, 여기에는 혜환이 아들 이가환의 과거 응시
를 막은 정황이 드러난다. 이익은 평소에도 과거를 포기하는 것
을 숙명으로 여기고 있었다.[9] 그러던 차에 둘째 형 이잠의 이야기
를 들어 혜환의 판단에 동조했다. 이잠은 16세의 나이로 사마시
에 진사로 합격했으나 아버지 이하진이 "큰 그릇은 일찍 이루어
지는 것을 꺼린다大器忌早成"고 경계하여 대과 응시를 미뤘다. 이
잠이 상소 때문에 숙종에게 맞아 죽은 이후, 그의 가문 사람들은

스스로 출사할 생각을 접었다.

혜환은 1735년(28세) 생원시生員試에 합격했다. 정약용의 「정헌묘지명貞軒墓誌銘」과 이규상의 『병세재언록幷世才彦錄』에는 모두 진사進士로 기록하고 있지만, 이는 착오로 보인다.[10] 혜환이 생원시에 응시하여 합격한 것은 자기 점검의 차원이었다. 그는 스스로 결정하여 더 이상 과거에 응시하지 않았다. 어차피 출사出仕의 꿈을 접었는데 진사시까지 치르는 것은 의미가 없다는 판단에서였다. 아들 이가환에게도 과거시험을 독려하기는커녕 오히려 포기를 종용했다. 근거 없는 희망과 기대가 사람을 얼마나 지치고 가난하게 만드는지를 잘 알고 있었기 때문이다. 과거는 응시에는 제한이 없으나 출사에는 제한이 있었기에 허망한 도전으로 그칠 수밖에 없었다. 조선시대 과거시험은 누군가에게는 절망의 또 다른 이름이었다. 여주이씨들의 출사가 불가능한 것은 아니었지만, 조정에서 극심한 탄핵이 예고되어 있었다. 따라서 이 시기 여주이씨 대부분이 진사나 생원에 그쳤다. 그렇다고 벼슬을 한 사람이 전혀 없는 것은 아니었다. 성호의 외아들인 이맹휴는 문과 장원을 하고 한성부주부에 제수되었다. 1743년 이맹휴가 적신賊臣 이잠의 조카라 하여 사간원의 탄핵이 있었지만, 영조의 두둔으로 무사했다. 그러나 그는 불행히도 39세의 나이로 세상을 떠났다.

재야의 문형, 하늘의 별이 되다

서른 살 초반의 나이에 안산(安山)에서 분가(分家)하여 황화방(皇華坊)(정동貞洞)으로 거처를 옮겼다. 이곳에 이상의(李尙毅)의 집이 있어 여주이씨를 정동이씨(貞洞李氏)라고도 불렀다. 서울로 거주지를 옮기면서도 출사에 대한 마지막 희망을 접지 않았지만, 그의 뜻은 끝내 이루어지지 않았다. 40세가 넘어 중년의 나이에 접어들며 주변 사람들의 비보(悲報)를 연이어 접하게 된다.

1747년(40세) 어머니 한양조씨(漢陽趙氏) 부인이 세상을 떴고, 1761년(54세) 형 이광휴가 유명을 달리했으며, 1763년(56세)에는 숙부인 이익이 세상을 떠났다. 또 1766년(59세)에는 아끼던 제자 이언진(李彦瑱)이 요절했다. 이해 12월에는 부인인 진주류씨(晉州柳氏)가 세상을 떴다. 혜환은 마흔에서 예순 살까지 많은 사람과 영별(永別)해야 했다.

노년기에 들어서도 여러 일을 겪는다. 삶은 언제나 떠나가는 것과 다가오는 것의 연속이었다. 그에게 역시 기쁜 일이 찾아오기도 하고 슬픈 일이 일어나기도 했다. 1770년(63세) 넷째 사위 이응훈(李應薰)[11]이 세상을 떠났고, 그의 아들 이학규(李學逵)가 세상에 태어났다. 이응훈은 아들 이학규가 태어나기 다섯 달 전에 22세의 나이로 요절했다. 외손자인 이학규가 태어난 곳은 황화방에 있는 혜환의 집이었다. 혜환은 이학규에게 다년간 당시(唐詩)를 가르쳤다. 1771년(64세) 아들 이가환이 생원진사시에 동시에 합격한 뒤에 1776년(69세) 다시 문과(文科)에 오르는 기쁨을 맞는다. 부모는 자식보다 더 아프고 기쁠 수 있는 사람이다. 아들의 성취는

혜환 이용휴의 묘(강원도 원주시 흥업면 매산묘원).

그가 포기하고 절망했던 많은 기억을 위로해주기에 충분했다.

1778년 정월 15일, 75세의 나이로 혜환은 세상을 떴다. 포천抱川에 안장되었다가 뒤에 예산禮山 선영으로 천장遷葬했다. 현재에는 강원도 원주시 흥업면 매지리 산 34-3에 위치한 매산묘원梅山墓苑에 일가 사람들과 함께 묻혀 있다. 매산묘원은 1987년 10월에 조성되었다.

잃어버린 삶의 흔적들

일흔다섯 해의 짧지 않은 삶을 살았지만 그의 삶을 구체적으로 복원해내기는 어렵다. 한 개인의 이력을 확인할 수 있는 행장行狀,

묘지명墓誌銘, 유사遺事, 연보年譜 등이 어쩐 일인지 하나도 남아 있지 않다.[12] 변변찮은 문인들도 한두 개쯤은 남아 있는 기록이 그에 대해서는 웬일인지 발견되지 않는다. 뚜렷한 벼슬을 한 적도 없기에 『조선왕조실록』이나 『승정원일기』 등 관찬 기록에서도 자취를 찾을 수 없다. 남아 있는 것이라곤 만시輓詩와 제문祭文 몇 편이 전부다.[13]

게다가 사승師承의 관계도 모호하고, 동료 문인들의 문집에서조차 그의 흔적을 찾을 수 없다. 끝내 본인의 문집도 공간公刊되지 않았다. 그나마 남아 있는 문집도 온전치 않은 상태이고, 남아 있는 것도 생애 만년의 기록으로 추정된다. 도대체 왜 이렇게 된 걸까? 아들 이가환이 신유옥사辛酉獄事 때 천주교도로 몰려 죽은 것이 하나의 이유로 보이지만, 그것만으로는 다 설명되지 않는다. 이가환의 기록은 다른 사람의 문집에 버젓이 남아 있기 때문이다.

> 관직 없고 작위 없고 권세 없으나
> 대도 있고 매화 있고 연꽃도 있네
> 취하면 노래하고 노래하면 술 마시니
> 살아 있는 신선이라 해도 무방하리라
> 無官無爵亦無權, 有竹有梅又有蓮
> 醉則便歌歌則飮, 不妨喚做活神仙
> ⌜스스로 마음을 달래다自遣⌟

석연치 않은 이유로 그의 흔적은 지워졌다. 그의 삶을 복원하는 일은 마치 조각난 퍼즐을 맞추어가는 것 같다. 남아 있는 자료로는 구체적인 연보조차 작성하기 어렵다. 그의 유명세를 생각하면 선뜻 이해하기 어려운 일이다. 그렇지만 그가 여러 방면에서 다양한 계층 사람들에게 큰 영향을 끼친 것만은 사실로 보인다. 위의 시에서 그 해답을 찾을 수 있다. 그는 관직도 없고 권세도 없는 삶을 살았다. 신선처럼 살다가 신선처럼 그렇게 자취를 감춰버렸다. 그를 어디에서 찾을 것인가?

2

문제적 인물, 이용휴

실력대로 그에 걸맞은 현실적 보상報償을 꼭 받는 것은 아니다. 이것이 삶의 아이러니라면 아이러니다. 노력은 배반당하기도 하고 삶은 등을 보이기도 한다. 실력 있는 사람이 평생 뚜렷한 지위에 오르지 못하여 어떠한 성취도 보여주지 못하고 사라지는 일도 많다. 반면 실력도 없는 사람이 승승장구를 거듭하다 자기에게 걸맞지 않은 지위에 오르기도 한다. 뛰어난 능력에 미치지 않는 현실의 초라한 보상은 더욱 깊은 좌절을 가져온다.

개인의 삶이란 대체로 크게는 사회적인 구조, 작게는 가문과 가정에 영향을 받기 마련이다. 삶이란 어느 정도 예기豫期되어 있으니 잘 서정된 비극인 셈이다. 그러나 개인을 둘러싼 가혹한 환경의 제약 속에서 진정한 개인이 태어난다. 외부의 조력 없이 자신의 힘과 실력으로만 증명하게 되는 나력裸力이 힘을 발휘하게 되는 것이다. 나력이란 권력이나 지위가 사라진 뒤에도 절대로 사라지지 않는 나만의 실력을 의미한다.

이용휴는 남인南人 출신에다 이하진과 이잠의 후손이었다. 그가 스스로 인정했든 인정하지 않았든 간에 삶은 순탄하게 준비되어 있지 않았다. 과거시험으로 출사하기를 포기한 그에게 세상을 향한 선택지는 하나뿐이었다. 실제로 문형文衡이 될 수는 없지만, 재야의 문형이 되는 것이다. 자기 나름의 문학을 완성하고 제자들을 양성하며 문단文壇에 영향력을 끼치는 삶만은 그도 결코 포기할 수 없었다.

이용휴가 당대 문단에서 문제적 인물이었던 것만은 확실해 보인다. 제자들로는 뛰어난 중인中人들이 포진해 있었고, 교유하던 문인들 역시 남인문단南人文壇의 중요 인물이었다. 그의 작품은 내밀하게 그들에게 영향을 주면서 당대 문단에 새로운 바람을 불어넣었다. 그가 가진 폭발력이 바로 여기에 있다.

드디어 재야의 문형이 되다

이분[이침]이 휘諱 용휴用休를 낳았는데 이미 진사進士가 되고는 다시는 과거 시험장에 출입하지 않았다. 온전히 문사文詞에만 열중하여 우리나라의 속됨을 씻어내고 힘써 중국을 좇으니 그의 글은 기굴奇崛하고 신교新巧하여 요컨대 전겸익과 원굉도의 아래에 있지 않았다. 자호自號를 혜환거사惠寰居士라 했으니 원릉元陵 말년에 명성이 당대 으뜸이었다. 무릇 연마하여 스스로 새롭게 하려는 사람들은 모두 문장을 배우고자 찾아왔다. 몸은 포의布衣의 반열에 있으면서도 손으로 문원의 저울대[權]를 잡은 것이 30여 년이었으니 예로부터 있지 않았던 일이다. 그러나 우리 선배들의 글에 있는 흠을 도려냄이 매우 심하여 이로 인해 속류俗流들이 그를 원망했다.[14]

정약용의 『여유당전서與猶堂全書』에 있는 혜환의 아들 이가환의 묘지명인 「정헌묘지명貞軒墓誌銘」이다. 혜환에 대한 평가로 가장 잘 알려져 있는 글 중 하나로, 간략하지만 흥미로운 사실 몇 가지를 제시해준다. 우선 그가 중국 문학에 경도되어 그의 글이 기굴하고 신교해서 중국의 걸출한 문인인 전겸익錢謙益이나 원굉도袁宏道보다 못하지 않다는 점을 들었다. 다음으로 남인, 소북, 중인 등 문인 중에 새로운 문학을 추구하는 사람들은 그의 문장을 하나의 롤모델로 삼아 배우려고 찾아왔다. 그런데 여기서 흥미로운 사실 하나는 원릉元陵 말년에 명성이 최고조에 달했다고 한 것이다. 원릉 말년은 1776년(영조 52, 병신丙申)인데 혜환의 나이 69세 때였다. 왜 이 해를 특정했는지는 구체적으로 알 수 없다. 하지만 한 가지 추측할 수 있는 사실은 말년에 갈수록 그의 명성이 높아졌다는 것이다. 끝으로 지나친 문학적 실험으로 비난의 중심에 있었다는 점을 들 수 있다. 혜환은 선배들의 글에 있는 하자를 답습하는 것이 아니라 척결하려고 해서 기존 문단에 미운털이 박혔다. 다산은 그들을 속류俗流라 지칭하며 비판했다. 이런 몇 개의 키워드는 당대 그의 문학적 위상을 추적하는 데 의미 있

墓誌銘

貞軒墓誌銘

與猶堂全書　第一集　詩文集墓誌銘　十五

乾隆乙卯之春我
正宗大王御極之十有九年也妒臣旣誅□□王
綱復整□上御仁政門受賀賞晋如洪鍾怒忌如雷忌曰否閣在廷
百僚成臨予讋予今日退小人進君子以詔我　皇天祖宗之眷命予今
日明示好惡以丕定民志群臣震懾戁稽無譁恭命起列中樞
府事臣蔡濟恭爲左議政　命同訊承旨以鋪進前紙提前大司成
李家煥爲工曹判書於是予將老蔡故章衣冠之綏穀粲布之蓍亭館鄰
敬松椇栢之植茲華城□我　莊獻衣冠之藏也今年春于奉　壽宮
倬靈籤之日惟茲故　顯城池甲兵之絏毉是華城之事不敢不
往觀簿領牟之共嘏有小大咸宜整理悉簿悉正以昭邦禮吾家煥汝惟
傳識宜章是役否鋪汝惟敏給其茲奎瀛之府密邇　王居厥
地深歲必往茲宅蓋焉息汝內醞珍膳異饌橘柚柑橙饒饎餖釘是
醉是低巡沾深恩臣等僧伏泣惟命之務既數日設貪花釣魚之宴□
上旣乘命進厭馬詔□等駒而從□濟恭□家煥□饒醲
怡翕麗東至石果閒下馬特至芙蓉亭釣魚登龍偭賦詩還御映花堂作樂
修撰當此之時小人近淸君子逍長太和亭百兩物煙煙諴邨鲐一治如
庚辰夕賜燭餝院是平秋召試珍山縣監□李恭讓賜第特授弘文館
家煥旣至石試令人近萬中□洪樂
巳五年己未春□濟恭厥明年夏六月上葺厥明年辛酉春鋪作
獄將殺之虹踏大臣救徒腦于康津此否泰消長之大略也嗚呼天旣生
安季恭慮等用事迫春濟恭倃愎識諜邨谥一治能
聰明督智者我　先大王之人立之爲君師又生此一二賢俊之臣使之
際會相遇以賁一代之觀又從而顥之巠之使不得終其寵綜天豈可知
耶後十有八年戊寅之秋□鋪生還洌水之北妨叙列一二臣名踣蔡公

『여유당전서與猶堂全書』(위), 정약용, 26×16.7cm, 국립중앙박물관. 혜환의 아들 이가환의 묘지명인 「정헌묘지명」(아래)이 실려 있다.

는 단서가 된다. 그런데 재야의 문형文衡이란 말은 매력적인 호칭이긴 하지만, 반면에 재야에서만 맴돌고 주류가 되지 못한 사람을 위로하는 슬픈 수사修辭이기도 하다. 심노숭과 정약용은 같은 해에 태어났지만 당색이 다른 인물이었다. 혜환이란 같은 인물을 두고 남긴 기록은 간극이 크고도 넓다.

비난의 공적인가, 진보의 선성인가

> 영조英祖 이래로 풍기風氣가 한 차례 바뀌었으니, 이용휴,
> 이가환 부자와 이덕무李德懋, 유득공柳得恭, 박제가朴齊家, 이
> 서구李書九의 무리가 더러는 기궤奇詭를 주로 하거나 혹은
> 첨신尖新을 주로 했다. 그 한 세대의 오르내림의 자취를 과
> 거와 비교해보면 성당盛唐 만당晩唐과도 같았다.[15]

세월이 한참 더 지난 뒤에 혜환은 다시 언급된다. 이 글은 김택영金澤榮(1859~1927)이 썼다. 그의 평가를 통해 혜환은 가장 진보적인 문인군群에 자리매김된다. 그가 기이하고 참신하다는 평가에는 양면성이 있다. 이러한 평가는 그에게 비난과 명예를 함께 가져다주었다. 그를 반대하는 문인들에게는 비난의 공적公敵이되었고, 그를 따르는 문인들에게는 진보의 선성先聲이 되었다.

어쨌든 그는 여러 사람에게 영향을 끼쳤다. 남인, 소북 문인들과 교유하며 문단의 향배를 주도해나갔고, 이언진李彦瑱을 필두로 한 일군의 중인 문인에게도 많은 영향을 끼쳤다.[16] 가문에서는

아들 이가환과 여주이씨 문인에게 적지 않은 그림자를 드리웠다. 지금까지 혜환에 대한 평가를 여러 인물이 남긴 기록을 통해 살펴보았다. 그렇다면 시화詩話에서는 그의 시에 대해서 어떻게 보고 있을까?

> 혜환이 지은 만시輓詩
> 혜환거사惠寰居士가 어떤 친구의 죽음에 이렇게 만시를 지었다
>
> 만고에 큰 의문의 안건이 있으니
> 삶과 죽음, 어떤지 모르는 것이지
> 그대는 몸소 가서 판결하고 싶어
> 표연히 세상 버리고 홀로 떠났는가?[17]

위의 글은 혜환의 시에 대한 다산의 평가다. 이 시는 『혜환시집惠寰詩集』에 「제목을 잃다失題」로 실려 있다. 다산은 만시 중에 한 편을 뽑아 소개했다. 혜환의 만시에선 죽음에 대한 남다른 시각이 드러난다. 그것은 관습적 내용이나 일상적 발상에서 벗어난 형태로 표현된다. 죽음은 누구도 피할 수 없는 문제이지만, 죽음 이후의 세계에 대해서는 아무도 모른다. 여기에서 온갖 의심이 생겨나고 불안과 공포가 엄습한다. 그런데 용감한 그대가 이러한 의안疑案을 타파하려고 훌쩍 세상을 떠난 것이냐고 되묻고 있는 것이다. 망자와의 추억이나 그의 삶을 장황하게 묘사한 후 슬픔에 빠지고 마는 일반 만시와는 그 발상 자체가 다르다.

또 이경유李敬儒의 『창해시안』에서는 정란에 대한 송시 한 편

을, 조언림趙彦林의 『이사재기문록二四齋記聞錄』에서는 강학흠에 대한 만시 한 편을 각각 소개했다.[18] 혜환 시에서 가장 많은 편수를 차지하는 것은 송시送詩와 만시輓詩다. 각종 시화에서도 이 점에 주목하여 송시와 만시를 소개하고 있다.

혜환은 자신을 따르는 이들과 6언시를 실험했으며,[19] 생지명生誌銘[20]을 썼다. 이를 통해 서로의 존재를 확인했다. 학문이나 문학이 뚜렷한 학파와 시맥詩脈으로 전달되지는 않았지만, 영향력은 여타 주류 작가에 전혀 뒤지지 않았다.

3

한 편의 상소

상소문은 신하가 임금에게 올리는 글을 말한다. 임금과 직접 대면하기 어려운 유생도 글을 통해 임금과 직접 소통할 수 있었던 셈이다. 도끼를 옆에 놓고, 상소를 받아들이지 않으면 자신을 그 도끼로 죽여달라고 하는 지부상소持斧上疏도 있었다. 목숨까지 내놓으면서 군주의 올바른 판단을 이끌어내기 위한 선비의 충정 어린 고언이었다.

그렇다고 상소가 모두 선의善意에서 나온 것은 아니었다. 자신의 당론黨論을 관철시켜 반대파를 모해謀害하는 수단으로 사용되기도 했다. 실권자인 왕은 선의와 충의로 포장된 상소문에서 진실을 가려내야 했다. 때로는 상소가 역린逆鱗을 건드려 죽임을 당하는 일도 적지 않았다.

이잠李潛(1660~1706)은 자가 중연仲淵이고 호는 서산西山이다.

이용휴의 큰아버지다. 그는 남인의 몰락 속에서 노론 일색의 정국에 좌절한다. 이 때문에 무명옷과 짚신 차림으로 산수 사이를 방랑하며 주변 어린 자제들을 훈육하면서 세월을 보냈다. 그러던 차에 1706년 5월 29일 충청도 유생 임부林溥가 송시열을 비판하고 윤증을 높이는 소론계의 당색을 드러내는 상소를 올렸다. 이 사건은 김춘택을 제주도로, 임부를 흑산도로 유배시키는 등의 조치로 일단락되었다. 사건이 종결되기 무섭게 9월 17일 이잠의 상소문 한 통이 올라왔다. 『숙종실록』은 이를 두고 "흉인凶人 이잠이 상소上疏했다"고 기록했다.

처참하게 세상을 뜬 이잠

이잠은 임부의 상소에 대한 정당성을 거론했을 뿐 아니라, 세자(경종)의 안위를 위협하는 김춘택을 죽여야 한다고 했다. 게다가 이이명李頤命, 김진규金鎭圭, 조태채趙泰采, 민진후閔鎭厚 등의 실명을 직접적으로 들먹이며 혹독하게 비판했다. 임부의 상소를 받고 간신히 누르고 있던 숙종의 분노는 이에 더욱 폭발적으로 표출되었다.

숙종에게는 장희빈 사건으로 겪은 큰 혼란이 트라우마로 자리 잡고 있었다. 이제 겨우 노론 정국으로 간신히 안정을 찾아가던 시기였다. 뜻밖의 상소문은 남인들의 조직적인 반발 내지 남인과 소론이 연대하여 불만을 제기하는 것으로 해석됐다. 그것은 노론에 대한 공격일 뿐 아니라 숙종 자신에 대한 저항으로도 해석될 수 있었다.

이 상소문을 보고 숙종은 격노하여 친국親鞫(임금이 직접 죄인을 문초함)을 실시한다. 친국은 임금의 분노가 극에 달할 때 진행되었는데, 다음과 같은 사례가 전해진다. 효종孝宗 때 서변徐忭이라는 자가 상소를 올리자 효종이 진노하여 친국한 뒤에 죽였다. 또 숙종은 박태보朴泰輔를 친국했는데, 그에게 가해진 고문은 형추刑推와 낙형烙刑, 압슬壓膝 등이었다. 역사상 유례 없을 정도의 가혹한 고문이었던 것으로 알려져 있다. 또 영조는 나주괘서사건羅州掛書事件을 일으킨 윤지尹志를 친국하고 처형했다.

공석이었던 승지 자리를 급히 채우면서까지 당일에 1차 형문刑問이 가해졌다. 숙종이 감정을 누르기 어려워했을 정도로 격노했다는 사실을 미루어 짐작할 수 있다. 장을 가볍게 친다는 이유로 나장羅將을 벌할 정도였다. 형문은 7일간 열여덟 차례나 진행되었을 만큼 혹독했다. 끝내 9월 25일에 이잠은 세상을 떠났다.

가문의 불행이 시작되다

혜환의 아버지 이침은 1703년 사학四學 유생을 대표하여 송시열을 신변申辨하는 상소를 올렸다.[21] 반면 이잠의 상소문은 송시열에 대한 공격으로 시작된다. 형제 사이의 서로 다른 정치적 견해를 어떻게 해석해야 할까? 어쨌든 이잠의 상소문은 흉소凶疏의 대명사로 낙인찍혔다. 그러나 경종이 즉위한 뒤 신원伸冤이 되면서 이잠에 대한 평가는 조금씩 달라졌다. 의기義氣에서 나온 행동이었지만 표현은 과한 면이 있었다는 평가다. 그러다가 영조대

「목재 이삼환 영정木齋 李森煥 影幀」, 36×58cm, 성호박물관.

에 와서는 또다시 부정적인 평가가 이어졌다.

이잠의 글에 어떤 숨은 의도가 있었는지 현재로서는 알기 어렵다. 어떤 배후가 있었는지 아니면 단순히 개인적인 정의감의 발로였는지 판단하기 쉽지 않다. 지금 남아 있는 객관적인 증거로만 보자면 개인적인 정의감에 의한 행동으로 해석하는 것이 온당해 보인다. 이 상소문이 몰고 올 후폭풍이 이 정도일지 예상이나 했을까? 이 일은 한 사람의 희생으로 끝나지 않고 가문에 엄청난 희생을 가져왔다.

동생인 이익은 정치적으로 사형 선고를 받았다. 이잠이란 암초는 곳곳에서 스스로 포기하지 않고 관로에 나아간 사람들의 발목을 잡았다. 이익의 아들 이맹휴李孟休(1713~1751)는 1742년 정시庭試에 수석으로 합격했지만, 주변에서 이잠의 조카라는 사실로 그를 험담했다. 영조의 신임 덕에 임용이 되기는 했으나 마음고생이 적지 않았다. 꼭 그 이유 때문은 아니었겠지만 그는 38세의 나이로 요절하고 말았다. 이잠의 후사로 입양된 이병휴는 성균관 대사성으로 시험장을 주관했다 유생들이 항의로 시험장 출입을 거부하는 모욕을 당한다. 세월이 좀 흘러서 이가환이 출사하고 나서도 이잠에 대한 문제는 끈질기게 그의 발목을 잡았다. 그렇다고 집안사람들이 가문의 비극에 일조한 이잠을 원망한 것은 아니었다. 이맹휴는 이잠의 전傳을 지어 충의를 기렸고,[22] 이삼환은 이잠이 마지막으로 구점口占한 시를 원용한 장가長歌를 지었다.[23]

名門赤々系 金枝玉面英
風瑞世宜才 命無如竄竄形
神終有死生 涯莊龜塗尾
公何憾荊璧 屯輝士所悲感念
先君嘗愛惜 當時非 獨外親私

從姪驪興李潛撰 再拜 痛哭 稿

「이잠 만시李潛 輓詩」, 이잠, 33×160cm, 성호박물관.

질기고 질긴 불행의 그늘

계축년(1793, 정조 17) 이른 봄에 공이 상소하기를,

"신은 본래 아무 쓸모없는 사람으로 정처 없이 떠도는 몸이니, 세상에 대하여 애당초 원망이나 미움이 없었습니다. 그러나 전후 신을 논하는 자들이 연해 헐뜯고 미워하는 것이 어찌 다른 이유겠습니까. 드러나지 않게 배척하기도 하고 혹은 드러내놓고 배척하기도 하지만 그 핵심은 신의 종조從祖 이잠의 일을 가지고 신의 집안을 헐뜯는 것입니다. 아, 신의 종조 잠潛이 당시 세자 경종景宗 보호를 진달陳達한 상소는 진심을 토로하여 국가에 충성하고자 했던 것인데, 끝내 이로 인하여 죽임을 당했으니 그 억울함을 어찌 다 말할 수 있겠습니까. 억울함이 풀리지 않은 채 세월은 흘렀습니다.

신이 차마 붓을 잡고 종조의 일을 다시 제기提起할 수는 없습니다만, 열조列祖께서 분명히 변별辨別하신 말씀이 국사國史에 환히 실려 있어 이목耳目으로 접할 수 있기에 또다시 이를 말씀드리는 것입니다.

또한 신이 일찍이 『어정황극편御定皇極編』을 보니, 사실을 차례로 서술하시고 남김없이 분석하시어 일편一篇의 문자文字가 일성日星처럼 밝으므로 신은 이 글을 수없이 읽고 피눈물을 흘렸습니다.

그리고 손을 씻고 이 글을 베껴두었다가 죽는 날에 지하로 가지고 가서 종조를 뵙고 한 자 한 자 전해드리며 조손

祖孫이 함께 천대泉臺 구천九天에서 감읍하고, 또 장차 천하 후세에 사실이 이렇노라고 밝히려 하였나니, 어느 겨를에 저들과 시끄럽게 시비를 다투겠습니까. 그러나 지금은 신이 평소 마음속에 맺혔던 생각을 토로합니다.

주먹과 발길질, 칼과 창을 분수로 알고 사생 화복을 생각 밖으로 돌리고 몸을 이끌고 물러나 성은聖恩을 노래하며 자자손손이 살아서는 목숨을 바쳐 나라에 충성하고 죽어서는 결초보은結草報恩하기를 바랄 뿐인데 다시 무엇을 한恨하겠습니까?" [24]

이러한 공세는 혜환의 아들인 이가환이라고 예외는 아니었다. 1792년 9월에 이가환은 대사간에 제수되었으나 이잠의 친족이라는 이유로 탄핵당했다. 다시 대사성에 제수되나 이 역시 유생의 반발로 사직하였다. 그 뒤 개성開城 유수留守가 되자 심환지沈煥之가 처벌을 청하는 상소를 올렸다. 심환지는 무엇보다 여론을 무마하기 위해 자리만 바꾸어가면서 이가환을 거듭 임명하는 일에 대해 직접 비판했다. 정조는 이에 대해서 "종조는 종조이고 종손은 종손이다"라며 이잠과 연결해서 해석하려는 시도에 분명히 선을 긋고 능력에 따라 그를 발탁했음을 천명했다.

위의 글은 1793년 1월 24일에 이가환이 종조인 이잠을 변호하는 상소의 일부분이다. 이잠의 일은 자신과 자신의 가문을 옥죄는 굴레였으니 한 번쯤 적극적으로 소명하고 싶었던 마음이야 이해한다. 『어정황극편』은 조선 시대의 당쟁黨爭과 관련된 사실들을 편년체編年體로 엮은 책이다. 여기에 이잠의 억울한 일들이 해

「심환지 초상」, 비단에 색, 89×149cm, 경기도 박물관.

명되는 논지의 글들이 실려 있었다. 하지만 이가환의 상소문은 논란을 잠재우기는커녕 오히려 증폭시키고 만다. 이 일을 빌미로 이가환을 공격하는 상소가 더욱 빗발치게 된다.

김이소金履素, 김종수金鍾秀 등이 상소하여 그의 처벌을 청했다.[25] 이잠의 문제는 비단 이가환에게만 해당되는 것이 아니라 그의 가문 전체에 영향을 끼쳤다. 정조는 이 문제가 자꾸 불거지자 영조 때 이맹휴를 처리했던 일을 거론한다. 영조는 이익의 아들이었던 이맹휴를 역적의 조카라며 임용하지 못하게 하자, 그것을 단호히 거부하고 자신의 뜻대로 처리했다. 이와 관련된 일은 『조선왕조실록』 영조 18년 임술년(1742) 9월 18일의 기록에 자세히 나와 있다.

의리인가, 치기인가?

선생(이만부)께서 영남으로 가시고 난 뒤 중형仲兄은 낮은 자세로 조용히 은거해 계셨습니다. 그런데 나라에 신사년(1701)의 옥사가 있은 이후로 흉악한 무리가 남의 말을 구실로 삼아 변괴가 연이어 일어나니, 공(이잠)께서는 세상에 대한 개탄과 나라를 위한 근심을 얼굴과 말에서 숨기지 못하셨으며 먹고 자는 것도 편안히 하지 못하실 정도였습니다. 사석에서 늘 말씀하시기를, "부모의 나라가 위태로워 쓰러지려 하니, 고기 먹을 것은 생각하지도 않거니와 우리 임금을 어찌할꼬?"라 하셨습니다. 병술년(1706)에 유생 임부가 상소로 죄를 얻어 형제가 모두 도륙되자 이에 온 나라 사람 중에 아무도 감히 잘못을 지적하여 말하는 이가 없었습니다. 공은 마침내 항소를 올릴 계획을 세우고 비밀리에 방 안에서 초고를 쓰면서 집안사람들에게 알리지 않으셨습니다. 소가 완성된 뒤 사람들이 알고 우국망가憂國忘家의 우려가 있음을 문제 삼자, 공께서는 이렇게 말씀하셨지요. "우리 집안은 대대로 국가의 후한 은혜를 받았으니 일반 사람들과 같지 않다. 하물며 분수를 넘어선다는 혐의는 작은 것이고 기울어지는 나라를 부지하는 의리는 큰 것임에 있어서랴! 이 한 몸 죽어서 300년 종묘사직에 조금이라도 보탬이 된다면 무엇을 애석해하겠는가?" [26]

이잠의 상소가 단독적인 행동인지 아니면 배후가 있었는지 구체적으로 확인할 수는 없다. 혹독한 친국은 배후를 찾기 위한 목적이 강했다. 위의 글을 보면 이잠이 단독으로 항소抗疏했다는 근거로 읽히기도 하지만, 쉽게 예단할 수는 없다. 실제 배후가 있다손 치더라도 그것을 글에 언급할 리도 없거니와 훗날 이잠의 단독적인 행동임을 증명하기 위해 의식적으로 글을 썼을 가능성도 전혀 배제할 수는 없는 일이다.

송혁기는 이 상소문의 성격을 다음과 같이 규정하는데, 매우 적절한 지적이라 여기에 소개한다. "이 상소는 이후 노론이 남인을 공격하는 빌미로 지속적으로 거론되면서 노론과 남인 각각의 정체성을 확인시켜주었고, 남인과 소론 사이의 소통 가능성이라는 측면을 강화하는 역할을 했으며, 영남 남인들과 근기 남인들을 이어주는 정신적 유대로 받아들여지기도 했다."[27]

동일한 행동이어도 다양하게 해석할 여지가 있다. 죽음을 각오한 이잠의 순수한 의기는 의심할 나위 없는 충정의 행동이었다. 지식인이라면 때로는 희생을 감수하면서라도 의로운 길을 가야 한다는 것에는 이론異論이 있을 수 없다. 그러나 그 결과는 한 사람의 희생으로만 그치지 않았다. 오히려 노론이 남인을 지속적으로 공격할 빌미를 제공했고, 여주 일문의 관로 진출에 먹구름을 드리웠다. 어쩌면 대단히 정치적이지 못한 처신이었다. 본인은 소신을 지키다가 죽었지만, 그 후폭풍은 고스란히 살아남은 자의 몫이었다. 어쩐 일인지 이용휴는 이잠에 대해 가타부타 한마디의 말도 남기지 않았다.

숙
부
이
익,

이
용
휴
의

스
승
이

되
다

여주이씨의 거룩한 계보

여주이씨는 걸출한 인물을 많이 배출했다. 그러나 이잠의 장살
사건 이후 가문은 철저히 몰락했다. 이서와 이익을 중심으로 가
문의 위상을 재고하려고 애쓰면서도, 출사보다 가학家學을 통해
학문적인 내실을 견고히 하고자 노력했다. 이러한 노력이 성과가
있었는지 휴休와 환煥의 항렬에 유독 걸출한 인물이 많이 나왔다.

우리 이씨의 계보는 여주에서 나왔다. 9대조이신 경헌공敬
憲公께서 처음으로 출세하여 높은 벼슬에 올라 대사마大司
馬에 이르렀다. 일찍이 함경도 관찰사로 계실 때에 북쪽 지
방에 유학의 교화를 크게 밝혀서 활 쏘고 말 달리던 풍습
을 의관과 띠를 갖추는 문명한 풍습으로 바꾸어 놓으셨으
므로, 북방의 백성이 제물을 갖추어 제사를 올리기를 지

금까지 그만두지 않고 있다. 고조부 익헌공翼獻公께서 처음으로 한양漢陽의 황화방皇華坊 소정릉동小貞陵洞에 자리를 잡으셨다. 익헌공은 지위가 좌찬성에까지 이르렀는데, 두터운 덕으로 사대부들 사이에서 칭송받았다. 아들들이 줄이어 벼슬이 화려하고 문장이 찬란했으므로 사람들은 부러워하여 정동이씨貞洞李氏라고 불렀다. 족대부 태호공太湖公께서는 일찍이 벼슬을 사양하고 강호에 물러나 많은 서적을 널리 탐구하며 예교禮敎를 돈독히 숭상하여 당대의 사표師表가 되셨다. 우리 숙부 옥동선생玉洞先生과 계부 성호선생星湖先生에 이르러서는 은거하면서 뜻을 추구하고 오로지 위기지학爲己之學에 힘쓰며 조정에서 관직으로 불러도 나가지 않고 당대의 유종儒宗이 되셨다. 이것이 우리 집안 학문의 연원이다.[28]

이병휴의 글에는 여주이씨 가문의 계보가 잘 정리되어 있다. 경헌공敬獻公 이계손李繼孫(1423~1484)과 익헌공翼獻公 이상의李尙毅(1560~1624)는 벼슬길에 올라 가문의 위상을 높인 대표적 인물이고, 태호공太湖公 이원진李元鎭(1594~1665)[29]은 벼슬길에 오르는 것을 포기하고 학문에 힘을 쏟았으며, 옥동공玉洞公 이서李漵(1662~1703)와 성호공星湖公 이익李瀷(1681~1763)은 은거하며 위기지학爲己之學으로 당대의 유종儒宗이 된 인물이다. 여주이씨는 시기에 따라 출사와 은거를 선택했다. 앞에 언급된 이들이 이용휴의 선대에서 대표적인 여주이씨로 손꼽힐 만한 인물들이다. 이용휴도 여기에 대해 언급한 바 있다.

오직 우리 이씨 가문은 경헌공으로부터 집안이 흥기해서 아홉 대 후에 소릉공少陵公 형제에 이르러서야 더욱 창성하여 좋은 집안으로 뚜렷하게 일컬어졌다. 그러나 그 강기綱紀와 법칙은 태호공이 실제로 공이 있고, 가숙家叔인 성호공 또한 그것을 이어 닦아 윤식潤飾을 더했으니, 그런 뒤에야 마침내 크게 갖추어졌다고 한다. 매번 종인宗人이 모였을 때는 높은 한 분에게 위촉해서 자리를 주관하게 했으며 나머지는 차례로 앉아서 가문 선대의 덕을 말하고, 다음으로 전하는 모든 옛 물건을 꺼내서 그것을 진열했으니 또한 옛날 완염琬琰과 하도河圖로써 후인後人에게 보이는 뜻이었다.

_「대대로 전해지는 옛 물건에 대한 기世傳舊物記」**30** 부분

「이상의 영정李尚毅 影幀」(초본), 종이에 색, 1613, 36.2×58.5cm, 성호박물관. 이상의가 위성공신衛聖功臣에 녹훈될 때 그린 공신도상의 안면부 초본이다.

이용휴 역시 선대를 간략하게 정리하며 이계손, 이상의, 이원진, 이익 등을 언급했다. 이용휴는 성호 이익의 명에 따라 선대의 유물을 정리하며 이 글을 썼다. 문서 네 건, 그림 세 점, 의복과 기물器物 여덟 개, 기완器玩 스물네 개 등이다. 그는 빛나는 가문의 전통을 자랑스러워했다.

이서와 이익, 또 한 세대를 열다

우리 집안의 성리학은 실은 선생[이서]이 창시했다. 성호 선생은 친히 그 문하에서 공부하여 유학을 크게 드러냈고, 정산공[병휴秉休]·만경공[맹휴孟休]·목재공[삼환森煥]·가산공[구환九煥]은 또 모두 성호 선생 아래서 공부하여 덕을 이루었다. 예헌공[철환喆煥]·금대공[가환家煥]·시헌공[재위載威]은 모두 가학을 사숙하여 도를 이루었는데, 사조詞藻에 치중하던 습속을 일변시켜 성대하게 시예詩禮의 집안이 되었다. 그 연원을 거슬러 올라가면, 선생이 그 실마리를 만들어 터전을 잡아놓은 공이 있다.[31]

가학의 분위기를 일신한 사람은 이서였다. 그는 문학(시조詞藻)에서 학문(시례詩禮)으로의 전환을 꾀했다. 그 이후 이익이 이러한 전통을 충실히 계승했으며, 후대 인물들은 친자親炙했든 사숙私淑했든 직간접적으로 성호의 영향을 받았다. 이처럼 이서와 이익은 가문의 어른이었던 동시에 스승이기도 했다.[32] 가학家學을 바탕으로 충실히 성장한 자제들은 각자의 전공을 갈고닦으며 일가를 이루었다.

그러나 난고자는 옛날의 맑은 문사로, 그의 시는 참으로 작가라 할 만하다. 생각건대 나는 유년 시절에 일찍이 난고자에게서 글을 배웠다. 그는 날마다 의관을 정제하고 책상을 마주해 글을 읽다가, 틈틈이 『성호집星湖集』 몇몇

「초서草書」, 이서, 종이에 먹, 85×203cm, 성호 박물관. 옥동 이서의 대형 초서로, 당나라 이백의 5언절구 「시랑 숙부를 배종하여 동정호를 유람하고 취하여 짓다陪侍郎叔遊洞庭醉後」를 쓴 것이다.

장을 베껴 썼는데, 느끼는 바가 있으면 문득 시로 표현하고, 시가 완성되면 한두 번 읊조리다가 거두기도 하고 거두지 않기도 하는 것을 보았다. 당시에는 무슨 말인지 알지 못했는데, 지금 그것을 보니 간원簡遠하고 아결雅潔하게 독자적으로 운용하여, 세상에서 겉치레[裝砌]를 하고 미사여구[短韻]를 늘어놓는 사람들이 흉내낼 수 있는 것이 아니었다.

_「난고유고 서문蘭皐遺稿序」**33** 부분

가학의 전통은 이렇게 내려오고 있다. 『난고유고』는 이을휴李乙休(1695~1727)가 남긴 책이다. 이을휴는 이잠의 셋째 아들로 태어났다. 자는 자위子威, 호는 난고蘭皐다. 이익은 이을휴가 죽자 그에 대한 제문인 「제종자을휴문祭從子乙休文」을 지어 애통해했다. 위의 글에서는 여주이씨 특유의 가학 전통을 잘 보여준다. 이을휴는 『성호집』을 베껴 쓰며 숙독했고, 혜환은 이을휴에게 시를 배웠다. 선대의 자료나 문집을 베껴 쓰면서 공부하는 방식은 여주일문에서 가학을 전승하는 방식이었다. 이런 예는 다른 기록에도 보인다. 이잠이 직접 베낀 『효경孝經』을 이익이 이어받고, 그것을 다시 이병휴가 이어받아 간직하면서 공부했다.**34** 혜환의 사승師承에 관한 뚜렷한 기록이 나타나지 않은 이유는 이러한 가학의 전통 속에서 자랐기 때문이다.

성호, 집안의 스승

우리 성호 선생은 하늘이 내신 빼어난 호걸로서 도덕과 학문이 고금古今을 통하여 견줄 만한 사람이 없고, 교육을 받은 제자들도 모두 대유大儒가 되었다. 정산貞山 병휴秉休는 『역경易經』과 삼례三禮(『예기禮記』『의례儀禮』『주례周禮』)를 전공하고, 만경萬頃 맹휴孟休는 경제經濟와 실용實用을 전공하고, 혜환惠寰 용휴用休는 문장을 전공하고 장천長川 철환喆煥은 박흡博洽함이 장화張華·간보干寶와 같았고, 목재木齋 삼환森煥은 예禮에 익숙함이 숭의崇義와 계공繼公 같았고, 염촌剡村 구환九煥도 조부의 뒤를 이어 무武로 이름이 났으니, 한 집안에 유학儒學의 성함이 이와 같았다.[35]

_정약용, 「정헌묘지명」

이익李瀷(1681~1763)은 자가 자신自新이고 호는 성호星湖다. 그는 윤동규尹東奎, 신후담愼後聃, 안정복安鼎福, 권철신權哲身 등에게 많은 영향을 끼쳤다.

위의 글은 여주 일문에 성호의 자장磁場이 얼마나 강렬하게 미쳤는지를 잘 보여준다. 이병휴는 역학易學과 예학禮學을, 이맹휴는 경제와 실용 학문을, 이용휴는 문학을, 이철환은 박학을, 이삼환은 예학을, 이구환은 지리학을 전공하여 각각 명성을 날렸다. 이익은 각자의 관심 분야에 따라 맞춤형으로 전공하는 데 도움을 주고 훌륭한 지도교수 역할을 한다.

원로인 성호 선생은

지금 세상 퇴계 선생 같은 분이시었네

공손한 태도로 함장函丈 모시고

날마다 하늘과 사람 이치 물으니

이 가운데 진정한 기쁨 있어

그리하여 벼슬을 원치 않았네

星湖老先生, 今世退陶氏

闇闇侍函丈, 日叩天人理

此中有眞樂, 所以不願仕

_「아우 경협景協이 섬곡剡曲에 은거하러 돌아가는 것을 전송하며送舍季景協
歸隱剡曲」 부분

　　혜환이 어떤 스승 밑에서 공부했는지에 대해서는 뚜렷하게 밝
혀진 바가 없다. 숙부 이익은 혜환에게 선생님과 다름없는 존재였
다. 이런 점은 혜환의 동생 이병휴도 마찬가지다.[36] 이익은 혜환 형
제에게뿐 아니라 그들 가문에 큰어른이요 선생님이었다. 이뿐 아
니라 이익은 혜환의 양육에도 직접적인 도움을 주었다. 혜환이 남
긴 작은어머니(성호의 부인) 제문인 「작은어머니 제문敬祭季母文」[37]에
이러한 사실이 나온다. 이익은 조카인 혜환에게 학문을 가르쳤고
양육에 도움을 주었으며, 주변 인물들과 교분을 이어나가게 했다.

이익의 제자들과 교유하다

혜환은 성호의 제자인 안정복, 홍유한과 교분이 두터웠다. 안정

복(1712~1791)은 성호 이익의 제자로
특히 역사학에서 큰 영향을 받은 것
으로 알려져 있다. 그는 스승 이익에
대한 기록을 『함장록函丈錄』에 상세히
남기고 있다. 그들의 인연은 고작 나
흘에 불과했지만, 그는 첫 만남을 인
상적으로 기록했다. 35세의 안정복
이 66세의 이익을 불쑥 찾아가 배움
을 청하니, 1746년 10월 17일의 일이
었다. 그 후 1747년 9월 20일에 재차
찾아가서 1박을 했고, 1748년 12월
14일에 찾아가서 2박을 하고 돌아왔
다. 그 후 1751년 7월에 선생을 문병

「이익李瀷 영정」, 82.3×100cm, 1989, 성호박물
관. 1950년 전란으로 소실된 것을 이돈형의 주도
로 다시 그렸다.

했지만 사정이 여의치 않아 곧장 돌아와야 했다. 그 뒤로 다시는
찾아뵙지 못했다. 어쩐 일인지 『함장록』에는 첫 번째 방문에 대
한 기록만 남아 있다. 안정복은 이 첫 방문 때 성호의 아들인 이
맹휴와 손자인 이구환李九煥(1731~1784)을 만나기도 했다. 이익은
당시 제대로 공부하는 사람으로 아들인 이맹휴와 조카 이병휴,
제자 윤동규를 꼽았다. 고작 나흘의 만남을 통해 평생토록 돈독
한 사제 관계를 유지했다.[38]

안정복은 혜환, 유경종柳慶種과 친구 사이였다.[39] 안정복은
1776년 9월에 65세의 나이로 목천 현감으로 부임하게 되었다. 이
때 혜환은 「안백순이 목천 현감으로 나가는 것을 전송하는 서문
送安百順出宰木川序」을 써준다. 이 글은 목천에서 여러 소임을 성실히

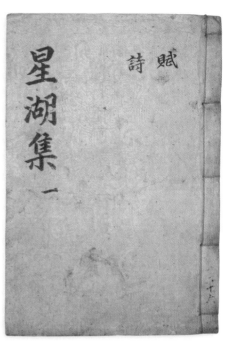

『성호선생문집星湖先生文集』(위, 밀양 퇴로장판
退老藏板 1책), 19×29cm, 성호박물관. 『성호
사설星湖僿說』(별본 1책), 19.5×26.6cm, 성호
박물관.

처리할 것을 당부하며, 안정복이 성호 선생
의 제자임을 주지시켰다. 이용휴의 바람처
럼 그는 임무를 무사히 마치고 돌아왔다.
백성이 그의 떠남을 아쉬워하며 거사비去
思碑를 세우자 그 소식을 듣고 안정복은 민
망한 마음을 담아 시를 지었다. "3년을 목
주 밥으로 배불리 먹지 못하면서, 재주 없
이 먹기만 한다 부끄럽게 여겼노라. 우습게
도 복귀정에 세워진 한 조각 돌, 거기에다
더러운 이름 남겨 후인들에게 보이다니三年

不飽木州飯, 自分無才愧素餐. 可笑龜亭一片石, 陋名
留與後人看."[40] 후에 혜환은 목천에 있는 안정복의 용회당用晦堂에 기
문인 「용회당기用晦堂記」도 지어주었다.

　안정복은 혜환보다 네 살 연하다. 혜환은 이 글에서 안정복에
대해 '내 친구[吾友]'라는 표현을 무려 다섯 번이나 썼다. 혜환은
정재원丁載遠,[41] 신혜길申惠吉, 이극성李克誠, 남계南喈,[42] 권사언權師
彦,[43] 한광전韓光傳,[44] 허경許鏧 등 다른 이들을 두고도 이런 표현을
썼다.[45] 하지만 한 차례뿐이었다. 같은 인물에 대해 안정복처럼 여
러 번 이 표현을 사용한 적은 없었다. 이로 보건대 혜환이 안정복
에 대해 각별한 마음을 갖고 있었던 것 같다.

　그렇다면 안정복 문집에는 혜환에 대해 어떤 기록이 남아 있
을까? 안정복은 잠옹潛翁 남하행南夏行[46]이 임사臨寫한 회소의 자
서첩과 성모첩에 대해 쓴 발문인 「잠옹 남장이 임사한 회소의 자
서 성모첩에 대한 발문潛翁南丈臨寫懷素自敍聖母帖跋」을 1781년에 썼

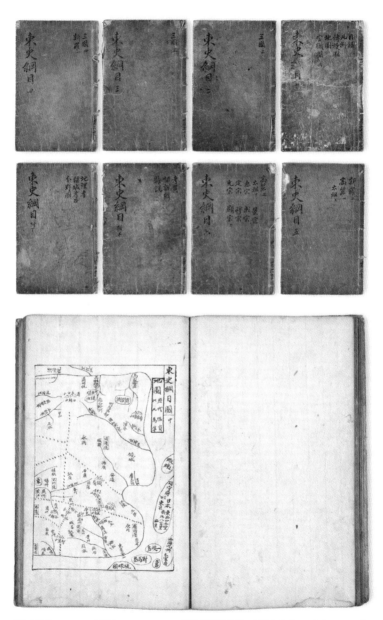

『동사강목東史綱目』, 안정복, 17.4×27.4cm, 국립중앙박물관. 안정복의 대표 저서로 1756년(영조 32)부터 편찬을 시작해 이익, 윤동규 등과 서신을 교환하며 수정·보완, 22년 만인 1778년에 완성했다.

다. 농와聾窩 박사정朴思正[47]이 이 첩을 가지고 찾아와서 발을 청했는데, 여기에는 이미 다음과 같이 쓰여 있었다. 성호의 발문에, "마음으로 기준 삼고 상상하여 썼건마는 어찌 풍운風韻이 그리도 비슷한고"라 했고, 혜환자惠寰子와 만채옹晚采翁은 "비록 소사素師 회소懷素를 다시 살려서 보이더라도 반드시 자기가 술 취한 김에 쓴 1본으로 의심할 것이다" 하고, 또 말하기를 "기골이 뛰어나게 커서 세속의 연지 찍고 분 바르는 태도를 벗어던졌다"[48] 했다. 남하행은 이서와 이익의 문인이다. 그의 글을 보고서 성호와 혜환, 만채와 농와가 각각 발문을 남겼다. 여기에는 혜환에 대한 간략한 언급이 나올 뿐이지만, 성호 문인들의 교유를 엿볼 수 있는 기록이다. 혜환 본인도 남하행의 글씨에 대해서 「남돈암이 회소의 자서첩을 임서한 글씨의 발문南遯菴臨懷素自敍帖跋[六則]」「돈옹의 절보첩 발문遯翁絶寶帖跋」 등을 남긴 바 있다.

홍유한洪儒漢(1726~1785)[49]은 본관이 풍산豊山이고 자는 사량士良이며 호는 농은隴隱이다. 16세에 성호 문하에 들어가 정상기鄭尙驥, 윤동규, 안정복, 권철신權哲身과 토론하며 혜환, 이맹휴, 이병휴, 이삼환李森煥[50] 등과 교유했다. 천주교 관계 서적을 읽고 그 교리를 신봉했다. 아버지 홍창보洪昌輔(1679~1757)는 자가 성문聖文인데, 이익과 40여 년간 교유했다. 이익은 그의 묘지명인 「독행홍공묘지명篤行洪公墓誌銘」을 썼고, 홍창보의 아버지 홍중명洪重明에 대해서는 「홍효자정려기洪孝子旌閭記」를 남겼다. 홍중명은 이름난 효자로 아들 홍창보洪昌輔가 부친의 행장, 비문, 선비들과 교류한 편지, 예조에서 올린 계사 등을 모아 편집한 책 『문혈록抆血錄』을 만든 바 있다.[51] 혜환은 홍창보에 대해 10수의 만시를 남겼다.[52]

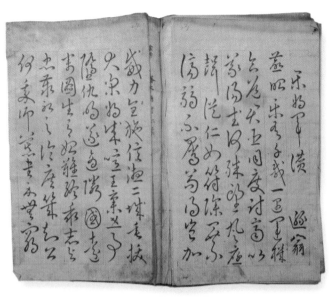

『야목』,「남하행 필첩南夏行筆帖」, 21.9×33.7cm, 1768, 국립중앙박물관.

　　혜환이 홍유한에 대해 쓴 「홍수재가 독서산방으로 떠나는 것
을 전송하는 서문(이름은 유한)送洪秀才讀書山房序[名儒漢]」을 살펴보
면, 혜환과 홍유한의 집이 매우 가까운 거리에 있어 격의 없이 왕
래하던 사이였음을 알 수 있다. 혜환이 나중에 다른 곳으로 이사
하고도 지나는 길에 일부러 홍유한을 방문한 정황이 글에 나온
다. 홍유한의 아버지 홍창보는 홍유한이 쓴 글을 혜환에게 보여
주기도 했고, 홍유한의 자형인 남계南堦[53]도 혜환과 친분이 있었
는데, 홍유한의 뛰어난 재질에 대해 들은 바 있었다. 홍유한이 병
에 걸려 상태가 좋지 않을 때는 혜환이 홍창보에게 좋은 의원을
소개해 완쾌시킨 적도 있었다. 홍유한은 이익의 제자로 혜환뿐
아니라 여주 일문의 인사들과도 교분이 두터웠다.

경상북도 영주시 단산면에 위치한 홍유한 선생 유적지(왼쪽)와 유적비.

이익의 사위와 아들

이극성李克誠(1721~1779)은 초명이 존성存誠, 자가 유일幼一, 호는 고재皐齋라고도 불렸다. 지봉芝峯 이수광李睟光의 6대손으로 이익의 사위다. 이용휴, 채제공蔡濟恭, 목만중睦萬中, 이헌경李獻慶, 안정복 등 남인 인사들과 친밀한 관계를 유지하여 그들에게 서문이나 발문을 받기도 했다.

여러 권의 책을 저술했다고 알려져 있으나 현존하는 책은 그가 편찬한 『사과록四科錄』뿐이다. 혜환은 그의 저술에 서문이나 발문을 여러 편 써주었다. 먼저 주자의 『자치통감강목資治通鑑綱目』의 체례를 본받아 294년의 명대 역사를 강목綱目으로 나누어 기술하고, 포폄을 가하여 『명사총강明史總綱』[54]을 만들었는데 여기에 대해 혜환은 발문인 「명사총강 뒤에 쓰다題明史總綱後」를 썼다. 다음으로 『경원록景遠錄』[55]은 자신의 시조 이하 11대의 선조 유

순흥안씨 『사과록』.

사를 모아 만든 것으로 목만중·이헌경 등이 서문을 남겼고 혜환도 「경원록서景遠錄序」를 남겼다.[56] 끝으로 『고암신편사과록皋庵新編四科錄』은 조선 초부터 저자 당대 인물까지의 일화를 공문사과孔門四科의 분류에 따라 덕행德行, 언어言語, 정사政事, 문학文學 등으로 나눠 편집한 필기다.[57] 혜환은 여기에 「사과록에 쓰다題四科錄」를 실었다. 혜환은 13세의 나이로 요절한 이극성의 딸에 대해 「죽은 딸에 대한 광명亡女壙銘」을 썼는데 이는 『형설기문螢雪記聞』에 수록되어 있다.

돌아보건대 순수는 어려서 나와 함께 성호 선생에게 배웠다. 선생은 늘상 옛날 성현들께서 자기를 수양하고 사람을 다스린 요체를 가르쳤다. 그러다가 선생이 가정을 다스리는 것을 보게 되니, 가사家事를 꾸리는 것이 비록 작기는 하나 닭과 오리, 섶과 쌀의 종류에 이르기까지 제도가 모두 질서정연했다. 만약에 그것을 이어서 정사에 옮긴다면 합당하지 아니한 것이 없을 터인데 하물며 이 한 고을의 현령임이랴. 또 순수가 지난날 대책對策한 것은 다스리는 이치에 통달하고 있기는 했으나, 빈말일 뿐이었다. 이제 일을 행함에 나타낼 수가 있게 되었으니 순수는 그 일을 행함에 힘쓸지어다.

_「집안의 종제 순수가 만경의 임지로 가는 것을 전송하는 서문送家從弟醇
叟之任萬頃序」**58** 부분

위의 글은 1745년 이맹휴가 만경현령에 부임할 때 혜환이 써
준 글이다. 이맹휴李孟休(1713~1751)는 자가 순수醇叟다. 이익의 아
들로 혜환에게는 종제從弟가 된다. 비슷한 연배였기에 성호에게
함께 수학한 사이였다. 성호는 집안에서도 절약과 실용을 실천했
던 인물이다. 아버지 성호가 집에서 했던 것처럼 고을에 부임해
서 그대로만 한다면 분명히 성공적인 관리로 임기를 마칠 것이라
는 당부를 담았다. 그는 이맹휴의 팔청시八聽詩를 모은 책에 「팔
청편록題八聽編」이라는 글을 써주기도 했다.

5

이가환, 모르는 것이 없었던 천재

이가환(1742~1801)의 자는 정조廷藻, 호는 금대錦帶·정헌貞軒이다.
정조로부터 '정학사貞學士'라 불릴 만큼 대학자였으며 특히 천문학
과 수학에 정통했다. 스스로 "내가 죽으면 이 나라에 수학의 맥
이 끊어질 것이다"라고 할 만큼 자부심도 컸다. 정조의 총애를 한
몸에 받았던 것은 익히 알려진 사실이다. 성대중은 노긍, 심익운
과 함께 이가환을 재승박덕才勝博德한 인물로 꼽았다. 부정적인 평
가였지만 그의 실력만은 인정한 셈이다. 호랑이에게 개 같은 자식
은 없다虎父無犬子고 했으니, 이가환은 혜환의 아들로 손색이 없는
뛰어난 재능을 갖추고 있었다.

공은 기억력이 뛰어나 한번 본 글은 평생토록 잊지 않고
한번 입을 열면 줄줄 내리외는 것이 마치 치이鴟夷(호리병)

「이가환 간찰李家煥 簡札」(위), 21.5×22.2cm, 1788, 성호박물관. 「이가환 간찰李家煥 簡札」, 38.5×49.5cm, 1799, 성호박물관. 종질從姪에게 보낸 편지(위)와 며느리의 소상小祥을 앞둔 자신의 근황을 전하며 부탁받은 서문을 보낸다는 내용의 편지.

에서 물이 쏟아지고 비탈길에 구슬을 굴리는 것 같았으며, 구경九經·사서四書에서부터 제자백가와 시詩·부賦·잡문雜文·총서叢書·패관稗官·상역象譯·산율算律의 학과 우의牛醫·마무馬巫의 설과 악창惡瘡·옹루癰漏의 처방處方에 이르기까지 문자라고 이름할 수 있는 것이면 무엇이든지 한번 물으면 조금도 막힘없이 쏟아놓는데 모두 연구가 깊고 사실을 고증하여 마치 전공한 사람 같으니 물은 자가 매우 놀라 귀신이 아닌가 의심할 정도였다.[59]

_정약용, 「정헌묘지명」

　　이 글을 보면 그가 얼마나 다방면에서 뛰어났는지 잘 알 수 있다. 경학, 문학, 통역通譯, 수학, 의학까지 한마디로 무불통지였다. 이처럼 그의 총기는 대단했으니 말 그대로 천재였다. 그의 특출한 재주는 금세 정조의 마음을 사로잡았다. 정조는 심환지로 대표되는 노론 일색의 정국을 재편하려고 했다. 채제공을 비롯해 이가환과 정약용도 함께 기용했다. 위의 글이 다산의 평가임을 고려할 때 이가환을 얼마나 대단하게 인정했는지를 확인할 수 있다. 다산은 이가환의 천재성을 말해주는 일화를 몇 가지 소개했다. 이가환은 시에 정통한 사람이었다. 당·송·원·명의 시를 한번 들으면 한 치의 착오도 없이 어느 때의 시인지 곧장 알아맞혔고, 우리 시로도 그를 속일 수가 없었다. 이가환의 생질 허질許瓆은 그런 그를 시험하려고 한중 역대 시집을 가지고 시를 뽑아 하루 종일 물었으나 한 번도 틀린 적이 없었다.[60] 이처럼 이가환은 문학적 식견도 대단했다.

임금의 총애를 받다

이가환으로 말하자면, 일찍이 집안의 운수가 좋지 않은 것
도 아니었는데 백 년 동안 벼슬길에서 밀려나 수레바퀴
를 깎고 구슬을 꿰듯이 학문과 문학을 연마하며 스스로
의 분수를 나그네나 촌사람으로 자처했던 것이다. 그러다
보니 나오는 소리가 비분강개하는 말들이고, 마음에 맞아
어울린 자들이 우스개나 일삼고 이상한 짓을 하는 무리였
다. 주변이 외로우면 외로울수록 말은 더욱 괴팍해졌을 것
이고, 말이 괴팍해질수록 문장도 더욱 엉뚱해졌을 것이다.
오색 무늬로 수놓은 고운 문장은 당대에 태양을 보고 사
는 자들에게 양보해버리고 이소경離騷經이나 구가九歌를 빌
렸다가 흉내냈던 것이니, 어찌 이가환이 좋아서 그랬겠는
가. 조정이 그렇게 하도록 만든 것이다.**61**

_정약용, 「정헌묘지명」

정조는 문체반정文體反正을 일으켜 문풍을 쇄신하려 했다. 이
옥을 과거에 응시하지 못하게 하고 남공철, 이상황, 김조순, 심상
규 등 벽파의 여러 신하가 견책을 받고 자송문自訟文을 지어야만
했다. 시파에 속하는 이덕무와 박제가도 역시 자송문을 지어 바
쳤다. 1792년 부교리 이동직李東稷이 상소를 올려 박지원과 이가
환을 공격하면서 이 문제는 다시 불거졌다.

위의 글은 이동직의 상소에 대한 정조의 비답이다. 이가환의
문체가 불온함은 개인과 가문의 불우에서 연유된 것이니, 조정이

라빙羅聘이 그린 것으로 알려진 박제가 초상, 과
천문화원(사진).

그를 그렇게 만들었다고 했다. 이가환
에 대한 공격은 이뿐만이 아니었다. 하
지만 정조는 번번이 이가환을 눈물겹
게 비호해준다. 총애가 깊어질수록, 그
는 반대파의 공적公敵이 되어갔다.

아들이 아버지를 기억하는 법

우리 선친께서는 문장으로 당대에
큰 명망이 있었다. 그래서 사방의 인
사들이 분주히 찾아와 한마디 말을
구해 그 선조先朝를 빛나게 하려는
자가 매우 많았다. 나중에 내가 아버님의 유집遺集을 받들
어 읽어도 중년 이전에 논하거나 기술한 분은 누구인 줄
몰랐다. 예를 들어 「이효자소전李孝子小傳」과 이효자를 위해
지은 절구絶句 3수와 발문 1편 같은 것은 문장을 살펴보고
그 이름과 성을 알았을 뿐이고, 효자의 자손이 어느 곳에
살고 있는지는 끝내 알 수 없었다.
수년 전에 비로소 이학조李學祖 군을 사귀면서 그가 효자
의 증손이라는 사실을 알았다. 임자壬子년(1792) 가을에 개
성 유수로 부임하여 학조學祖의 큰아버지인 민愍을 만났
을 때 「이효자소전」과 절구, 발문의 원본을 직접 보게 되
었다. 세월이 오래되었는데도 종이와 먹 자국이 오히려 새

것과 같았으므로 만지면서 감탄을 그칠 수가 없었다. 민이
또 두 통의 편지를 꺼내 보였는데, 하나는 병인丙寅년(1746)
2월에 부친 것이고, 또 다른 하나는 그해 8월에 부친 것
이었다. 8월 편지에서 "아이가 천연두를 앓고 있어 걱정이
많다"고 했으니, 바로 나를 두고 하신 말씀이었다. 머리가
이미 허옇게 셌는데도 천연두 흔적이 여전히 남아 있으니,
부모님이 길러주신 은혜를 생각하면 눈물이 흐른다.

아! 효자의 가문에서 선친께서 생전에 남긴 글을 잘 간직
하여 혹시라도 잃어버리는 불상사가 없었다. 그 근후한 뜻
으로 보건대, 내가 여기 와서 볼 줄을 알고 정중하고 정성
스럽게 보관해온 것이 아니겠는가. 아! 그 또한 감동스러
운 일이다.[62]

_이가환, 「이호군 집안에 간직된 시문에 대한 발문李護軍家所藏詩文跋」

이 대단한 부자는 서로를 어떻게 기억하고 있었을까? 1782년
이가환의 나이 42세 때 부친상을 당하자 포천抱川에서 여묘살이
를 했다. 다산이 지은 묘지명을 보면 "공은 행동이 엄정嚴正하여
거상居喪하는 3년 동안 중문中門 안에 들어가지 않았다"[63]고 한다.
이가환은 아버지의 죽음에 극진한 예우를 갖추었다.

그렇지만 두 사람의 문집에는 서로에 대한 기록이 거의 남아
있지 않다. 지금 소개할 이야기는 거의 기담奇談에 가깝다. 어느
날 이가환은 아버지인 혜환의 문집을 읽다가 「이효자소전」과 한
시 몇 편을 보게 된다. 그러나 이효자의 대략적인 프로필만 알았
을 뿐 그의 후손이 누구인지 어디에 사는지는 끝내 확인할 수 없

었다. 위에 언급한 이효자와 관련된 시문들은 혜환의 문집에는 없는 글이다. 그의 글 중에 상당수가 사라졌다는 것을 짐작케 한다.

그러는 사이 몇 해가 훌쩍 지났다. 궁금증도 잊힐 즈음, 이가환은 우연히 효자의 증손인 이학조를 만나게 되었다. 그것이 인연이 되어 이학조의 백부인 이민을 만나 문집에서 보았던 그 글들을 친람하게 된다.

놀랄 일은 그뿐만이 아니었다. 이민은 혜환이 쓴 두 통의 편지를 꺼내놓았다. 이때가 1792년이니 혜환이 세상을 떠난 지 10년의 세월이 흘렀고, 이가환의 나이도 쉰 살이 넘었다. 편지는 1746년 2월과 8월에 각각 쓴 것이다. 8월의 편지는 아들 이가환이 천연두를 앓고 있어 걱정하는 내용을 담고 있다. 당시 이가환은 다섯 살이었다. 천연두는 순식간에 발병하여 빠르면 10일 보통은 15일, 길어도 20일 안에 생사가 결정된다. 그때 무사히 지나갔지만 그 흔적은 이가환의 얼굴에 남아 있었다.

유년기는 속절없이 휘발되고 몇 컷의 사진 같은 기억으로 남는다. 그래서 부모의 지극한 사랑도 기억 속에 남아 있지 않기 마련이다. 기억에 없다고 부모의 사랑이 없었던 것이 아니니, 제 자식을 키우면서 잊고 있었던 부모의 사랑은 복원된다. 이가환은 우연히 아버지의 유문遺文을 대하고 죽은 아버지를 다시 만난 것 같은 반가운 마음이 들었다가, 이내 만날 수 없음을 깨닫고는 눈물을 쏙 뺐다.

이 책은 처음 완성되어 황제가 보도록 드린 것이다. 그래서 훌륭한 종이와 먹을 쓰고 황색 비단을 사용해 꾸몄다. 뒤에 그것을 친왕親王 아무개에게 하사하셨고, 아무개는 우리나라의 수역首譯인 김지남金指南에게 주었다. 김지남이 죽고 집안 형편이 어려워지자 그의 손자 김홍철金弘喆은 그 책을 간수할 수가 없었다. 돌아가신 아버지(혜환 이용휴를 가리킴)께서 그 말을 듣고서 마구간의 말을 내어주고 그 책을 가져왔으니, 이때부터 우리 집에는 말이 없게 되었다. 아! 책이 여러 차례 주인을 바꾼 것이 이와 같으니, 다행스럽게도 물이나 불, 벌레, 쥐 따위를 이 책이 피하게 할 수 있다면 그것으로도 만족스럽다. 그렇게 전하다가 다른 사람의 소유가 될 것임을 알고 있다. 그래서 이 글을 써서 훗날에 소유하게 될 사람들에게 알리는 것이니, 바라건대 이 책을 차지하는 사람들은 이 같은 사실을 알고 보배처럼 아껴야 할 것이다.[64]

_이가환, 「고문연감 발문古文淵鑑跋」

『고문연감古文淵鑑』은 중국 청나라의 강희제康熙帝가 편찬한 고문선집古文選集으로, 위로는 춘추春秋시대부터 아래로는 송宋나라 때까지의 산문을 뽑아 모았다. 강희康熙 24년(1685) 내부內府에서 오색 투인본套印本으로 간행했다. 황제가 직접 보는 어람용御覽用이었으니 책은 매우 화려하게 꾸며져 있었다.

이 책이 여러 경로를 통해 김지남金指南(1654~?)의 손에 흘러들어갔다. 김지남은 조선 후기의 유명한 역관譯官으로 백두산정계비를 세울 때 참여했던 인물이다. 그의 소유가 되었던 책도 손자 대에 이르러서는 가난으로 더 이상 소유하기 어려웠다.

『고문연감古文淵鑑』(중국목판본), 17×28.8cm, 국립중앙도서관.

혜환은 문장가이자 장서가였다. 구하기 힘든 중국 책까지 구입해서 모조리 읽지 않고서는 직성이 풀리지 않는 인물이었다. 그랬던 그였기에 『고문연감』이란 책이 매물로 나왔다는 소식을 듣자마자 만사 제쳐놓고 달려갔다. 말 한 필 값을 치르는 것도 아까워하지 않고 책을 사왔다. 그로부터 그의 집안에는 말이 없게 되었다. 말이 가져다주는 생활의 편리함을, 책이 가져다주는 지적인 풍족함과 맞바꾼 셈이다.

세상의 어떤 물건이든 영원한 주인은 없다. 잠시 내 것이 되었다가 남의 것이 될 뿐이다. 그러다 시절 인연이 닿으면 또 내 것이 될지 모른다. 그러니 지나치게 집착할 필요도, 홀대할 필요도 없다. 그저 내 소유가 된 그 순간에 소중하게 간직하면 된다. 이가환은 이 책의 다음 주인이 될 사람을 위해 이 글을 쓰면서, 책을 소유한 경과와 아버지의 유별난 책 사랑도 함께 기록했다.

아버지가 아들을 기억하는 법

경자년 이월 열아흐렛날 상감께서 입시한 여러 근신에게 규장각 사경시四景詩를 지어 올리라 명령하시고 법온法醞을 베푸셨다. 신하들은 모두 당대의 문장으로 뽑힌 사람들이었는데, 전前 도사都事 이가환도 참여했으니 영광스럽도다. 사람들이 전대前代의 성사盛事를 들어도 오히려 그것을 몹시 부러워하는 것인데 하물며 자신이 친히 그것을 당했음이랴? 대개 시詩는 그림과 같아서, 한 명의 화가가 저자의 골목을 그리면 천하게 되고, 전각殿閣을 그리면 높게 되는 것이다. 지금 시로 짓는 것은 규장각奎章閣이다. 각閣은 곧 천상天上에 있는 도서圖書의 관청이니 어찌 몹시도 존귀하고 현달하지 않을 수 있겠는가? 대저 규奎라는 별은 굽어서 서로 갈고리 진 것이 문장文章의 획과 같은 까닭에 문장文章을 맡은 것이다. 남은 빛이 미치는 바에는 필묵筆墨이 곧 기색氣色이 있게 되는 것이니 이 첩은 마땅히 대대로 전해질 보배가 될 만하다. 월령月令을 살펴보니 중춘仲春의 달이고 태양이 규성奎星에 있게 되는 날이다. 이제 상감의 편지를 받고 응제應製하는 날이 중춘仲春에 있으니 이에 성인聖人은 하늘과 도를 함께하신다는 것을 알게 된다.[65]

「규장각시첩 서문奎章閣詩帖序」

1780년 2월 19일에 아들 이가환이 입시했다. 여러 근신과 규장각 사경시四景詩를 지어 올리라는 명령을 받았다. 규장각 사경시란 규장각의 사계절을 시로 읊은 것이다. 위의 글은 혜환이 아들 이기환에게 유일하게 남긴 것이다. 아버지 혜환은 내세울 이력이 생원生員밖에 없었다. 하지만 아들 가환은 당당히 관리가 되어 중앙 관료들과 어깨를 나란히 했다. 이잠의 옛일을 떠올려보면 혜환이 얼마나 감격스러워했을지 짐작할 수 있다.

같은 아픔을 따로 적다

여섯 달 동안 헛되이 골육 인연 이뤘으니
눈앞에 있던 모습 벌써 아득하네
문틈 바람도 두려워 병풍 둘러 보호했거늘[66]
이제 언덕 무덤에 눈 쌓임 참을 수 있는가?

인정은 할애비가 손자를 사랑함이 가장 큰 것이니
품속에 껴안으면 체온을 느꼈었네
나는 전과 같으니 저도 죽지 않은 듯
그 몸의 생기가 아직도 남아 있네

六朔空成骨肉緣, 眼中形影已茫然
隙風猶畏圍病護, 今忍荒原雪壓阡
人情最是祖憐孫, 抱置懷中體覺溫
我在依前渠不死, 本身生氣尙留存

_「요절을 애도하고 스스로 위로하다悼夭因自廣」

혜환이 여섯 달 만에 죽은 손자에 대해 쓴 7언절구 두 수다. 혜환의 문집에서 확인할 수 있는 유일한 친족親族의 죽음과 관련된 시라 할 수 있다. 이 작품은 제목에 도悼라고 써서, 다른 작품에서 만挽으로 쓴 것과 대비된다. 혜환은 다른 이의 죽음에 희작戲作을 즐겨 사용하는 것과는 별개로 육친의 죽음에서는 감정을 여과 없이 표출한다.

고작 6개월을 살고 세상을 떠난 손자를 묻고 돌아왔다. 한겨울이라 눈이 내려 아이의 자취를 가리는 것처럼 무덤에 소복이 쌓이고 있었다. 아직도 아이를 품에 안고 있던 온기를 몸이 생생하게 기억하고 있는데, 아이는 싸늘하게 죽어 자취를 감춰버렸다.

> 너의 뼈는 황토로 변하였는데
> 나는 아직 이렇게 살아 있구나
> 웃고 울던 모습 아직 눈에 선하니
> 초목들도 모두 다 상심하는 듯
> 땅속에는 슬픔 기쁨 없을 터인데
> 세상에선 오랜 세월 흘러갔구나
> 오나라 계자季子[67]에게 부끄러우니
> 초탈하여 명성을 남겼기 때문이네
>
> 汝骨已黃土, 吾生尙至今
> 笑啼還在眼, 艸木盡傷心
> 地下悲歡絶, 人間歲月深
> 遠慙吳季子, 脫略有英音
>
> _이가환, 「신해년(1791) 가을 8월에 농사일 점검하러 칠곡柒谷을 지나가는 길에 요절한 두 자식의 무덤을 살펴보았다. 세월이 오래되어 가시덤불이 덮였으니 울적하여 시를 짓는다辛亥秋八月, 以檢田行過柒谷, 省視兩殤葬. 歲月滋久, 榛莽翳然, 愴然有述」

이 시는 이가환이 쉰 살이던 1791년에 지었다. 이때 제사 문제로 야기된 윤지충尹持忠의 진산珍山 사건으로 천주교도들이 비난을 받자 이가환은 남인 신서파信西派의 우두머리로 지목되어 광주부윤으로 좌천되었다. 이가환은 슬하에 1남 2녀가 있었다. 큰 딸은 권시의 후손인 권구權者에게 시집갔고 작은딸은 이기양의 아들 이방억李魔億에게 시집갔다. 그리고 육촌형 구환의 아들 재적載績을 양자로 삼았다.

농사를 점검하러 가는 길에 찾은 아이들의 무덤은 가시덤불 천지였다. 이가환에게는 어려서 죽은 두 명의 아이가 있었는데 족보에도 기록되지 않았다. 앞서 혜환의 만시는 이 두 아이 중 한 아이에 대한 기록으로 추정된다. 할아버지는 손자를 잃어서 슬펐고 아버지는 아들을 잃어서 아팠다. 그들은 그렇게 서로의 아픔을 시로 남겨놓았다.

임금께 칭찬받은 이가환의 문장

내가 김화 땅에서 귀양살이하면서 두어 칸짜리 집을 빌렸다. 거기에서 독서를 하다가 맹자가 진상陳相에게 고하는 대목에서 저절로 탄식이 터져 나왔다.

심하구나. 옛사람을 따라잡을 수 없음이여! "배불리 먹고 따뜻하게 입고 편히 지내면서도 가르침을 받지 않는다면 짐승에 가깝다"[68]고 했으니, 이것은 그래도 짐승보다 나은 점이 있는 것이다. 하지만 지금 나는 쫓겨나서 집을 떠나 입을 것이나 먹을 것도 넉넉지 않은 상황이므로 배불리 먹고 따뜻하게 입고 편히 살았던 때와 다르다.

옛날 성인들의 글을 읽기도 했고 지금의 군자에게 가르침을 받는 일이 많은데도 오히려 짐승만도 못하니 하물며 짐승에 가깝다 할 수 있겠는가. 개가 똥을 먹으면 사람들은 더럽다고 여기지만, 개가 똥을 먹을 것으로 여기는 것이야 의리에 무슨 해로움이 있겠는가. 나는 간혹 의롭지 않은 것인데도 진수성찬을 먹은 적이 있었으니 이것은 개가 똥을 먹는 것만도 못했다. 돼지는 음란하지만 그것이 잘못된 줄을 스스로 알지 못한다. 그런데 지금 나는 부끄러운 짓인 줄 알면서도 늘 미인을 보면 마음이 흔들리는 것을 면치 못하니, 돼지가 잘못된 것인 줄 모르는 것만도 못한 일이다. 아! 음식과 여색은 일부분을 든 것이니 한마디 말과 한 가지 행동에 미루어간다면 그렇지 않은 것이 없다. 옛날에 가르침이 없어서 짐승에 가까운 사람을 성인이 오히려 또 근심했는데, 만일 가르침을 받고도 짐승만도 못한 사람을 보게 된다면 어떠하겠는가. 아! 부끄러워할 만하고 두려워할 만하다.[69]

_이가환, 「금수가 사는 집禽獸居記」

『일성록』 1781년 8월 10일 기록에는 흥미로운 내용이 나온다. 정조가 서정수徐鼎修, 정동준鄭東浚, 홍인호洪仁浩 등의 재주를 거론하고 이가환의 문장이 뛰어난 작품이라고 했다. 또 정조가 이가환을 지목하면서 "이미 그의 재주가 월등하다는 것을 알았으니, 어찌 그대로 두고 쓰지 않을 수 있겠는가"[70]라 했다. 정조가 그의 문장에 대해서 칭찬할 정도였으나, 이가환은 크게 꽃을 피우지 못하고 허무하게 사라져갔다.

사람들에게 이용휴, 이가환 부자는 함께 언급되곤 했다. 그래서 이가환의 글을 읽으면서 이용휴의 글이 보여주는 파격성을 기대할 만하다. 하지만 이가환의 남은 글들을 읽어보면 우리 예상을 빗겨간다. 의외로 기발하고 새로운 느낌의 글이 드물기 때문이다. 왜 그럴까? 이가환의 죽음으로 그의 글들을 온전히 보존키 어려워졌고, 부친인 혜환의 글이 일실逸失되는 데도 그 죽음이 한몫을 하지 않았을까 추정할 뿐이다.

위 글은 김화 유배 시절에 쓴 글로「짐승이 사는 집」이라는 강렬한 제목이 눈길을 끈다. 자신이 거처하는 집을 이르는 이름치고는 흔치 않다. 자신을 짐승에 빗댄 셈이다. 내용은 제목보다 더욱 강렬하다. 자신을 오히려 짐승만도 못하다며 더욱 격하시키고 있다. 그가 짐승만도 못하다고 생각하는 것은 어떤 일일까? 의롭지 않은 상황에서 진수성찬을 먹는 일과 미인을 보면 마음이 흔들리는 일을 들어서 개와 돼지만도 못하다 했다. 결국 식색食色의 욕망에 휘둘리는 마음에 대한 강렬한 경계를 담은 것이다. 유배객이란 신분을 감안하면 자신의 처지에 대한 자학과 모멸감도 깔려 있기는 하지만, 스스로를 좀더 경계하고 단속하려는 의지도 함께 엿보인다.

끈질긴 공격, 허무한 죽음

이가환의 삶은 탄핵되어 좌천되다 복귀하는 일의 반복이다. 이잠의 문제가 그의 가장 큰 아킬레스건으로 작용했다. 1795년 정조가 노론 일색의 정국을 재편하기 위해 채제공을 중심으로 정약용과 함께 기용된다. 그런 논란의 인물이 공조판서가 되었다는 것은 반대파로서는 참을 수 없는 분노가 끓어오르는 일이었다. 그에 대한 공격은 여전히 그칠 줄 몰랐다.

　1797년 기록에는 더욱 흥미로운 사실이 많이 나온다. 채제공과 이가환이 반목한다는 소문이 공공연하게 세상에 퍼지고 정조의 귀에까지 들어갔다. 실제로 채제공이 이가환과의 결별을 숙고했던 것인지, 아니면 복잡한 정치적 상황 탓에 몸을 사린 것인지는 확인할 수 없다. 그런데 윤필병, 이정운 등 많은 이가 채제공을 찾아와 답교를 청했다. 채제공은 병을 핑계로 그들을 권엄의 집으로 보냈다. 이 일은 대단히 의미심장하다. 후에 신유옥사가 일어났을 때 권엄은 한직인 지충추부사로 있었는데 이가환, 이승훈, 정약용 등 천주교 신자에 대한 극형을 주장했고, 윤필병은 호군의 직책으로 100여 명을 거느리고 척사소를 두 번이나 올렸다. 또한 서학을 배척해 1802년 이가환, 이승훈의 가족을 노비로 삼아야 한다고 주장했다. 아마도 채제공은 이들의 낌새를 미리 짐작하고 일정한 간격을 두었던 것 같다. 이가환은 권엄, 윤필병, 이정운과 모두 친분이 있어 그들에 대한 시를 남겼다.

　채제공이 후계자를 결정하는 장면도 인상적이다. 채제공은 진작 이가환을 자신의 후계자로 생각하고 있었고, 정조도 이미 그

「제문祭文」, 이삼환, 43.5×32.7cm, 1801, 성호박물관. 신유사옥으로 이가환이 사형당하자 이를 애도하며 이삼환이 쓴 제문이다.

렇게 결정할 줄을 예견하고 있었다. 그런데 채제공과 정조가 공통으로 걱정하는 일이 하나 있었으니 1793년 1월에 이가환이 이잠을 변호하여 올린 상소였다. 아주 민감한 시기에 오히려 반대파에게는 좋은 빌미를 제공한 셈이었다.

채제공(1720~1799)과 정조(1752~1800)의 잇단 죽음은 반대파였던 벽파에 이가환을 제거하기 위한 더없이 좋은 기회가 되었다. 정조가 6월에 승하하고 이가환은 이듬해 2월 9일에 검거되어 동월 24일 단식으로 절명했으니 매우 급박하게 일이 처리되었음을 알 수 있다. 이가환은 큰 뜻을 펼치지 못하고 그렇게 비운悲運의 삶을 마감했다. 가문의 불행은 이하진, 이잠의 일로 과거완료가 된 듯 보였으나, 이가환으로 이어지면서 현재진행형이 되고 말

「채제공 초상蔡濟恭 肖像」(시복본, 보물 제1477-1호), 79.8×120cm, 1792, 수원화성박물관.

았다. 이가환의 죽음은 단지 이가환 개인의 죽음으로 끝나지 않았다. 가문에 심각한 내상內傷을 입혔을 뿐 아니라, 부친의 문학적 위상을 재고시킬 기회도 잃고 말았다. 그렇게 걸출한 능력의 부자는 모두 세상을 떠났다.

배다른 형님 이광휴

혜환의 맏형인 이광휴李廣休(1693~1761)는 자가 경미景微이고, 호는 죽파공竹坡公이다. 실학에 조예가 깊었다고 전해진다. 문집으로는 『죽파시집竹坡詩集』 필사본 한 권이 있다 하나 확인은 불가능하다. 이광휴 또한 문재文才가 있었던 인물이었다. 『혜환잡저』에 실린 「호랑이에 대한 설虎說」, 「해서의 거지海西丐者」 등에서 그에 대한 일화를 찾아볼 수 있다.[71] 그에 대한 묘지명을 살펴보자.

공은 성이 이씨李氏다. 휘諱는 광휴廣休이고, 자字는 경미景微다. 자호를 죽파竹坡라 했으니 여주 사람이다. 판서判書 시호 경헌敬憲 휘諱 계손繼孫의 9세손이며, 고조高祖는 좌찬성左贊成 휘 상의尙毅이고, 증조曾祖는 지평持平 휘 지안志安이며 할아버지는 대사헌大司憲 휘 하진夏鎭이다. 대헌공大憲公이 아들 다섯을 낳았으니 공은 곧 그중에서 넷째인 휘 침沈의 맏아들인데, 출계하여 백부伯父 휘 해瀣의 후사後嗣가 되었다. 어머니는 밀양박씨密陽朴氏 직장直長 수화守和의 따님이고, 본생本生의 어머니는 초계정씨草溪鄭氏 학생學生 수당洙堂의 따님이다.

공은 어려서 기개가 뛰어났으며 장성해서는 몸집이 크고 눈은 반짝이는 빛이 풍부하여 밤에도 사물을 잘 분별했다. 일찍부터 과거 공부를 그만두고 안산安山의 첨성촌瞻星村에 은거하여, 꽃에 물 주고 대나무를 심는 것으로 스스로 즐거워했다. 사람됨이 곧은 마음과 너른 회포로 걸치레를 꾸미지 않았고 사람들 사이에서 구별을 두지 않았다. 일을 만나면 과감하게 하여 해로움을 피하는 것이 없었으며, 의를 즐기고 베풀기를 좋아하여 급한 사정으로 오는 자가 있으면 반드시 힘닿는 대로 후원해주고 일찍이 냉정한 얼굴로 손을 깍지 끼고 있어 그로 하여금 실망하고 떠나는 일이 없게 했다. 또 널리 듣고 많이 알았으며 역사에 장점이 있었으나, 이것으로 자칭하지는 않았다. 중년 이후에 발에 병이 있어서 외출을 그만둔 지 몇 해 만에 세상을 떠났다. 공은 숙종肅宗 계유癸酉년 5월 5일에 태어나서 지금 임금 신사辛巳년 정월 11일에 세상을 떠났으니 향년 69세다. 덕산현德山縣 장천리長川里 선영先塋 좌록左麓의 임좌원壬坐原에서 장례를 치렀다. 배配는 해주정씨海州鄭氏 생원生員 덕령德寧의 따님이다. 3남1녀를 낳았으니 아들의 맏이는 철환喆煥이고 다음은 정환晶煥이며, 다음은 삼환森煥이고 딸은 풍산豊山 홍첨한洪瞻漢에게 출가했다. 을유년乙酉年 4월 6일 둘째 아우 용휴用休 삼가 짓다.[72]

_「죽파처사 이공 묘 지竹坡處士李公墓誌」

이 글은 1765년에 지은 것으로 국립민속박물관에 소장되어 있다. 성균관대 김영진 교수에 의해 처음으로 발굴되어 소개되었다. 이광휴도 역시 이른 나이에 과거 공부를 접고, 화초를 키우는 일로 소일했다. 품이 넓고 꽉 막힌 사람은 아니었다. 남들이 어려운 일이 있으면 발 벗고 나설 줄도 알았다. 역사에 특장이 있기는 했지만 내세울 만한 성과가 있지는 않았다. 결국 병이 악화되어 세

이광휴와 처 해주정씨 지석誌石, 1765, 국립민속박물관.

상을 떠나고 말았다.

셋

공은 살이 많이 쪄서 과업課業에만 힘쓰기에 불편했다. 그러나 여러 역사책을 보기 좋아했고, 널리 패관稗官과 설가說家[73]에까지 미쳐서 고금을 꿰뚫었고 크고 작은 것을 함께 포괄하여 부지런히 힘써 그치지 않았으니, 세상에서 박식하다고 이름난 자라도 혹 공보다는 못할 것이다. 시를 지은 것 중에는 아름다운 말이 많았으며, 산문散文 중에 「맥장수전麥長鬚傳」은 옛사람의 문집에 놓더라도 분별해내기 어려울 것이다.[74]

넷

공은 작은 일에 집착하여 작은 것에 삼가는 것을 좋아하지 않았다. 그러나 거상居喪하는 3년 동안에는 내실에 들지 않았고 평소에는 휘장에 걸치레하는 빛이 없었다. 또

집에 장기와 바둑을 두지 않았고, 술, 담배를 입에 대지 않았다. 그중에서 무당을 가장 싫어하여, 만나면 반드시 꺼려서 쫓아냈으며 음양陰陽상 피하고 꺼리는 것을 이따금 일부러 범함으로써 무혹誣惑을 깨뜨렸다.[75]

다섯

공이 이미 불우하여 훌륭한 큰 뜻을 펼칠 수가 없게 되었다. 만년에 연못을 파서 연꽃을 심었으며, 뜰에는 매화를 심고 울타리에는 국화를 심어, 각각 제자리에 두었다. 매번 좋은 계절에는 친구들 몇 명을 불러 밭에 있는 채소를 따고 과수원에 있는 과일을 깎아 내어 술안주로 삼았다. 마음을 터놓고 담소를 나누었으며, 혹은 간간이 격조 높은 농담을 섞음으로써 즐거워했다. 다만 조정朝政과 시국時局에 대해서는 일절 말하지 않았다.[76]

_「맏형 죽파공의 유사 다섯 가지伯氏竹坡公遺事五則」

혜환이 지은 「맏형 죽파공의 유사 다섯 가지」는 맏형 이광휴에 대한 다섯 가지 이야기를 담고 있어 묘지명에서 알게 된 정보들을 보완해주고 있다. 첫 번째는 사람 됨됨이와 대인관계에 대해 적었다. 어려운 사람은 꼭 도와주고 배신했던 사람도 돌아오면 예전처럼 대우해주었다.[77] 두 번째는 가족들을 살뜰히 챙겼다. 외가에서 물려받은 충청도 당진唐津에 있는 별장을 가난한 누이동생에게 쾌척했고, 친척과 이웃들도 어려운 일이 있으면 발 벗고 많은 도움을 주었다.[78] 세 번째는 문장과 학문에 대한 것이다. 또한 과업에 지장을 줄 정도로 상당히 비만이었다는 것도 함께 알 수 있다. 고금의 여러 방면에 걸쳐 상당히 박학하고 시와 산문에도 특장이 있었다. 네 번째는 평소의 기호嗜好에 대해 말했는데, 잡기雜技나 미신을 멀리했다. 다섯 번째는 생활 태도에 대해 말했다. 화초를 가꾸고 담소를 즐겼지만 조정과 시국에 관한 일은 입에 담지 않았다. 전체적으로는 형님에 대한 추억을 이야기하고 있다. 이광휴의 만년까지도 그들은 좋은 우애를 이어나갔다.

함께 자란 이병휴

이병휴李秉休(1710~1776)는 자가 경협景協이고 호는 정산貞山이다. 정산은 성호의 문하에서 그 정통의 학문을 이어받은 사람으로, 소남邵南 윤동규尹東奎, 순암順庵 안정복安鼎福과 함께 성호 문하의 삼대 제자로 일컬어진다. 『정산시고貞山詩稿』 2책, 『정산잡저貞山雜著』 11책, 『정산잡록貞山雜錄』 1책 등 여러 책이 남아 있다.[79] 특히 경학과 예학에 뛰어났던 것으로 알려져 있다.

> 아! 자네는 경인庚寅년(1710)에 태어나 나보다 두 살이 어렸다. 그런데 나는 걸핏하면 병에 걸리고 허약해서 세 살이 되어서도 오히려 어머니 품을 벗어나지 못한 채 자네와 같은 젖을 함께 먹으며 같은 포대기에 함께 누워 있어야 했다. 조금 자라서는 같은 책을 함께 배웠고 같은 제목의 글도 함께 지었다. 나이가 찬 뒤로는 행동과 학업에 서로를

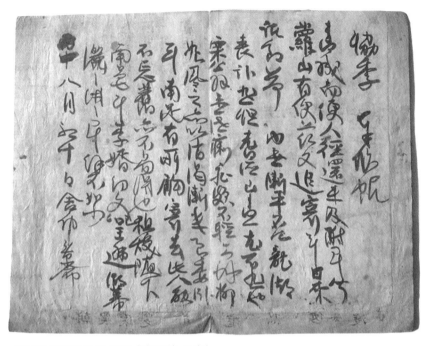

이용휴가 이병휴에게 보낸 편지, 「혜환공찰」 중에서.

스승으로 삼았고, 도덕과 의로움을 서로 권면했으니, 몸은 비록 따로 나뉘었더라도 의기氣意는 서로 통했다. 늙어서 나는 황화방皇華坊의 옛집에 살고 자네는 충청도 이산伊山에 살았다. 300리나 멀었기에 항상 답답하여 떨어져 살아 외롭다는 생각을 하고 있었다. 그러나 가끔 편지로나마 소식을 전했는데 이제는 이승과 저승으로 영원히 막히었으니 슬프도다! (…) 아! 그대는 타고난 자질이 높은 데다가 학문은 가학을 이어받았고 특히 예학禮學에 깊었다. 이를 세상에 펼쳤다면 반드시 볼 만한 것이 있었을 텐데 때를 못 만나 감추어두었다. 펼치고 펼치지 못함이 어찌 자네

「이용휴의 아우 정산처사 제문李用休 舍弟貞山處士 祭文」(위), 75.2×49.7cm, 1777, 성호박물관. 「제이병휴문祭李秉休文」, 1777, 성호박물관. 이용휴가 죽은 동생 정산 이병휴를 애도하며 쓴 제문이다.

탓이겠는가마는, 그래도 군자는 남몰래 탄식하지 않을 수
가 없다. 아! 처음 다행스럽게도 자네와 한 번 만날 수 있
었는데, 종전從前의 유례가 없더라도 혹 자네와 다시 만날
수 있을까? 기약할 수는 없도다. 오직 저 덕풍德豊의 산이
조용하고 구름이 한가로운 모습은 군의 초상肖像이기에 보
고 모습을 생각할 따름이다.[80] 아, 슬프다!

「아우 정산처사 제문祭舍弟貞山處士文」

형제를 잃은 아픔을 그린 작품은 쉽게 찾아볼 수 있다. 「제망
매가祭亡妹歌」로부터 시작해 연암 박지원의 「죽은 형님을 생각하
며憶先兄」, 현대시로는 누이의 죽음을 읊은 송수권의 「산문에 기
대어」와 아우를 잃은 슬픔이 절절한 박목월의 「하관下棺」 등이
유명하다. 동기同氣, 즉 부모에게 같은 기운을 받은 형제를 잃은
아픔은 커다란 상실감을 동반할 수밖에 없다.

이 글은 1777년 혜환의 나이 69세 때 쓴 아우 이병휴에 대한
제문이다. 나이 터울이 크지 않은 형제는 유년기의 많은 기억을
공유하기 마련이어서 더욱 애틋하다. 원문에 동同이란 글자가 네
번이나 나온다. 어머니 젖을 함께 먹고, 같은 포대기에 누웠으며,
똑같은 책을 읽었고, 같은 제목에 함께 글을 짓기도 했다. 철들기
전에 경험했던 모든 일은 늘 동생과 함께였다. 장성한 뒤에는 사
는 곳은 달랐지만 서로에 대한 마음만은 멀지 않았다. 늙어서는
사는 곳이 서울과 예산으로 멀리 떨어져 있어 가끔 편지로나마
안부를 전하곤 했는데, 이제는 영영 이승과 저승으로 갈리어 만
날 수 없는 처지가 되었다. 동同, 상相, 원遠, 격隔 등의 글자를 적

절히 사용해 서로 간의 공간적 차이와 심리적 거리를 표현하고
있다.

예문에서 생략된 내용을 정리하면 다음과 같다. 세상에 형제
란 이름으로 불리는 관계는 많다. 동방同榜한 사람이나 의형제義
兄弟도 있긴 하지만, 마음이나 잇속이 맞을 때는 형제보다 가깝다
가 한 번 척을 지면 남남이나 원수가 되기도 한다. 그것은 하늘이
맺어준 인연이 아닌 사람이 맺은 인연이기 때문이다. 친인척으로
형제란 이름이 붙은 종형제, 고종형제, 이종형제 역시 친소와 감
정은 친형제와 비교할 수 없다.

혜환은 1759년에 누님을 잃었고 1761년에 형님을 잃었다. 노년
에 친형제를 잃은 아픔을 감당하기 어려웠지만, 그나마 손윗사람
이라는 것으로 위안 삼았다. 그러나 동생의 죽음은 다르다. 67세
면 요절은 아니지만 남겨진 어린 자식을 생각하면 슬픈 마음을
쉽게 달랠 수 없었다. 이병휴가 네 살 때 아버지를 여의었는데 공
교롭게도 이병휴 역시 네 살 된 아이를 남기고 죽었으니 이 아이
가 이명환李鳴煥(1773~1809)이다. 이명환이 태어나기 이전에 이병
휴는 이미 이삼환을 양자로 맞았다.

게다가 높은 학문적 깊이가 있었음에도 세상에 크게 쓰이지
못한 채 맞은 죽음에 더욱 아까운 마음이 든다. 어디서 왔는지
알지 못해도 형제간의 인연으로 만났고, 어디로 가는지 그 또한
모르지만 다시 만날 수 있겠냐는 물음이 상실의 아픔을 가늠케
한다.

혜환은 만시輓詩나 제문에서 거의 파격破格에 가까운 내용을
선보였다. 죽음을 담담하게 그리거나 희화화하는 듯 표현하기도

했다. 그러나 친동생의 제문은 매우 진지하고도 슬프다. 혜환은 조용한 산과 한가로운 구름이 동생의 초상과 같다며 간운지정看 雲之情의 멋진 변주로 제문을 마무리한다.

서울로부터 덕산德山[81]까지의 거리는 11식(1식息은 30리)쯤 된다. 비록 내가 자네의 병을 듣고 곧바로 출발했더라도 이미 자네의 살아 있는 얼굴을 보지는 못하고 다만 죽은 얼굴만을 보았을 것이다. 그런데 부고가 온 뒤에 바로 빨리 달려간다 해도 죽은 얼굴 또한 볼 수가 없고, 이미 염 습하여 입관한 것을 보게 될 것이다. 지금 또한 장차 널을 들어서 무덤에 넣는다고 하니 사람의 일이 이미 끝났구나. 그런데 오히려 광중 안을 바라보지 못하고 슬픔을 쓰게 되니 비록 먹고 숨을 쉬면서 세상에 살고 있으나 죽은 사 람과 무엇이 다르겠는가? 오호! 우리 형제가 어머니의 얼 굴을 여읜 지가 이미 30년이 흘렀다. 자네는 이번에 가서 반드시 뵙게 될 것이니 30년 동안 어슴푸레 떠올리며 한 숨 쉬었던 것을 모두 시원스레 풀 수 있을 것이고, 나의 요 즘 상황도 또한 곁에서 말씀드릴 수 있을 것이다.[82]

_「재차 쓴 아우에 대한 제문再祭舍弟文」 부분

동생의 죽음에 아쉬움이 가시지 않았는지 한 편의 제문을 더 남겼다. 임종하기 전에 만나지도 못하고 이미 매장한다는 소식을 늦게 들어 아쉬움이 한층 더했다. 형제가 어머니를 여읜 지 30년 이 흘렀다. 늘 생시의 모습을 뵙고 싶었지만 그리움에 묻을 수밖에 없는 이름이었다. 아우가 저승에서나마 어머니를 만나 그동안의 회포를 풀 수 있게 되었다는 말로 아픔을 달래려 했다. 제문의 뒷부분에서 아우와 생사의 갈림길에 대한 이야기를 나눈 에피소드를 하나 소개한다.

혜환이 말했다. "사람이 죽음을 앞둘 때 가장 높은 관직을 내리는 임명장과 제 키쯤 되는 문집文集과 슬하에 있는 아이 중에서 무엇이 소중한가?" 아우가 말했다. "관작은 외물外物에 불과하고, 자식도 역시 나를 벗어난 데 속하는 것이나 문집만은 영원히 이름을 남기는 데 보탬이 될 수 있습니다." 내가 말했다. "문장도 오히려 입으로 토해내는 것이거니와, 자식은 혈맥이니 큰 차이가 있는 것이네."

이용휴가 아무럼 문집보다는 자식이 소중하다는 취지로 이야기를 했지만 이병휴는 수긍하지 않는 눈치였다. 그런데 이병휴는 죽을 때 억지로 눈을 뜨고 맏아들을 보았다. 이용휴는 이런 일을 전하면서 아마도 아우가 죽으면서 자신의 말에 수긍했다는 의미로 받아들였다.

형님의 환갑을 축하하며

세상에서 모두 이르기를 '명의 길고 짧음은 타고나는 처음에 달려 있는 것이고, 양생에 달려 있는 것은 아니다'라고 한다. 나는 중형仲兄 혜환 선생에게서 그것이 그렇지 않음을 징험했다. 내가 어머니에게 듣건대 중형은 처음에 태어날 적에 허약함이 보통과는 달라서 몇 살이 되었는데도 머리뼈가 오히려 단단해지지 아니했다. 나의 어머니께서 양육하는 노고가 다른 사람보다도 백배나 더하여 어린애가 호흡을 해야만 어머니 또한 호흡을 하는 것이 마치 배 속에 있는 것 같았다. 점차로 성장하자 먹는 것은 고기나 기름진 것을 주지 아니했고, 옷은 따뜻한 것을 허락하지 않았으며 노는 것을 방문을 벗어나지 않게 하여 품 안에 있는 것같이 했다. 그가 이미 장성하게 되자 중형 선생은 또 어머니의 교훈을 삼가 지켜서 섭양을 두려워하고 삼가는 것이 보통 사람보다 지나쳤다. 평소에 안개나 이슬을 범하지 않았고, 추위와 더위에 노출되지 않았으며, 만약에 맑고 화창하거나 따뜻한 때가 아니면 감히 문에서 나가지 아니했으며 혹시라도 비바람이 어지러운 날을 당하게 되면 기꺼이 방문을 열지 않았다. 문장이 세상에 알려졌어도 마음에 집착하려 하지 않았으며 서화가 서가에 넘쳤어도 다만 뜻을 표현할 뿐이었다. 대체로 세상의 온갖 일과 집안의 온갖 일들로써 기뻐할 만하고 노여워할 만하며 근심스럽고 서글픈 것들을 모두 잊을 망忘이란 한 글자에 붙였으며, 기타 모든 생명을 해치고 심성을 해치는 것들을 일체 멀리 피했으므로 서른 살이 된 후에는 용모가 날로 충실해지고 신기가 날로 왕성해졌다. 지금에는 간지가 한 번 두루 하여 61세에 꽉 찼는데도 고운 얼굴이 덜하지 않고 흰머리가 아주 드물었으며 보고 듣는 것이 거의 젊었을 때와 같았다. 그 견고하여 늙지 않는 모습이 또한 보통

사람과 달랐으니 이 어찌 양생한 효험이 아니겠는가? 옛
날에 선생과 연배를 같이하여 기운이 매우 성하고 몸이
매우 건장했던 자들도 절반이나 저승 사람이 되었으며 비
록 더러는 살아 있는 자가 있다 하더라도 노쇠함이 뚜렷
해서 인간 세상에 뜻이 없었다. 그러나 선생은 전에 허했
던 것이 뒤에는 완벽하게 되었으며 옛날에는 파리하던 것
이 지금은 충실해져서 노년이 되었어도 더욱 씩씩하고, 쇠
함에 임했어도 더욱 왕성하니 또 어찌 양생함과 양생하지
않은 밝은 징험이 아니겠는가? **83**

_이병휴, 「중형 혜환 선생 환갑에 대한 수서仲兄惠寰先生周甲壽序」 부분

이 글은 이병휴가 이용휴의 환갑을 축하하며 쓴 수서壽序다. 이
용휴가 어려서부터 섬약하게 태어났다는 사실을 확인할 수 있다.
혜환은 어머니의 극진한 양육과 본인의 철저한 몸 관리로 건강
을 유지했다. 이병휴가 말하기를, 혜환이 보통 사람보다 훨씬 지
나치게 몸 관리를 했다는 것으로 보아 유별나게 건강을 챙겼던
것 같다. 그러한 관리 탓인지 서른이 넘어서는 건강을 완전히 회
복했다. 두 살 터울의 동생은 형의 병약했던 어릴 적을 회상하며
형이 환갑을 맞았다는 사실에 기뻐했다. 그 외 생략된 부분에서
는 문장으로 세상에 알려졌고, 서화가 집에 가득했다는 사실도
언급했다.

그대와 나 어린 시절에
배움 잃고 녹시鹿豕**84**처럼 놀기만 하다

황량하고 비루함에 빠질까 두려워

개연하게 고향을 하직했네.

말 한 필에다가 짐을 싣고서

대로 만든 가마[85] 함께 탔으니

비유하건대 한 송이에 있는 밤알 같아서

형체는 나뉘어도 몸을 서로 의지했네

얼마 안 돼 그대는 마마가 생겨

저 예쁜 보조개에 흔적이 났고

나는 이어서 눈에 백태를 앓아

눈동자의 멀리 보는 시력이 감퇴했네

외롭고 가난한데 병 걱정 거듭돼도

분발하고 격려함을 그치지 아니하여

서로 끌고 글방의 선생에게 나아가

하루에 네다섯 장의 글을 배웠네

서울은 인물들이 모여드는 곳

함께하는 사람들이 또 뛰어났으니

견문이 날마다 달라짐을 느끼어

옛날과 비교할 건 아닐 것만 같았네

밤낮으로 매양 서로 권면하기를

"작은 성취에 그치지 말자!

혹시라도 선대 업에 누 끼칠까 두려우니

헛된 명성 스스로 기뻐하랴?" 했네

어느덧 세월이 빨라

북유北遊[86]한 지 이미 36년이기로

시험 삼아 상에 있는 주역 점을 쳐보니

"천산둔天山遯을 군자가 관찰해야 한다" 했네[87]

섬곡剡曲은 조상 때의 고향[88]으로

한 마을이 모두 우리 이씨였는데

원로인 성호 선생은

지금 세상 퇴계 선생 같은 분이셨네

공손한 태도로 함장函丈[89] 모시고

날마다 하늘과 사람 이치 물으니

이 가운데 진정한 기쁨 있어

그리하여 벼슬을 원치 않았네

조그맣게 지은 집이 또한 맑고 그윽해

사립문이 논물을 굽어보고 있는 곳

채마밭의 채소 맛은 향기롭고 매우며

뒷동산의 과일 빛은 분홍과 자주인데

상수리나무 아래 지팡이에 기댈 제

두건 스쳐 들꿩이 지나기도 하노라

인생은 제각기 뜻이 있어서

출처出處에 같은 길을 걷지 않는 것이니

벼슬[90]에서 빠졌다는 이유로

이 동고東皐[91] 들에서 김매는 걸 깔보지 말라

그대는 돌아가서 별장을 다스리고

앞에 있는 시내에서 나를 기다려주게

부채 들어 갈 길을 가리키는

동남쪽의 하늘에 푸른 구름이 이네

君與我少日, 失學遊鹿豕
荒陋恐汩沒, 慨然辭鄉里
載之馬一匹, 共乘竹兜子
譬如同苞栗, 形分體相倚
無何君發痘, 痕彼雙輔美
我繼而患瞖, 眼珠減遠視
孤寒重疾憂, 奮勵猶未已
相携就塾師, 日受四五紙
京華人物藪, 所與又髦士
見聞日覺異, 似非前時比
夙夜每交勉, 勿以小成止
先業恐或忝, 虛名敢自喜
荏苒歲月遒, 北遊已三紀
試篋床頭易, 天山君子以
剡曲桑梓鄉, 一郁皆我李
星湖老先生, 今世退陶氏
闐闐侍函丈, 日叩天人理
此中有眞樂, 所以不願仕
小築亦淸幽, 柴門臨田水
畦蔬味芳辣, 園菓色紅紫
倚杖橡櫟下, 拂巾過野雉
人生各有志, 出處不同軌
毋以西淸濕, 傲此東皋耔
君歸治別墅, 待我前溪涘

送舍季景協歸隱剡曲

君蟫我少日失學遊鹿豕荒陋恐汨沒慨然歸鄉
里載之馬一定共乘竹笆子譬如芭栗形分體
相守無何君嬰痘痕欲雙輔美我縞而患瘵眼株同
減遠視狐寡重疾憂奮勵猶未已相携就塾師日
受四五紙京華人物藝而興又髦士見間日覺興
似非前時比風夜每交勉勿以小成止先業隱戎
恭盧名散自喜荏苒歲月道北遊巳三紀試筮床
頭易天山君子以剝曲桑梓鄉一邱豻我李星
湖老先生命世跫陶氏閭入侍函丈日叩天人理
此中有真樂兩以不願仕小簞亦清幽柴門臨田
水畦疏味紫蕨園菜色紅紫倚檻機下拂仲過
野雄人生各有志出處不同軌毋以西清漏傲此
東皋新君歸洺別墅待我前溪渓舉扇指去路東
南碧雲起

古農散人題

癸未三月癸前一日李秉休謹告

夫人曰夫人来嬪卅有五稘再春三年恩彌
義孰千惟余窮賤飽辛如苦喪難與共
何可忘也疾病亦同有足憐者余纔少
愈子忽轉緊性恬緣薄乘化無吝余旣
在堂子歸何恨子今嚴世子可隕定
斂精潔實副素懇立嗣奉饋亦遂宿願
幽明阮判速窆爲宜一別終天寧少訣辭
夫人平日畧解文字兹以文告廣
獨苦意

「아우 경협이 섬곡에 은거하러 돌아가는 것을 전송하며」(위), 41.5×42.5cm, 1755, 성호박물관. 「이병휴의 아내 제문」, 46×41cm, 1763, 성호박물관.

擧扇指去路, 東南碧雲起

_「아우 경협景協이 섬곡剡曲에 은거하러 돌아가는 것을 전송하며送舍季景協
歸隱剡曲」

이 시는 50구로 된 5언고시다. 이용휴와 이병휴 형제의 초장년
의 삶이 잘 나타나 있어 아주 중요한 자료라 할 수 있다. '북유한
지 36년'이라는 말로 볼 때 이병휴가 어머니를 따라 열 살에 서울
로 올라왔으니, 대략 1755년 전후에 지어진 것으로 보인다. 섬곡
은 숙부인 이익이 거처했던 첨성리와 가까운 곳으로 현재 경기도
안산시에 편입된 곳이다. 작품 말미에 '고농산인제古農散人題'라 쓰
여 있으니, 고농산인은 혜환의 알려지지 않은 호로 보인다.

두 살 터울 형제의 사이는 각별하기만 했다. 공부를 위해 함께
고향을 떠나 서울로 향했다. 그 모습을 한 송이에 있는 밤알이라
했으니 혜환다운 재치 있는 표현이다. 그리고 얼마 안 되어 형인
혜환은 백태를 앓아 시력이 나빠졌고 아우인 정산은 마마를 앓
아 흉이 남았다. 두 사람은 작은 성취에 도취되지 않도록 서로를
권면했다. 정산은 중년 이후 서울을 떠나 성호가 살던 안산의 첨
성리瞻星里로 가서 수년을 지내다가, 출생지인 덕산德山 장천리長川
里 구장舊莊으로 돌아가 만년을 보냈다. 서로 사는 곳의 거리만큼
이나 학문의 지향점도 달랐으니, 형은 문학에 뜻을 두었고 동생
은 예학禮學에 뜻을 두었다.

제

2

장

그와 같은
그의 벗

그의 시는 그 사람과 같아서
진실이 지극할 때 기이함 드러났고
그의 글씨와 그의 그림은
또 모두가 그의 시와 같았네

1

혜환의 감식안

세상에서 글자체를 일컬을 때 반드시 여주이씨를 말한다. 우리 이씨는 글씨로 이름을 떨친 지 오래되었는데 종조從祖 청선공聽蟬公 이지정李志定께서 더욱 유명했다. 청선공은 고산孤山 황기로黃耆老에게 얻었고 고산은 장필張弼에게 얻었으며 장필은 또한 회소懷素를 근본으로 했으므로 논하는 사람들이 초성草聖의 계통으로 여긴다. 그러나 사람들은 다만 청선공이 고산에게 배웠다는 것만 알고 가학이 이미 여러 대에 걸쳐 충분히 갖추어져 있었음을 알지 못한다. 자손들이 업을 이어서 지금까지 성대하게 종요鍾繇와 왕희지王羲之를 말하며 각자 찬란하게 드러내지 않은 이가 없었는데 이를테면 재종질 중빈仲賓 이관휴李觀休가 그중 한 명이다.[1]

「이지정 초서 취영구절李志定 草書 醉詠九絶」(보물 제1668호), 1647, 개인 소장.

여주이씨는 옛날부터 글씨로 유명했는데, 그중에 청선聽蟬 이 지정李志定(1588~1650)을 꼽았다. 세상은 이지정이 황기로黃耆老 (1521~1575?)의 제자인 것만 알고 있지, 가문의 전통 속에서 이루어졌다는 것은 간과한다고 지적했다. 이지정의 계보가 근재謹齋 이관휴李觀休[2]에게 도도하게 이어지고 있음도 함께 말한다. 이관휴는 혜환의 족형族兄으로 그의 가문에 있는 글씨를 수집하고 정리하여 첩으로 만들었고, 한중 서화들을 수집하여 정리한 뒤 품평을 남긴 바 있다.

> 천하의 보배는 천하가 함께해야 하지 한 가문만이 사유로 삼을 것은 아니다. 그러나 그 아끼고 사모하는 것은 친근한 사이가 소원한 사이보다 절실하고 가까운 이가 먼 이보다 심한 것이 또한 이치다. 이것이 바로 근재謹齋공이 이 첩帖을 재적載績에게 준 뜻인 것이다. 아! 문헌을 징험하는 것은 반드시 그 가문에서 해야 한다. 왕방경王方慶이 이른바 "십대十代 종백조從伯祖인 왕희지 이하의 글씨가 모두 열 권이다"[3]라고 한 것이니 이것은 또 재적이 마땅히 알아야 할 바이다.[4]
>
> _「옥동선생 서첩에 대한 발문玉洞先生書帖跋」

이서李溆(1662~1723)는 자가 징지澄之이고 호는 옥동玉洞이다. 현재 『홍도선생유고弘道先生遺稿』 필사본 11책이 남아 있다. 옥동은 이른바 옥동체玉洞體 또는 동국진체東國眞體의 창시자로 알려져 있다. 그에 대해 혜환은 여러 편의 글을 남겼다. 혜환은 옥동의 조카다.

「옥동금玉洞琴」, 성호박물관. 옥동 이서가 직접 만들어 연주하던 거문고다.

옥동의 증손曾孫인 이재중李載重[5]이 옥동의 유묵遺墨과 서첩을 구하여 혜환에게 가져오자, 위의 글과 「옥동선생 유묵 발문玉洞先生遺墨跋」을 각각 써주었다. 이 글들에서 옥동의 글씨를 조선에서 최고로 꼽고, 큰 글자에 관해서는 신라와 고려 이래로 제일인자로 쳤다. 이외에도 근재 이관휴가 이재적李載績에게 준 옥동의 서첩에 「옥동선생 서첩에 대한 발문敬跋玉洞先生書帖」을 써주었다.[6] 혜환은 이서에 대해 깊은 존숭과 경모가 있었다. 이서는 혜환의 서화에 대한 애호와 이해에도 적잖게 영향을 끼쳤다.

혜환이 얼마나 그림을 좋아했는지는 여러 기록에서 확인할 수 있다. 그는 서화 수집가이며 감상가였다. 이종 동생 이종간李宗幹은 성품이 그림을 좋아하지 않았다. 어느 날 혜환의 집에서 혜환은 자신이 소유하고 있던 옛 그림 수십 장을 꺼내 보여주었지만 이종간은 전혀 관심이 없었다. 그러다가 이종간이 유덕장柳德章(1675~1756)의 그림을 보고는 돌아가신 부친이 좋아하던 그림이라고 하며 선친의 제삿날에 올리고 싶다고 하자, 흔쾌히 건네주는 장면이 있다.[7] 그는 옛 그림을 많이 소장하고 있었는데, 조선의 그림에 국한되지 않았다. 그중에는 중국 그림도 있었는데, 동

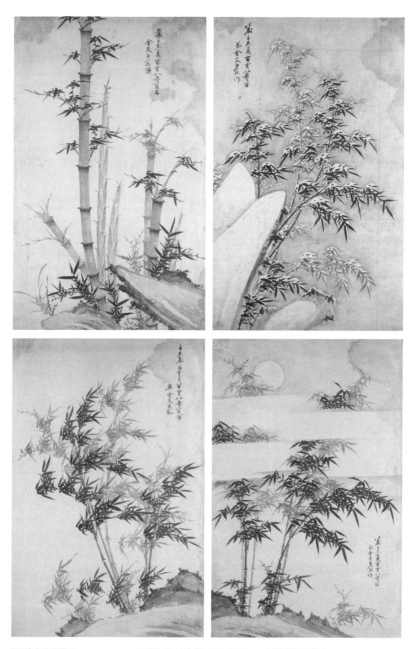

「유덕장필 묵죽도柳德章筆墨竹圖」, 유덕장, 종이에 먹, 91.5×141.5cm, 국립중앙박물관.

기창董其昌이 그린 「수묵산수도水墨山水圖」 한 폭이 있었다.[8] 이익도 『성호전집』에 「동현재의 그림에 쓰다題董玄宰畫」를 남기고 있다. 혜환은 이와 같은 가문의 분위기 속에서 자연스럽게 서화에 대한 관심이 높아졌다. 그래서 작품을 수집하고 이에 대해 직접 제발을 붙이기도 하면서 안목을 높여나갔다. 그 외에도 도장과 관련하여 「도장설圖章說」「인재설印材說」을 남긴 바 있다. 그는 화가에 대해서도 관심이 많았는데, 어떤 화가와 만나곤 했을까?

김홍도의 스승 강세황

혜환은 강세황姜世晃(1713~1791)과 강세황의 처남인 유경종과 각별한 사이였다. 강세황은 1744년 안산에 정착한 뒤로 이익의 문하를 드나들면서, 여주 일문의 자제들과 교유했다. 『섬사편剡社篇』은 1754년 무렵에 시작하여 1757년 겨울까지, 안산의 섬사剡社와 예산의 탁천장濯泉莊 등 적어도 여덟 곳에서 수창된 시를 모은 것이다.[9] 이 자료를 통해 그들이 교유했던 상황을 엿볼 수 있다.

강세황의 손자 중암重菴 강이천姜彝天(1768~1801)의 기록을 살펴보면, "비로소 4~5세 때부터 할아버지, 이용휴와 임희성任希聖 등 여러 공께 글을 배웠는데, 간혹 신광수申光洙(1712~1783) 선생이 있었다"[10]고 나온다. 당시 강이천의 아버지인 강완姜俒이 예조禮曹의 낭관郎官으로 출사하고 있었기 때문에 작은 경제京第(서울에 있는 본집)가 남성南城에 있었다. 하지만 집이 협소하고 홀로된 할아버지를 봉양하기 위해 어머니를 따라 안산 강세황의 거소인 산향재山

「강세황 초상姜世晃 肖像」(왼쪽), 종이에 색, 31.5×50.9cm, 국립중앙박물관. 「강세황 초상」
(자화상, 보물 제590호), 비단에 색, 51×88.7cm, 국립중앙박물관.

響齋에 내려와 있었다. 그 무렵 강이천은 산향재를 드나들던 이용
휴, 임희성, 신광수 등을 좇아 글을 배웠다. 또한 이용휴 시집의 이
본異本인 『혜환거사시집惠寰居士詩集』에는 '표옹豹翁'이라는 소장인所
藏印이 찍혀 있는데, 이것은 강세황이 말년에 사용하던 호號였다.[11]
이런 사실로 미루어볼 때 혜환과 표암이 말년까지 두터운 교분을
이어갔음을 확인할 수 있다.

　다음으로 혜환과 유경종의 관계를 살펴보자. 성호 이익이 머물
던 첨성리 성호장星湖莊 주변과 유경종의 부곡동 저택과의 거리
는 불과 10리밖에 되지 않았다. 유경종은 자신의 문장을 알아줄
사람이 혜환이라고 특정하고,[12] 자신을 위해 「의원기意園記」와 「만
채당기晚菜堂記」를 지었던 사람이라고 말했다.[13] 유경종은 20대
후반부터 50대까지 상상의 정원인 의원意園에 대한 기록을 남겼

『섬사편』, 지본묵서, 1754, 여주이씨 소장.

다.[14] 이용휴가 그를 위해 「의원기」를 지어주었던 것으로 보이나
그 글은 현재 전해지지 않는다. 김동준은 혜환이 「만채당기」를
지어준 사실에 근거해 혜환의 문집에 남아 있는 「만채재기晚菜齋
記」를 지목하고 있으나, 장유승은 「만채재기」의 주인공을 안산에
살았던 채식주의자 유덕상으로 특정했다.[15]

혜환을 중심으로 한 강세황과 유경종의 교유는 비단 세 사람
에서 그치지 않고 다른 사람과의 관계로 이어졌다. 그중 한 명으
로 조중보趙重普(1708~1781)[16]를 들 수 있다. 강세황의 『표암유고』

에는 그에 대한 「의암소진찬蟻庵小眞讚」과 「의암에게 보내다簡蟻庵」 등 다수의 시편이 실려 있다. 또 유경종은 「의암 조상사 제문祭蟻菴趙上舍文」을, 이용휴는 「의암조우 제문祭蟻庵趙友文」을 각각 남겨 그의 불우한 삶을 위로했다. 특히 이용휴가 「의암조우 제문」에서 "그 평소의 품행이 높았던 것과 시문을 잘 지은 것들은 앞서 지은 생지 중에 이미 갖춰졌다其平生品行之高, 詩文之工, 已具於前所撰生誌中"라고 한 것으로 보아, 그를 위해 생지명을 지었던 것을 알 수 있다. 강세황, 유경종, 혜환 세 사람은 그렇게 서로의 우정을 이어나가고 있었다. 때로는 이 세 사람과 자제들이 한자리에 모여 『우초신지虞初新志抄』를 함께 필사하기도 했다. 유경종은 혜환에 대한 기록을 남겼으나, 어쩐 일인지 표암의 문집에는 혜환의 기록이 남아 있지 않다.

> 내가 서예에 있어서 이해하는 것이 없어 매번 여러 사람의 서법을 보게 되면 문득 감식鑑識할 줄 아는 사람의 평을 따랐다. 지금 이 서첩에는 늙은 친구인 표암이 "가뿐하고 아름답게[17] 흘러가는 움직임이 또한 중국에서도 드문 바이다"라고 평을 달았으니, 내가 또한 "가뿐하고 아름답게 흘러가는 움직임이 또한 중국에서도 드문 바이다"라고 평을 달았다.[18]

남창南窓은 김현성金玄成(1542~1621)의 호다. 그의 본관은 김해, 자는 여경餘慶이다. 1564년 문과에 급제했다. 1617년(광해군 9) 돈령부동지사 때 왕명으로 평양 기자비箕子碑의 비문을 베껴 가지

『한묵청완』서첩에 수록된 김현성의 행서, 27.1×42.6cm, 국립중앙박물관.

고 돌아와, 마침 벌어진 폐모론에 참석하지 않아 면직되었다. 시서화에 모두 능했고 서체는 송설체松雪體를 따랐다. 금석문 「숭인전비문崇仁殿碑文」, 「이충무공수군대첩비문」이 있고, 문집으로는 『남창잡고』가 있다. 이 사람의 서첩에 대해서 표암은 평을 달았고, 혜환은 표암의 평과 토씨 하나 다르지 않은 평을 다시 달았다. 혜환이 표암의 감식안을 얼마나 높이 사는지 알 수 있는 대목이다.

스승이 필요 없는 김홍도

하늘이 만물을 낳을 적에 이치를 형상에 담고 가장 신성한 이에게 대신 말하여 교화를 베풀게 했으니, 이것이 경經이다. 그러나 말은 문자에 의지해야만 전해질 수 있다. 그래서 창힐蒼頡로 하여금 문자를 만들게 했다. 문자를 만든 원리도 형상을 본뜨는 데서 시작했으나 그 쓰임에 또한 한계가 있었다. 그래서 사황史皇으로 하여금 그림을 만들게 했다. 그림과 문자가 짝을 이룬 뒤에야 비로소 온전하게 되었다.

그러나 경이 해와 달처럼 세상에 높여지자 문자는 그와 함께했지만 그림은 드러났다가 숨겨졌다 하다가 「빈풍도豳風圖」와 「왕회도王會圖」 이후로는 그다지 드러나지 못했다. 간혹 재기가 넘치는 자들이 꽃과 대나무, 새와 짐승 따위를 그린 것에 있어서도 그 솜씨가 또한 천지조화를 그대로

「빈풍도豳風圖」, 작자 미상, 비단에 색, 316×57.3cm, 청대, 국립중앙박물관.

그려내서 사람의 마음과 눈을 즐겁게 할 만했다. 그러니 그림의 도道는 작다고 할 수 없는 것이다.

김군 사능士能(김홍도)은 스승을 필요로 하지 않는 지혜로 새로운 경지를 창출했는데 붓이 가는 곳마다 신묘함이 함께했다. 푸른 머리카락이며 금빛 터럭, 붉은 실과 흰 실을 묘사한 것은 정교하고도 아름다워서, 옛사람이 자신을 보지 못함을 한스러워할 정도였다. 그러므로 그는 자긍심이 대단하여 그림을 가볍게 그리지 않았다. 그 인품이 매우 높아 고아한 선비나 시인의 풍모가 있는 까닭에 자신의 고심과 솜씨로 그린 그림이 교제를 위한 선물거리로 제공되거나 여인네의 노리개가 되는 것을 원치 않았다.

비유컨대 문자가 사람의 이름이라면 그림은 그 얼굴이다. 이름은 알지만 얼굴을 모른다면 온종일 한자리에 앉아 있더라도 서로 알아보지 못할 것이다. 그래서야 되겠는가?
아! 그림과 문자는 같은 원인으로 시작되었고 같은 사물
을 담아낸 것이다. 그런데 세상 사람들이 문자는 중시하면
서 그림은 깔봐서 공工이니 사史이니 하는 말로 욕보이기까
지 하는 것은 무엇 때문인가?
김군이 사는 곳에 '대우對右'라고 편액을 단 것은 옛사람의
'좌도우서左圖右書'란 뜻에서 취한 것이다. 그림과 문자가 분
리되어 외롭게 행해짐이 얼마였던가! 지금 다시 합해졌으
니 양가兩家가 서로 축하할 만하다.[19]

앞쪽 절반 부분은 문자와 그림의 역사를 기술한 뒤에, 그림의
도가 크게 드러나지 못했지만 사람들의 마음과 눈을 즐겁게 하
는 사실에 할애했다. 일견 장황하고 뻔한 이야기 같지만 자신이
쓰고자 할 본의本意를 위해 의도적으로 이렇게 배치했다. 그림의
위상을 문자와 다를 바 없는 위치로 격상시켰다.

김홍도는 어떤 사람이었을까? 김홍도는 표암의 제자로 알려져
있다. 이런 인연으로 혜환은 자연스레 김홍도의 이야기를 접했을
것이다. 김홍도는 '스승이 필요 없는 지혜無師之智'를 가진 인물로,
옛사람들이 자신을 못 본 것을 한스러워할 정도였으며, 그림을 쉽
게 그리지도 쉽게 남에게 주지도 않았던 인물이다. 이 세 가지 예
시를 통해 알 수 있는 사실은 무엇일까? 스승, 옛사람, 타인은 내
가 중심이 되지 않는 남의 잣대나 평가가 중심이 되는 일이다. 그
는 이런 것을 단호히 거부했다. 여기서 가장 중요한 키워드는 신
의新意다. 혜환이 꿈꾸었던 문학도 이와 다르지 않다. 전범의 거

부를 통해서 새로운 문학이나 예술을 창조하는 것이 그의 절대적 소망이었다.

그런 뒤, 세상에서 문자보다 그림을 낮추어 보는 풍조에 대해 개탄했다. 혜환은 그림을 문자의 수준으로, 환쟁이를 문사의 수준으로 각각 자리매김했다. 혜환은 당시 사회의 직업이나 계층에 대한 견고한 편견과 오해를 불식시켰다. 그의 손에서 보잘 것없는 환쟁이는 재예才藝를 갖춘 화가로 거듭 태어난다.

「자화상」, 김홍도, 43×27.5㎝, 18세기, 평양조선미술박물관 소장.

혜환은 김홍도에 대해서 두 편의 작품을 더 남겼다. 김홍도를 보는 혜환의 시선을 통해 혜환이 추구하는 가치와 의미를 엿볼 수 있다. 그는 새로운 길을 창조하며 꿋꿋하게 걸어가는 인물들을 인정했다. 어떤 신분인지 어떤 일에 종사하는지는 중요하게 여기지 않았다. 혜환 자신이 글씨에 대한 높은 식견을 갖추고 있었기에 더더욱 화가들에 대해 깊은 애정과 관심이 있었다. 김홍도는 혜환의 제자가 아닌 친구 표암의 제자였지만, 그는 마음속 깊이 김홍도를 무척이나 아끼고 사랑했다. 혜환은 신윤복으로 추정되는 인물이 그려준 김홍도의 초상에 대한 찬을 남겼다.[20] 이 글을 보면 김홍도의 초상을 볼 때까지도 김홍도를 실제로 만난 적이 없었던 것 같다. 어떤 만남은 만나지 않아도 만남보다 오래 기억에 남는다.

그대와 한세상
함께해서 기뻤네 — 허필

2

이름난 골초

허필許佖(1709~1768)은 조선 후기의 학자이자 서화가였다. 본관은 양천陽川이고 호는 연객煙客·초선草禪·구도舊濤이며, 자는 여정汝正이다. 그는 시서화에 모두 뛰어난 인물로 알려져 있다. 상당수의 서화가 남아 있고, 최근에는 시집이 발굴되어 번역되기도 했다.

혜환은 허필에 대하여 『혜환시집』에 「허연객 만시(이름은 필이고 자는 여정이다)許烟客輓(名佖字汝正)」(5언절구 8수) 「허자정이 풍악으로 유람 가는 것을 전송하다送許子正遊楓岳」(7언절구 1수) 등과 『혜환잡저』에 「허자정 북한시권에 대한 발문跋許子正北漢詩卷」 「허자정 동협수창록에 대한 발문跋許子正東峽酬唱錄」 「허자정 금강록에 대한 발문跋許子正金剛錄」 등을 남겼다.[21] 평소 여행을 즐겼던 허필이기에 북한산와 충청북도 단양, 금강산에서의 시들에 혜환은 발문을 써주었다.

허필의 누이가 이병휴에게 출가했으니, 허필은
이병휴에게 처남이 된다. 이병휴는『정산잡저』에
허필에 대한 제문인「허자정 제문祭許子正文」을 남
겼으며, 이삼환은 허필을 사백師伯으로 모셨다. 허
필은 여러모로 혜환의 집안하고는 때려야 뗄 수
없는 인물이었다.

강세황,「연객 허필상」, 31.7×
18cm, 개인 소장.

불이 생긴 이래 몇 대가 흘러서 비로소 차茶가
생기고 홍점鴻漸 육우陸游(733~804)가 차를 가지
고『다경茶經』을 지었다. 차 이후 또 몇 대가 흘러 비로소
담배[烟]가 생기고 여정汝正 허필이 담배를 가지고 호를 삼
았다. 차는 말할 필요도 없고 명나라 말기 이래 100여 년
간 천하 사람들이 모두 담배를 피웠으나 알려진 사람은
오직 한 사람뿐이니 드물고 또 귀하다 할 만하다. 무릇 술
은 진晉나라 때 한 시대를 떠들썩하게 한 자가 수십 명이
나 되니 어찌 족히 자랑할 만하겠는가? 봉상奉常 왕시민王
時敏(1592~1680)도 스스로 연객烟客이라고 칭했으나 그 취한
뜻이 이와 다르니, 이것이 이른바 '이름은 같으나 의미는
다르다'는 것이다.[22]

혜환은 명나라 말기 이래로 100여 년간 천하 사람이 모두 담
배를 피웠지만, 세상에 이름이 알려진 사람으로 허필 한 사람을
꼽았다. 그는 담배를 누구보다 사랑했다. 혜환은 허필에 대한 만

『연객록愧客錄』, 허필, 28.4×20.8cm, 국립중앙박물관.

시 중 한 편에서 "정련된 동으로 만든 담뱃대, 기이한 나무로 만든 지팡이. 효자가 어버이 살아 계신 듯, 생시의 모습대로 진설했네熟銅爲烟具, 奇木爲拄杖. 孝子不死親, 陳設生時象"라 했으니, 그가 얼마나 대단한 애연가였는지 짐작할 수 있다. 허필은 청나라 화가였던 왕시민과 같은 연객을 호로 삼았다. 왕시민이 어떤 의미로 이러한 호를 썼는지 알 수 없지만 허필은 골초라는 의미로 쓴 것이다.

조선의 욜로족

책상에 기대어 거문고를 타는 사람은 표암 강세황이다. 곁에 앉은 아이는 김덕형이다. 담뱃대를 물고 곁에 앉은 사람은 현재 심사정이다. 치건을 쓰고 바둑을 두는 사람은 호생관 최북이다. 호생관과 마주하여 바둑을 두는 사람은 추계다. 구석에 앉아 바둑 두는 것을 보는 사람은 연객 허필이다. 안석에 기대어 비스듬히 앉은 사람은 균와다. 균와와 마주하여 퉁소를 부는 사람은 김홍도다. 인물을 그린 사람은 또한 김홍도이고 소나무와 돌을 그린 사람은 곧 현재 심사정이다. 표암은 그림의 위치를 배열하고 호생관 최북은 색을 입혔다. 모임의 장소는 곧 균와다. 계미년

4월 10일. 연객이 적다.[23]

「균와아집도筠窩雅集圖」를 보면 허필이 얼마나 대단한 인물들과 교류하고 있었는지 잘 알 수 있다. 여기 등장하는 인물은 모두 여덟 사람이다. 강세황, 심사정, 최북, 허필, 김덕형, 김홍도이고 두 사람은 확인이 불가하다. 실명이 확인된 사람들의 면면만 봐도 화려하기 이를 데 없다. 10대와 50대가 함께 어우러져 있으니, 나이를 초월한 모임이었다. 이 밖에도 허필은 이용휴, 강세황, 신광수, 임희성, 유경종, 안석경安錫儆, 백상형白尙瑩 등과 친교를 맺었으니 그야말로 당대의 거물급 예술 인사들과 다양한 시회詩會와 회화繪畫 활동을 지속했음을 알 수 있다.

그는 시인이며 화가였다. 그의 친구들도 대개 이런 부류의 사람이었다. 허필과 혜환은 교유한 사람이 상당히 겹친다. 또 그는 유람을 즐겼다. 금강산, 서울 인근(창의문·탕춘대), 도봉산, 수락산, 경기도 일대, 개성, 김해 등을 두루 다녔다. 그는 사람들과 모여서 시를 짓거나 그림을 그리다가 툭하면 유람을 떠났다. 평생 집안일은 돌보지 않고 자유롭게 생활했다. 생활인이라기보다 자유인에 가까웠다. 한마디로 그는 조선시대의 욜로족이었다.

혜환, 죽음을 앞서 슬퍼하다

허필은 중년이 된 이후로 주변 사람들의 죽음을 많이 겪게 된다. 1753년 45세에는 친밀한 사이였던 종형 허좌許佐가 죽었고,

「균와아집도筠窩雅集圖」, 심사정·최북·김홍도 등, 종이에 옅은 색, 59.7×113cm, 국립중앙박물관.

1756년 47세에는 부인 예안 김씨가 죽었으며,[24] 1757년 48세에는 친형 허일許佾이 역병에 걸려 죽었다. 1758년 49세에는 장인인 김이만金履萬이 죽었다. 짧은 시기 주변인의 죽음을 여러 번 경험하게 된 셈이다. 그래서였을까. 1761년 53세에 허필은 혜환에게 생지명生誌銘을 부탁하여 받기도 했다. 허필은 그로부터 7년을 더 살고 1768년 60세의 나이로 세상을 떠났다.

허연객許烟客은 이름이 필佖이고 자는 여정汝正이며 공암孔巖의 세가世家 출신이다. 연객은 외모가 잘나지는 못했지만 기품과 언행에 여유가 있다. 성품은 온화하면서도 분명하고, 소탈하면서도 꼿꼿하다. 남과 대화할 때면 그 음성과 기풍이 모두에게 즐거움을 주어서 그를 좋아하지 않는 이가 없다. 그 형은 이름이 일佾이고 자는 자상子象인데, 서로 의기가 일치하여 한 몸처럼 지낸다. 다만 자상은 『주역』 읽기를 좋아하고 연객은 시 읊기를 즐기니, 이것이 다른 점이다. 또 연객은 재주가 많아서 전서篆書와 예서隸書를 잘 쓰고 사황史皇의 여섯 가지 화법畵法에 통달했다. 그러나 글씨와 그림을 끝까지 배우려 하지 않으면서 이렇게 말하곤 한다. "이것이 사람을 종처럼 부리니, 괜히 나만 수고롭게 만들 뿐이지."
집이 가난하여 쌀독이 텅 비는 일이 잦은데도 연객은 늘 태연하다. 그런데 어쩌다가 고풍스러운 물건이나 훌륭한 칼 같은 것을 보면 즉석에서 입고 있던 옷을 벗어 그것과 바꾼다. 남들이 세상 물정 모른다고 비웃으면 그는 이렇게 대꾸한다. "나 같은 사람이라도 물정을 몰라야지, 그렇지 않으면 세상에 누가 물정 모르는 사람이 되겠소?"

연객의 집 뜰에는 오래된 녹나무가 서 있고, 섬돌에는 예쁜 국화를 줄지어 심어두었다. 그는 그 사이를 소요하며 세상사는 묻지 않으면서 늘 이렇게 말하곤 했다. "내가 밖으로 다니면서 집안일을 돌보지 않는 것은 아내 김씨가 있기 때문이고, 집 안에 있으면서 바깥일을 돌보지 않는 것은 아들 점霑이 있기 때문이지." 아내가 죽은 뒤로 그는 다시 결혼하지 않았고, 가업을 아들에게 다 맡겼다.

연객은 숙종 연간 기축년(1709)에 태어나 스물일곱에 진사가 되었고, 올해 나이 쉰셋이다. 어느 날 갑자기 연객이 나에게 말했다. "내가 자네와 같은 시대를 살고 또 자네와 친하게 지낸다는 게 얼마나 다행스러운 일인가. 언젠가 내가 죽으면 내 아들 녀석이 내 묘지명 써달라고 자네를 번거롭게 할 게 뻔하지 않나. 저승에서 자네를 번거롭게 하는 것보다야 이승에서 자네를 번거롭게 하는 게 더 낫지 않겠는가?" 내가 그 뜻에 감동하여 묘지명을 지어준다.

명銘은 다음과 같다.

여름 지나고 나면 점차 음에 속하게 되고
정오 지나고 나면 점차 저녁에 속하게 되며,
중년 지나고 나면 점차 죽음에 속하게 되지
연객이 이를 알아 미리 죽음을 준비하는구나
내가 연객에게 고하노니,

통달한 듯 통달하지 못하여 여전히 앎에 매여 있구나

가고 오는 예와 지금이 그대의 나이요,

아름다운 산 좋은 물이 그대의 거처요,

남은 치아와 머리카락이 그대의 식구요,

슬픔과 기쁨, 행복과 불행이 그대의 이력일세

이용휴가 명을 짓고 강세황이 글씨 쓰니

그대는 죽어도 죽지 않음이로다[25]

    생지명은 살아 있는 이의 죽음을 가장해서 짓는 글이다. 묘지명은 본인의 묘지명을 지어줄 상대를 특정할 수 없지만, 생지명은 본인의 묘지명을 지어줄 상대를 특정할 수 있다. 생지명은 자신이 죽어도 살았던 순간을 왜곡하지 않고 가장 온전하게 복원해줄 사람에게 부탁하기 마련이다.

    혜환이 그린 허필은 어떠한 모습이었을까? 허필은 원래 시인이었다. 그러나 글씨나 그림에도 소질이 있었다. 자신의 예인藝人적인 운명을 거부하고 싶었지만 운명은 순순히 이를 허락하지 않았다. 시, 글씨, 그림에 모두 능했지만 예술가로서의 운명을 버거워하기도 했다. 생활에서는 전형적인 무기력한 가장이었다. 양식이 끊겨도 제가 갖고 싶은 물건은 꼭 가져야만 직성이 풀렸다. 게다가 생계는 모두 아내와 자식에게 내맡기고 나 몰라라 했는데, 그마저 아내가 먼저 세상을 뜨자 아들에게 모두 맡겨버렸다. 혜환은 만사나 묘지명에서와 마찬가지로 생지명에서도 고인이 될 이의 화려한 이력에 방점을 찍기보다는, 있는 그대로의 삶에 초점을 맞췄다. 일견 누累가 될지도 모를 이력도 사실 그대로의 모습으로 노출해낸다.

혜환은 언제나 고인의 모습에 접사接寫하여 죽음을 애도한다. 여기에는 일체의 꾸밈이 배제돼 있다. 대개 고인에 대한 글은 죽음을 미화하느라 빈껍데기 같은 글이 되기 십상이다. 그러나 혜환은 진심으로 고인의 치부마저 과감히 적어내 고인의 삶에 숨결을 불어넣는다. 죽음 뒤에 산 사람은 더 이상 망자에 대해 그 어떠한 의무와 책임도 없기 때문에, 그저 살아생전 가장 아름다운 한 장면만을 그려내기 마련이다. 그러나 혜환은 그러지 않았다. 삶에서 남긴 오점이나 흠결도 그 사람이라 할 수 있다. 오점이나 흠결을 마음대로 지운다면 그 사람의 참모습도 함께 사라진다. 그는 그렇게 그답게 다른 이의 죽음을 조문했다.

혜환이 애도하는 대상과 방식에 주목할 필요가 있다. 먼저 애도하는 대상들은 대개 불우하고 재주 있으며, 그에 어울리는 현실적인 보상을 받지 못한 인물이었다. 혜환은 전혀 생전의 일을 미화시키지 않는 방식으로 애도한다. 있는 그대로의 모습을 노출하는 것으로 이야기의 진실성과 감동을 끌어내고자 했다.

혜환과 닮은 허필의 시

강가 마을 적적하게 솔문을 닫아놓고
여자들이 치마 걷고 낚시터로 내려가네
갯가 해는 지려 하고 조수 이미 빠졌는데
굴 주워 광주리에 담아서 돌아가네

江村寂寂掩松扉 女伴褰裳下釣磯

浦日欲斜潮已退 石花收得一筐歸

_허필,「태안의 납성촌泰安納星村」

관청에 소속된 배 수십 척은

물 건널 때 먼저 가려 다투지 마라

남문에서 겨우 십리 길이니

인정 전에 이를 수 있을 것이네

官船數十隻 渡水莫爭先

南門纔十里 可到人定前

_허필,「서빙호 첨학정 팔영西氷湖瞻鶴亭八詠」 중
'동작나루의 해질녘 노질銅津晩棹'

첫 번째 시는 태안의 납성촌을 배경으로, 아낙들이 굴을 채취하는 일상적인 정경을 잘 포착해냈다. 두 번째 시는 저물녘 동작나루에 배가 가는 풍경을 그려냈다. 관에 소속된 배들이 앞서거니 뒤서거니 하며 물살을 헤치고 가는 모습이 눈에 선하다. 이용휴가「군포의 새벽 돛단배君浦曉帆」에서 "갑문지기 새벽에 갑문을 열면, 배의 행렬 서로가 꼬리를 무네. 뱃사공이 신에게 제사 마치자, 한꺼번에 모두가 돛폭 올리네"라 적어 새벽 배들이 물살을 일으키며 일제히 출항하는 모습을 그린 시와 매우 비슷하다.[26] 혜환과 유사한 점은 이뿐만이 아니다.

허필은 송시送詩와 만시挽詩가 많으며 만시는 대부분 연작시로 구성되어 있다. 유래를 알 수 없는 독특한 시어를 직접 만들거나

「산수도山水圖」, 허필, 종이에 색, 22.2×25.4cm, 국립중앙박물관. 밝은 달빛, 밤하늘을 나는 새, 피리 부는 이를 태우고 있는 배 한 척이 그려져 있다.

재치 있게 시를 구성했다. 불교 관련 고사나 일상적 풍경을 그려내기도 한다. 또 시에서 한국식 지명을 즐겨 사용하거나 생지명을 창작한 것도 이용휴와의 공통점이다.[27]

달팽이 껍질만 한 가옥에서는
땔나무가 없어서 불씨 끊겼네
해가 다하도록 묵자墨子의 굴뚝이오,
겨울날에 백가白家의 침상이로다
有屋同蝸殼 無薪絶燧皇
長年墨氏堗 冬日白家牀
_허필, 「불기 없는 온돌冷堗」

이 시는 온돌이라는 단순한 소재를 가지고 지은 것이지만, 그러한 일상적 소재에 비범한 착상을 가미하고 있다.[28] 아주 작은 집을 달팽이 껍질에 비유하고 있는데, 그나마 남아 있던 땔감까지 끊겨 집이 냉골이 돼버렸다고 했다. 묵자墨子의 굴뚝은 천하를 다니느라 집에 온 지 얼마 되지 않아 다시 떠나는 것을 이른다. 반고班固는 「답빈희答賓戱」에서 "공자의 앉은 자리는 따뜻할 겨를이 없었고, 묵자의 굴뚝은 검어질 겨를이 없었다孔席不暖, 墨突不黔"고 했다. 여기서는 묵자가 천하를 다니느라 밥을 지어 먹지 못해서 굴뚝이 검어질 새가 없다는 표현에 빗대어 가난해서 밥을 해먹지 못하는 처지를 비유한 말이다. 백가白家의 침상은 백거이白居易가 어떤 이에게 반석盤石을 선물 받아 한여름을 지냈다는 고사에서 나왔다. 한마디로 연기 끊어진 굴뚝에 냉골이 된 방바닥이니, 삶의 온기와 의지마저 사라져버린 슬픔을 이야기했다. 결국 불우한 자신의 처지를 희화화하여 그려낸 셈이다.

세상을 떠난 허필

허필이 정말 세상을 떠났다. 많은 사람이 그의 죽음을 슬퍼했다. 임희성은 제문과 만시를, 이중해李重海는 만시를 남겼다. 강세황은 허필의 「금강도」에 「허연객의 금강도에 쓰다題許烟客金剛圖」를 지었는데, 죽은 벗이 남은 그림을 보며 느끼는 슬픈 감회를 적은 바 있다.

아! 그대는 평소에 재주가 높았으나 쓰이는 것은 낮았으니,

백거이(위)와 진계유.

어디에서 찬란함을 볼 수 있었던가. 한번 시에다 발현發現했노라. 하늘이 그에게 곤궁함을 주었고, 하늘이 또 그에게 한가함을 주었노라. 좋은 때의 좋은 경치는 아름다운 물과 산이어서 문을 나서면 낭만浪漫하게 되어 즐거움이 길었도다. 운명이 불행하다고 말하지 말라. 기개가 더러는 날로 창성昌盛했노라. 화정華亭의 해박함과 경릉竟陵의 오묘함이었으며, 지산枝山의 호탕함과 석전石田의 오만함이었노라. 그 사람됨, 그 문사文辭, 그 글씨, 그 그림. 이것이 하나로 모여서 돌아갔으니 짝을 지을 만한 사람이 없었노라.[29]

하늘이 그에게 허락한 것은 곤궁함[窮]과 한가함[閑]이다. 생활의 곤궁함은 당장 고통스럽기는 하나, 한가한 시간을 가져다주었다. 한가한 시간이 있었기에 그는 다방면으로 창작 활동을 할 수 있었다. 화정은 명나라 때의 문인이자 서화가인 진계유陳繼儒(1558~1639)를 이르는데, 그가 화정 사람이었기 때문에 이렇게 불렀다. 진계유는 매우 해박하고 방대한 저술을 남긴 인물로, 강세황은 그를 들어 허필의 박학다식한 면모를 드러냈다. 경릉 역시 지명에서 온 이름으로 명대 후기의 시단 유파를 가리키며, 경릉 출신인 종성鍾惺·담원춘譚元春 등이 대표적 인물이다. 조선 후기에 공안파와 경릉파의 세례洗禮를 받은 문인이 많이 있었다는 것은 주지의 사실이다. 그러나 이렇게 실제로 시집이 남아 있는 시인들로 경릉파와의 연관성이 적시된 경우는 그리 많지 않다. 이 부분의 해명은 그의 시세계뿐만 아니라, 나아가 조선 후기 경릉파를 이해하기 위한 매우 적합한 텍스트가 될 것이다. 지산枝山은 많은 서적을 탐독하고 서법에 아주 뛰어나 이름이 해내海內를 울렸던 축윤명祝允明(1460~1526)의 호다. 또, 석전石田은 심주沈周(1427~1509)의 호인데, 그는 특히 그림에 능하여 당인唐寅·문징명文徵明·구영仇英과 더불어 남송 문인화의 주류를 형성했다. 축윤명과 심주에 빗댄 것은 허필의 서화書畫에 대한 문제이니 여기서 상론하지 않겠다.

그의 시는 그 사람과 같아서
진실이 지극할 때 기이함 드러났고
그의 글씨와 그의 그림은
또 모두가 그의 시와 같았네
其詩似其人, 眞極時露奇
其書與其, 又皆似其詩

허약하여 입은 옷이 힘겨울 것 같아도
용기는 만 사람[萬夫]을 대적할 만했으니
마음이 결정되면 자리에서 일어나
곧바로 금강산 등마루를 올랐네
弱如不勝衣, 勇乃萬夫敵
意決從坐起, 直上金剛脊

_「허연객 여정 만시許烟客汝正輓 名佖字汝正」

「근역화휘」(황국도), 허필, 18.7×26.7cm, 서울대학교 박물관.

이용휴가 남긴 허필에 대한 만시 8수 중에서 몇 편만 살펴보겠다. 첫 번째 시에서는 시와 글씨, 그림이 그것을 창작한 사람만큼이나 기이하다고 평했고, 몸은 여리여리하고 왜소했지만 결단력만큼은 남달라서 마음만 먹으면 그 자리에서 금강산 여행을 떠났다고 했다.

허필은 남다른 예술가적 자질을 갖고 있었다. 그러나 번듯한 사회적인 성취에 눈을 돌리지도 않았고, 소박한 가장의 책무도 등한시했다. 시간이 나면 시나 짓고 그림이나 그리다가 훌쩍 여행이나 떠났다. 한량도 이런 한량이 없다. 그러나 혜환은 그의 삶을 온전히 이해하려고 했고 실제로 이해했다. 이해되는 것만 이해하는 것은 참다운 지기의 모습이 아니다. 지기란 이해할 수 없는 부분까지 진정으로 이해할 수 있어야 한다. 혜환은 허필이 죽기 전에도 죽은 후에도 그의 삶을 진정으로 아끼고 사랑했다.

3

조선의 서하객 정란

고을이 아홉 개 있는데 그 여덟 곳을 건넜으니, 하늘이 전부를 사람에게 주지 않으려 하는 것이다. 비유하자면 대연수大衍數[30] 50에서 49를 쓰니, 그 하나는 비록 성신聖神이라도 알 수 없는 것이다. 산을 말하는 자들은 수미산須彌山을 지극한 것으로 여기나 이것은 유무중有無中에 있고,[31] 곤륜산崑崙山과 같은 산은 황하의 근원이 나오는 곳이라고는 하나 고금古今에 걸쳐 본 자가 없으니 유람하는 것을 어찌 쉽게 말할 수 있겠는가? 정일사鄭逸士는 작년에 서쪽으로 유람하여 구월산九月山을 유람하고는 기이하게 여겨 가슴속에 구월산이 있었더니 묘향산妙香山을 유람하게 되자 구월산은 없어지고 묘향산만이 있게 되었다. 이제 또 동쪽으로 유람하여 금강산金剛山을 유람하면 반드시 묘향산은

「단원도檀園圖」, 김홍도, 1784, 개인 소장. 거문고를 연주하는 사람이 김홍도, 부채를 든 사람이 강희언, 오른쪽에 수염을 기른 사람이 정란이다.

없어지고 금강산만이 있게 될 것이며 만약에 방향을 바꾸어 북으로 유람하여 백두산白頭山을 유람하면 금강산이 없어지고 백두산만이 있게 될 것이니, 그 경지가 더욱 뛰어나서 보는 것이 높아지기 때문이다. 장차 후일을 기다려서 백두산이 없게 된 뒤에야 다시 일사逸士와 더불어 유람을 말하리라.[32]

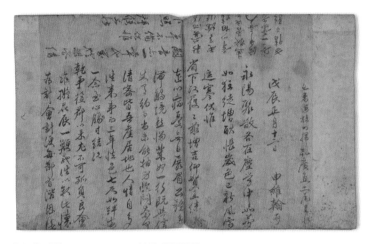

「신유한 간찰」, 50.6×31.5, 1748, 부산시립박물관.

지금처럼 교통과 도로, 통신이 발전하지 않은 시절에 멀리 여행을 떠나는 것은 쉽지 않은 일이었다. 그 옛날에 전 세계를 누볐던 유명한 여행가가 많았다. 서양에는 마르코 폴로, 이븐바투타 등이 있고, 동양에는 혜초慧超와 서하객徐霞客이 있었다. 해외여행까지는 아니지만 조선에도 이름난 여행가가 있었으니 정란이었다.

정란鄭瀾(1725~1791)은 조선 후기 유명한 여행가였다. 본관은 동래東萊, 자는 유관幼觀이고 호는 창해일사滄海逸士다. 백두산에서 한라산까지, 대동강에서 금강산까지 그야말로 종횡으로 유람했다. 그의 스승은 유명한 서얼 문사 신유한申維翰이었다. 그는 진작 입신양명의 뜻은 접어둔 채 오로지 유람만을 꿈꾸었다. 백두산, 금강산, 묘향산, 지리산, 덕유산, 속리산, 태백산, 소백산, 제주도 등 전국을 다녔다. 백두산은 정상까지 올랐고, 금강산은 네 차례나 올랐다.

그는 경제적으로 여유가 있어 넉넉하게 다닐 형편이 되지 않았다. 노새 한 마리, 어린 종 한 명, 보따리 하나, 이불 한 채만을 챙겨 훌쩍 떠나곤 했다. 그는 각지에서 유기遊記를 썼고, 유명한 화가와 문인들에게 자신의 산행을 묘사한 그림과 글씨를 받았다. 이 서첩이 『불후첩不朽帖』이다. 이경유李敬儒는 『창해시안滄海詩眼』에 이렇게 기록했다. "창해일사 정란은 사람됨이 기이하고 예스럽다. 노새 한 마리를 사서 이름난 산천을 유람하니 사람들이 모두 미친 사람이라 했다. 하지만 나만은 기이한 선비로 인정했다." 그는 처자식도 버려두고 여행에 모든 걸 걸었다. 예순이 넘은 나이에는 기어이 한라산까지 탐방했다. 그는 가장의 책무를 저버린 광사狂士였을까, 아니면 답답한 현실을 탈주한 시대의 선각자였을까?

그는 본래 영남의 단성현丹城縣에 살았으나, 안산의 문인들과 교류가 많았다. 여행가이자 시인이며 그림에도 조예가 깊었다. 정란과 교유한 화가는 강세황, 최북, 김응환, 허필 등이었다. 혜환도 이 화가들과 교분이 있었다. 이용휴는 그를 위해 여러 편의 시와 산문을 지어주었다. 혜환과 정란은 언뜻 보기에는 접점이 없어 보이지만 그들은 생평에 걸쳐 우의友誼를 지켜나갔다. 「정일사가 동북의 명산으로 유람함을 전송하는 서문送鄭逸士入海遊漢拏山」은 정란이 1780년에 묘향산에 갔으니 그 이듬해인 1781년에 쓴 글로 보인다. 혜환이 관심을 가졌던 인물들은 주류에서 소외된 인물이거나 어떤 하나의 일에 벽癖이 있었다는 공통점이 있다.

결국 이루어진 백두산 등정의 꿈

사람은 둥지를 돌아보는 새와 같아

날아가려 하다가 다시 머뭇거리는데

그대는 세상 없는 용기 있어서

단칼로 진망塵網을 끊고 열었네

많은 사람 한자리서 코를 골면서

부귀한 사람을 꿈꾸나니

그들이 그대 하는 일을 들으면

도리어 뭇사람과 다름을 비난하리

人如顧巢鳥, 欲去復遲回

君有絶世勇, 一刀塵網開

萬枕同駒駒, 方作富貴夢

乃聞君所爲, 反譏異於衆

_「대부 정란이 백두산을 찾고 인하여 두루 우리나라의 여러 명산에 유람

하는 것을 전송하며送鄭大夫瀾尋白頭山因遍遊域內諸名山」

여행가 정란에게 백두산은 평생의 숙원이었다. 정란은 그 장정
長程에 나서게 되었고, 혜환은 일곱 수의 시를 지어 축하했다. 현
실에 허덕이며 살아가는 사람들이란 어쩌면 진망에 갇힌 것이나
다름없다. 그러나 진망에서 벗어나는 일은 아무나 낼 수 없는 용
기다. 사람들은 부귀를 향한 한 가지 길을 찾으면서 그런 길과 다

른 길을 걷는 사람들을 도리어 비난한다. 혜환은 남과 다른 길을 가는 이에게 특별한 매력을 느꼈고, 그러한 사람들을 아끼고 응원했다. 그의 삶도 결국 남다른 길을 가려는 시도였으니, 그런 길을 가려는 다른 사람들에게 동지애를 느꼈던 것이다. 위에 소개된 두 수 중 아래에 있는 시는 이경유가 『창해시안』에서 세속의 시어가 아니라고 평가한 바 있다.[33] 정란은 무사히 백두산 유람을 마치고 돌아왔다. 혜환은 그를 위해 또다시 두 편의 시를 써주고,[34] 백두산 유람록 뒤에 글을 써주기도 했다.[35]

> 사내가 세상에 태어났으면 응당 우뚝하게 스스로 서서 그 뜻을 펼쳐야지, 어찌 차마 일곱 척의 몸을 과거 공부나 금전 출납부, 곡식의 장부 속에 파묻고 살 수 있겠는가? 정鄭일사逸士가 삼한의 아름다운 산수를 모두 보고 장차 바다를 건너 탐라에 들어가 한라산을 유람하려 하자, 이 소식을 들은 사람들이 그를 비웃었다. 속물근성이 뼛속 깊이 들어간 자로서는 이 일을 비웃는 것이 당연하다. 그러나 수백 년 후에 비웃은 자가 남아 있을까, 비웃음을 당한 자가 남아 있을까? 나는 알지 못하겠다.[36]

이 글은 정란이 한라산에 가는 것을 전송하며 준 글이다. 남경희南景曦(1748~1812)는 「정창해전鄭滄海傳」에서 "성품은 뻣뻣하고 오만했으며, 다리를 쭉 펴고 앉기를 좋아하는 등 예법에 구애되지 않았다"고 했으니 그의 평소 성품을 짐작할 만하다. 게다가 그는 처자식도 버려두고 여행에 모든 걸 걸었다.[37]

이 글에서 혜환은 무슨 말이 하고 싶었던 것일까? 세상의 잣대에 맞추고 남에게 기대지 않는 자립의 삶에 대한 강렬한 희구이며, 과거 공부, 금전 출납부, 곡식의 장부로 상징되는 구전문사求田問舍 하는 삶에 대한 거부다. 이 글은 일상에 젖었으면서도 제 삶과 같지 않다고 도리어 남들을 비웃는 이에게 외치는 통렬한 일성一聲이다. 또한 끝끝내 관습의 굴레로 개인을 옥죄는 세상에 대한 강렬한 외침이기도 하다. 결국 속된 자의 비웃음 따위는 괘념치 말고 장대한 뜻을 이루면, 평가는 역사가 할 것이라고 말한 셈이다. 고단한 여행길에 대한 구구절절한 위무慰撫도 없지만, 동지同志의 진심을 담았다. 통상 송서에 담는 위무나 여정旅程은 과감히 생략하고 있다. 여기에는 익숙한 형식에 진부한 이야기는 쓰지 않겠다는 의지도 함께 담겨 있다.

아들이 죽다

인생에는 지극한 행실이 있으면서도 오래 살지 못하는 사람이 있으니, 그 까닭을 이해할 수가 없다. 생각건대 지극한 행실이란 사람이 얻은 것으로 사람의 법식表式[38]을 삼는 것이니 하늘이 내어 사람에게 보여 그 법식을 알게 하는 것이리라. 그 거두는 것이 혹은 더디기도 하고 혹은 빠르기도 하여 애초부터 정한 기간이 없으니, 비유하자면 법을 문門에 매다는 것[39]은 백성에게 알리는 데 있는 것과 같을 따름이다.

무인戊寅년(영조 34, 1758) 1월 21일에 그 표식이 영남嶺南 단성현丹城縣의 단계丹溪[40]에서 나왔고, 을미乙未년(영조 51, 1775) 3월 13일에 선산부善山府의 몽대夢臺에서 거두어져 겨우 책력冊曆에 개략改略하게 되었으니 짧은 것이다. 그 표식이 된 자는 정씨鄭氏란 성에, 이름은 기동箕東이고, 자는 동야東野이니, 동래東萊의 세가世家였다. 아버지는 휘諱가 난澜이고 호號는 창해滄海로 일인逸人이었고, 고조부와 증조부도 모두 위인偉人의 장덕長德으로, 세상에 모복慕服한 바가 되었다. 군君은 태어날 때부터 특이한 자질이 있었다. 성품이 효성스러워 부모의 뜻에 앞서서[41] 말에 메아리처럼 반응했고,[42] 좌우로 나아가 봉양하여[43] 부모가 있는 줄만 알고, 자신이 있는 줄은 알지 못했다. 사물에 대해서 좋아하는 것이 없었고 오직 책을 좋아하는 것을 여색을 좋아하듯 했다. 일찍이 스스로 효는 직분을 다하지 못하고 책은 읽기를 다하지 못한 것을 한으로 여겨, 임종 때에 그 아내 조趙씨에게 부탁하기를 "시부모를 잘 섬기고, 책을 같이 묻어주오" 하니 아내가 승낙하고 그대로 따랐다.

명銘을 짓는다. "눈을 한번 감으니 온갖 생각 그치고 온갖 일이 끝났도다. 그대는 아내로 자식을 삼고, 책으로 수의를 삼아 그 뜻을 계속해서 이루었도다. 전傳에 이르기를 '지극한 정성은 쉬는 일이 없다至誠無息'[44]라 했고, 선유先儒가 말하기를 '군자의 마음은 죽어도 그치지 않는다君子之心死而不已'고 했으니 군은 그 사람이도다. 아! 산길에는 사람이 끊어지고, 숲에 해가 어둑해지려 하면, 오히려 군이

문 앞에서 아버지를 기다리는 것으로 의심이 되고, 달빛이
쓸쓸하고 바람이 서늘하여 나무가 울고 새가 부르짖는 것
은 어쩌면 군이 밤에 글을 읽는 소리라 할 것인가?"[45]

혜환이 정란보다 일찍 세상을 떠났기에 정란에 대해 더 이상
기록을 남기지 못했다. 허나 정란의 아들이 요절하자 그에 대한
묘지명을 혜환이 썼다. 정란의 아들 정기동[46]은 고작 18세였다.
묘지명에서는 정기동의 지극했던 효성과 책을 좋아했던 사실을
언급하며, 말미에서 "산길에는 사람이 끊어지고 숲에 해가 지려
하면 아버지를 기다리는 것으로 의심이 되고, 달빛이 쓸쓸하고
바람이 서늘하여 나무가 울고 새가 부르짖는 것은 군이 밤에 글
을 읽는 소리일 것이다"라고 슬프게 표현했다. 책만 읽고 효도만
하다 자식도 없이 18세의 나이로 끝난 삶이다. 그러니 묘지명에
특별히 적을 내용이 있었을 리 만무하다. 허필이나 정란이나 무
책임한 아버지였다. 아버지의 방기放棄 탓에 아들은 아버지를 대
신해 생계를 도맡아야 했다. 사회적으로는 지탄받을 만한 무책임
한 행동이지만 혜환은 여기에 대해 특별한 언급을 하지 않았다.
본인이 꿈꾸는 삶에 충실했다면 거기서 발생되는 약간의 흠결은
눈감아주었다. 혜환은 정기동의 묘지명에서도 그의 아버지 정란
의 슬픔에 대해 어쩐 일인지 한마디도 하지 않았다. 정란의 슬픔
을 말하는 순간 정기동의 요절이 아버지의 탓으로 귀결되는 것
을 꺼려서였을지도 모르겠다. 혜환이 관심을 가졌던 것은 어행이
라는 하나의 목적에만 자신의 삶 모두를 걸었던 정란의 삶 그 자
체였다.

왕세정, 그들의 문학을 밝히다

용문　공은 왕세정을 숭상하시니, 실로 귀국 가운데 단
　　　한 사람일 것입니다. 이는 문왕文王을 기다리지 않
　　　는 것이니, 아름답다 하겠습니다.

운아　저야 특별한 식견이 없습니다. 제 스승에 탄만 이용
　　　휴 선생이란 분이 계신데, 문장이 해동 천고에 으뜸
　　　입니다. 저는 스승의 말씀을 받은 것이 이 같을 뿐
　　　입니다.

용문　과연 연원이 있을 줄로 알았습니다. 처음엔 귀국에
　　　서 숭상하는 바가 송나라 문장의 밋밋함에 지나지
　　　않을 것으로 생각했는데, 이제 공의 나머지 이야기
　　　를 듣고 보니 나라에 사람이 있음을 알겠습니다.
　　　이를 칭찬하는 자가 많지 않을까 염려되는군요.[47]

혜환과 이언진李彦瑱(1740~1766)의 시에는 공통점이 적지 않다. 탁월한 발상, 절구 연작시, 6언시의 선호 등이다. 또 주목할 만한 사실은 두 사람 모두 왕세정의 영향을 받았다는 점이다. 위의 글은 『동사여담東槎餘談』에서 이언진과 유유한劉維翰이 왕세정에 대해 이야기를 나눈 부분이다. 유유한이 조선에서 왕세정을 숭상하는 사람은 이언진 하나일 것이라고 추켜세우자 이언진은 왕세정에 대한 이해

중국 쑤저우蘇州 창랑정滄浪亭에 있는 왕세정 석각상.

가 실상은 자신의 스승인 혜환에게서 연원했다고 토로한다.

엄원弇園(왕세정)의 기세는 참으로 문종이라
빗대자면 풍수의 대간용大幹龍[48] 같네
눈 밑에 원굉도 같은 수많은 무리는
그에 비하면 모두 다 작은 산봉우리들이네
弇園氣勢儘文宗, 譬似形家大幹龍
眼底石公千百輩, 與他都做子孫峯
_이언진, 「감원弇園」

위 시를 보면 이언진이 중국 작가 중에서 왕세정을 누구보다 높이 평가하고 있음을 알 수 있다. 스승과 제자는 중국의 한 작

이야세 류몬宮瀨龍門이 그린 이언진의 초상.

가를 아끼고 사랑했으며, 그러한 독서 체험은 그들의 문학에 영향을 끼쳤다.

혜환의 문집에서는 그가 왕세정의 문집을 읽었던 흔적을 어렵지 않게 찾아볼 수 있다. 그는 왕세정이 편찬한 『원기활법圓機活法』[49] 『열선전列仙傳』[50]을 읽었다. 「허씨가경권발문許氏家慶卷跋」에는 혜환이 왕세정의 수서壽序를 읽었다는 자기 고백이 나온다. 또 「이화국유초 서문李華國遺草序」에 나오는 탕필宕筆, 퇴봉退鋒, 유준幽雋 등의 단어는 모두 왕세정의 『엄주사부고弇州四部稿』에 보인다. 혜환의 「채사도가 관서의 관찰사로 나가는 것을 전송하는 서문送蔡司徒出按關西序」「삼가 신부인이 쓴 열녀전에 쓰다敬題申夫人所書烈女傳」「종지상 시권에 붙인 발문跋宗子相詩卷」「수려기隨廬記」 등에는 왕세정의 이름이나 왕세정 문집에 소재한 구절이 들어 있다.[51] 이 외에 왕세정 자구를 끌어댄 예를 제시한 연구자도 있었다.[52]

혜환은 「전겸익의 일 여섯 가지를 기록하다記錢牧齋事六則」에서 "엄주弇州가 있었으니, 이는 태산泰山의 누름이요, 명발溟渤의 삼킴이어서 계산해보면 그와 대적할 수는 없었다"[53] 하여 전겸익보다 왕세정의 우위를 말한 바 있다. 「종자상 시권에 붙인 발문」에서는 왕세정을 금강안金剛眼을 가지고 있는 사람이라 평가했다. 혜환은 왕세정의 문집을 숙독했고, 왕세정을 높이 평가했으며, 적잖은 영

그와 같은
그의 벗

137

향을 받았다.

왕세정 외에도 이언진은 명청 문인의 글을 많이 읽었다. 이언진의 「호동거실」을 제대로 이해하기 위해서는 그의 독서 이력을 꼼꼼히 점검할 필요가 있다. 『수호전』에 사용된 단어를 차용하거나[54] 김성탄金聖歎의 수호전평비水滸傳評批에 대한 이해[55]가 있어야 해독이 가능한 부분이다. 그는 원굉도, 왕사임王思任,[56] 전겸익錢謙益,[57] 곽자장郭子章,[58] 우행원虞行園, 이유정李維禎 등의 글을 읽었다.[59] 이런 독서 체험은 그의 시들에 깊게 침윤되어 있다. 이렇게 작품 안에 본인의 독서가 녹아들어 해당 독서에 대한 체험이 있어야 정확히 독해할 수 있는 것은 혜환의 경우와 다를 바 없다.

너를 잃고 나는 쓴다

사제간은 다른 어떤 인간관계보다 특별하다. 대개의 인간관계는 공사公私 어느 한 지점에 위치하기 마련이지만, 사제간은 그 양면에 모두 자리한다. 스승은 제자를 통해 자신의 학문을 전수하고, 제자는 스승을 통해 학문의 길을 계도받는다. 그 과정에서 스승만이 제자에게 일방적인 영향을 끼치는 게 아니라, 서로에게 영향을 주고받기 마련이다. 스승은 제자를 가르치는 과정에서 자신의 성취를 공고히 하고 위상을 재점검한다. 반면 제자는 스승의 성취를 통해 자신이 겪어야 할 시행착오의 과정을 줄이면서 지평을 넓힌다.

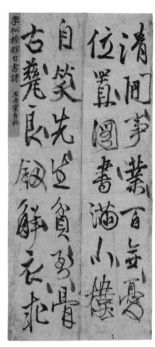

이군李君은 담이 몸을 둘러싸서
적이 많은데 갈수록 더욱 용감해져서
한 자루 닭 털 붓으로
삼한을 무겁게 만들려 하네

학문은 백가의 글에 통했고
직분은 두 나라의 말에 통했네
쓰임이 재주와 어긋남이 애석하나
세상일 언제나 이와 같구나

學通百家書, 職通兩國語
可惜用違才, 世事每如許

李君膽包身, 敵多往愈勇
一枝鷄毛筆, 欲爲三韓重

_「이우상李虞裳이 통신사를 따라 일본에 가는 것을
전송하며送李君虞裳隨通信使入日本」

「이언진 시」, 『근묵』, 행서, 9.6×22cm, 성
균관대학교박물관. 왼쪽 상단 첨지에 이
언진이 썼고 이용휴가 푸른색 비점을 찍
었다고 기록되어 있다.

　　이언진(이우상)은 1763년 통신사의 일원으로 일본에 갔다. 당
시 혜환은 그에게 송시 5수를 써주며, 장도壯途에 나서는 제자를
축하했다. 그중 두 편을 살펴보자. 대담한 마음으로 낯선 일본인
들 가운데서도 주눅 들지 않고 글솜씨를 뽐낼 것이라 했다. 학문
은 제자백가의 글에도 두루 통했고, 역관으로 조선말과 일본말
에 모두 능했다. 재주는 뛰어났지만 한갓 역관에 쓰일 뿐이니 꼭
세상의 일이란 것이 실력과 쓰임이 맞아떨어지지는 않는다고도

「이우상 필 간찰李璃祥筆簡札」, 위부터 차례로 48.7×36.9cm, 42.8×
30cm, 43×29.8cm, 국립중앙박물관. 아래는 이언진 친필 서첩 「우상
잉복虞裳剩馥」.

말했다. 혜환은 뛰어난 실력의 제자가 세상에 크게 쓰이지 않고 있음을 진심으로 안타까워했다.

이언진도 「일양壹陽으로 가는 배 안에서 혜환 선생님의 말씀이 생각나서壹陽舟中念惠寰老師言」라는 제목의 시를 지어 일본 사람들이 유교는 높이지 않고 불교만을 숭상하는 세태를 비판했다. 제자는 평소에 스승이 했던 말을 타국에서도 잊지 않았다. 그러나 그들의 만남은 그로부터 3년이 지난 뒤로 더 이상 이어지지 못했다. 이언진은 갑작스레 불귀의 객이 되고 말았다.

비범한 새 자취 사라졌다

오색빛[60] 비범한 새가

우연히 지붕의 용마루에 모였더니

뭇사람 다투어 찾아와 보자

놀라서 떠나니 홀연 자취 없어졌네

五色非常鳥, 偶集屋之脊

衆人爭來看, 驚起忽無跡

까닭 없이 천금을 얻게 된다면

그 집에 반드시 재앙 있는 법인데

하물며 이와 같이 세상에 드문 보배를

어떻게 오랫동안 빌릴 수 있으랴

無故得千金, 其家必有災

矧此希世寶, 焉能久假哉

지난날 그대가 내게 시를 줄 적에
광기光氣가 종이 뒤에까지 사무쳐
책을 미처 펼쳐 읽기도 전에
기이한 보배가 있다는 걸 알았네
昔君詩贄我, 光氣透紙背
未及開卷讀, 已知異寶在
_「이우상 만시李虞裳挽」

　혜환은 여러 편의 만시 연작시를 남겼다. 그러나 이렇게 한 사
람에게 만시를 10수나 지어준 것은 거의 유일하다. 27세에 자식
도 남기지 못하고 요절한 제자의 죽음을 같은 나이에 세상을 떠
난 이하李賀에 빗댔다. 일본 사람들이 그의 시를 받아 보배처럼
간직한 사실과 조선 사람의 한계를 보여주는 속기俗氣를 벗어났
던 일을 말했다.
　그중 3수에서는 제자를 잃은 상실의 아픔이 더욱 잘 드러나
있다. 오색빛 찬란한 새가 지붕에 앉았더니 세상이 놀라서 살펴
보려 다가오자 훌쩍 자취를 감추어버렸다. 다음 시에서는 예기치
않게 천금을 얻더라도 재앙이 있는 법이니, 그보다 더한 보배 같
은 사람은 세상에 오래 머물게 할 수 없다고 했다. 마지막 시에서
는 그의 시가 보여주는 예사롭지 않은 성취가 책을 펴기도 전에
느껴진다고까지 말한다. 혜환은 그의 재주와 그가 남긴 시를 모
두 아끼고 사랑했다.

「박지원 초상」, 20세기, 실학박물관.

혜환은 중인 문인들에게 대선배 문인이자 평론가였다. 그의 주변에 중인 문인들이 많은 것은 여러 자료를 참고해볼 때 사실로 보인다. 그렇지만 대표적으로 명실상부하게 혜환의 제자라 특정할 수 있는 사람으로는 이언진을 꼽을 수 있다. 이언진은 혜환에게서 이미 높은 평가를 받고서도 충분치 않았는지 연암 박지원을 찾아간다. 어린 애송이가 찾아와 불쑥 내민 시들을 받은 연암은 이언진의 예상을 벗어나 마뜩잖아했다. "이건 오농세타吳儂細唾야. 너무 자질구레해서 보잘것없어." 이 말에는 왕세정의 추종자란 의미가 담겨 있어 이언진의 스승인 혜환까지도 저격한 것이라 생각된다. 의욕이 과잉된 젊은이의 기세를 한 번쯤 눌러주려는 뜻이었는지, 아니면 남인 시인인 이용휴에게서 배운 변변치 않은 역관 출신의 젊은 시인이 마음에 안 들었는지 연암의 의도는 분명치 않다. 어쨌든 이언진은 이 일에 크게 낙담하여 총총히 세상을 떠났다. 이언진에 대한 평가는 연구자에 따라 엇갈린다. 이언진이 조선시대에 가장 뛰어난 작가는 아니었지만 가장 문제적 작가였음은 틀림없는 사실이다. 그리고 그런 시인의 뒤에는 혜환이라는 큰 스승이 있었다.

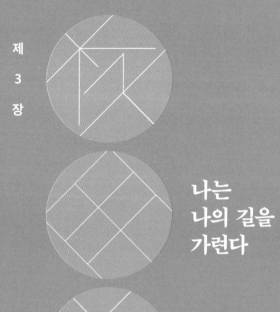

제
3
장

나는
나의 길을
가련다

내가 능히 나를 지킨다면
사물도 능히 나를 옮길 수 없는 것이다

1

세상의 모든 책을 읽겠다
방대한 장서, 엄청난 독서량

이용휴 문학은 기궤奇詭하고 첨신尖新하다고 평가된다. 한마디로 기이하고 새롭다는 말이다. 이를 어떤 시각으로 보느냐에 따라 그에 대한 평가는 극명하게 엇갈렸다. 그의 문학적 성취 뒤에는 남다른 독서 이력이 있었다. 그는 어떤 책을 읽었고 어떤 분야에 관심을 쏟았을까?

그는 장서가이자 독서광이었다. 당시에 구하기 힘든 최신 중국 서책까지 구하여 탐독했다. 남들이 읽지 않는 책을 골라 읽었고 남들이 쓰는 대로 쓰지 않았다. 최신 서적을 통해 얻은 정보와 지식은 새로운 글쓰기로 이어졌다. 그와 각별했던 제자 중에 역관이 유독 많았는데, 조휘서趙徽緒(1714~1773),[1] 김윤서, 정사현, 이언진 등이 대표적인 인물이다. 혜환은 이들을 통해 새로운 서

「김정희 필 세한도金正喜 筆 歲寒圖」(국보 제180호), 김정희, 종이에 먹, 70.4×23.9cm. 국립중앙박물관.

적을 빠른 시간 안에 손에 넣을 수 있었다. 유배지에 있던 김정희
가 이상적을 통해 원하는 서적을 받아 보게 되어 그 고마움을 표
현하기 위해 이상적에게 「세한도歲寒圖」를 그려준 사실을 떠올리
면 이해하기 쉽다.

> 산골 사람이 바다 생선 어보魚譜 만들고
>
> 한漢나라 사람이 오吳나라 죽순 그린 것을
>
> 본토 사람에게 가져다 보여준다면
>
> 배 쥐고 웃지 않을 사람 적으리
>
> 峽民譜海魚, 漢客畵吳笋
>
> 持示本土人, 鮮不捧腹哂
>
> _「감회에 젖어有感」

그가 중국 문학에 경도된 사실은 당대 여러 문인의 증언으로

남아 있다. 이덕무의 『청장관전서』 중 『청비록』 「혜환」에는 "시는 힘써 중국을 좇아서 우리나라의 말로 짓는 것을 부끄럽게 여겼다"[2]는 기록이 있다. 그렇다면 그는 왜 조선의 방식이 아닌 중국의 방식을 따르려 했을까? 여기서 '우리나라의 말東語'은 중국의 문학을 흉내만 내는 변방의 문학을 뜻한다. 혜환은 당시 선진先進이었던 중국 문학을 일방적으로 수용·답습하는 것에 만족할 수 없었다. 정범조丁範祖가 혜환의 만시에서 "구차스러운 압록강 동쪽에 있는 뭇 소리를 모두 덜어냈고, 중국 땅에 살고 있는 여러 사람을 이끌고 오지 못함 한스러웠네"[3]라고 말하듯, 중국 문인들 흉내나 내서 끼리끼리 인정해주는 글 따위는 애초부터 그의 안중에 없었다. 그는 중국 본토의 문인들과 견주어도 손색이 없는 글 혹은 그들보다 뛰어난 문학을 선보이고 싶어했다. 이렇게 중국 문학을 충실히 학습한 결과 그의 글은 더욱 새롭게 바뀌었다. 일부러 새로워지려고 애쓴 것이 아니라 자연스레 새롭게 됐다. 그래서 그의 글에는 항상 기발하고 새롭다는 평가가 뒤따른다. 시는 산문처럼 쓰고 산문은 시처럼 썼으며, 형식보다 내용에 중심을 맞췄다. 이런 연유에서인지 지금 관점으로 보아도 파격적인 글이 적지 않다.

유만주는 『흠영』에서 혜환이 소장했던 책의 특징에 대해 언급했다.[4] 혜환의 장서는 그 수도 많았거니와 상당히 독특한 컬렉션이었다. 그는 색다른 독서를 통해 남다른 사유를 갖게 되었으며, 그것은 파격적인 문장으로 표출되었다. 그래서 혜환 문학의 시원始原을 찾기 위해서는 그의 독서 이력을 면밀히 검토할 필요가 있다.

이덕무는 『청장관전서』에서 "이용휴는 고서古書를 널리 읽어서 자구字句마다 근거가 있다"[5]고 했다. 혜환이 여러 책에서 근거를 가져와서 자구를 구성하고 있다는 말이다. 이 말은 혜환 글에 대한 아주 짧은 언급이지만 허투루 넘길 수 없다. 혜환의 문장은 일반적으로 자주 쓰이는 전고典故보다는 매우 궁벽한 전고를 사용하길 즐겼다. 그렇기에 그의 글을 정밀하게 읽어내기 위해서는 글에 쓰인 말들의 근거를 하나하나 밝힐 필요가 있다. 그러나 이러한 근거는 막상 찾는 것이 쉽지 않다. 그의 제자 이언진의 「호동거실」 연작시에서도 비슷한 경향을 찾아볼 수 있다.

명청 문집을 숙독하다

자상子相의 시는 문기文氣에 미치지는 못했으나, 때때로 규날扎葇한 곳이 있었다. 엄주弇州 왕세정이 이에 이른다. "바

람을 채찍질하고 우레를 타서 험한 것으로 절정을 삼았다." 이 노인의 금강안金剛眼은 반드시 여기에서 비추는 것을 잃지는 않았을 것이나 혹은 사사로이 좋아하기 때문에 지나치게 허가許可한 것이 없겠는가?[6]

청나라 화가 서장徐璋이 그린 초상화집 『송강방산서상첩松江邦彦畫像冊』에 있는 진계유의 초상화. 난징박물관 소장.

위의 글은 명明나라 종신宗臣의 시권인 『종자상시권宗子相詩卷』에 발문을 붙인 것이다. 왕세정이 종신 시에 대해 내린 평가가 객관적이지 않고, 개인적인 기호에 따른 것이라는 점을 밝혔다. 이처럼 혜환은 명청 문집에 대한 제발題跋을 많이 남겼다.[7] 특히 『혜환잡저』(권11)에 많이 보이며, 제발 이외에 명청 문집을 인용한 글도 여기에 가장 많이 실려 있다. 그는 『혜환잡저』(권11)에 의식적으로 명청 서적에 관련된 글을 배치한 것으로 보인다. 서적들은 경부經部, 자부子部, 집부集部에서 도가류雜家類, 유가류儒家類, 별집류別集類, 소학류小學類, 농가류農家類 등 사고전서 전반에 두루 해당되며, 진계유의 『보안당비급寶顏堂秘笈』에 수록된 글들이다. 단지 책을 읽는 데서 그치지 않고, 그 글들에 제발을 붙인 것은 해당 책에 대한 이해를 좀더 확실히 정리하고자 하는 의지에서였다. 그의 「농설에 붙인 발문農說跋」을 보면 "내가 장차 베껴서 책상에 놓고 아침저녁으로 살피고 연구하여 그로써 거칠게나마 나의 ○精[8]을 기르고, 나의 신심神心을 기르려 한다. 그러므로 이 발문을 짓는다"[9]고 했으니, 그가 명청 서적을 얼마나 열심히 읽고 연구했는지를 알 수 있다.

어떤 친구가 안경, 편자, 담배에 대해 "이 세 가지 물건은 언제 처음 시작되었고, 어느 책에서 보이는가?"라고 물었다. 내가 대답하기를, "옛날에 정주汀洲 장령張寧이 '안경을 지휘指揮 호롱胡瓏의 집에서 보았으니, 대개 선조[宣廟 宣祖]께서 하사한 물건이다'라고 했네. 애체優逮는 곧 애체靉靆이니 지금 안경眼鏡이란 것이 이것이네. 또 일찍이 소설책을 읽어 보니 '애체경靉靆鏡은 서양에서 나왔는데, 그 처음에는 안경값이 말 한 필 값과 맞먹었으나, 뒤에는 차츰 값이 떨어져 은銀 한두 전錢이면 되었다'라고 했네. 그리고 『서문장집徐文長集』에 이르기를 '양광兩廣(광동, 광서)은 산이 높아서 말이 다니기에 불편해 상인商人들이 말의 발에 철초혜鐵草鞋를 채웠다'고 했으니, 편자는 대개 여기에서 비롯된 것이네. 그러나 오직 담배는 단지 떠도는 말로만 있어 끝내 증명할 수 없었네. 최근에 청淸나라 사람 가서稼書 육롱기陸隴其의 「증숙조曾叔祖 호암옹蒿菴翁에게 드리는 편지」라는 글을 보니 '담배라는 물건이 옛날에는 없는 것이었는데, 명나라 말기에 처음 있게 되었습니다. 오매촌吳梅村은 그것을 요사스럽게 여겼음이 『수구기략綏寇紀略』 중에 보입니다'라고 했다네. 『속본초續本草』에 이르기를 '담배와 술은 유래를 알 수 없는데, 혹은 백 가지 질병을 고친다고도 했고, 혹은 창자를 마르게 하고, 병들게도 할 수 있다'고 하였으니 이것이 그 증거라네. 송나라 섭수심葉水心이 「조기원曹器遠을 전송하며」라는 시에 '마원동麻源洞 속 경엽璚葉에 비 내리니, 남초시南草市에 있는 갈꽃 가을이네'라고 한 것과 같은 것은 또 무슨 물건을 가리키는지 알지 못하겠네"라고 말하자, 친구가 말하기를 "어찌 기록하여 뒷날에 상고하는 데 대비하지 않는가?"라고 하기에, 내가 드디어 그것을 기록한다.[10]

그는 세상의 모든 사물에 대하여 색다른 호기심이 있었다. 이 글에서 언급되었듯 안경, 편자, 담배 따위의 물건이 언제 처음 시작되었는지 또 어느 책에 실렸는지에 대해 그는 각종 문헌을 참고하여 고증해내고 있다. 안경은 장령張寧, 편자는 서위徐渭, 담배는 육롱기陸隴其, 섭적葉適 등의 글을 통해 각각의 내력을 밝혔다.[11] 단 한 편의 글에서 대여섯 권의 명청 문집을 인용하고 있으니, 그의 박학博學을 짐작할 수 있다. 앞서 살펴본 유만주나 이덕무의 말이 빈말은 아니었다.

그가 읽었을 것으로 추정되는 책들의 존재와 인용한 구절을 찾는 일은 쉽지 않다. 그가 제발을 붙인 「음양기상에 쓰다題陰陽奇賞」「만회 발문豔豒跋」「신이기 발문跋神以記」「유이록 뒤에 쓰다題幽異錄後」 등의 예를 보자. 이로 볼 때 『음양기상陰陽奇賞』『만회豔豒』『신이기神以記』『유이록幽異錄』 등의 책이 존재했을 것으로 보이나, 누구의 저술인지는 확인할 수 없다. 이뿐 아니라 분명히 어떤 책에서 인용했을 것으로 추정되지만, 근거를 찾을 수 없는 것도 적지 않다.[12] 「조운거 군에게 주다贈趙君雲擧」와 「외손 허질에게 써서 주다書贈外孫許瓆」를 보면 이러한 사실을 확인할 수 있다. 이 글들은 구절마다 전고가 들어가 있으며, 출처는 대개 명청明淸 시기의 서적들이다.

이유와 삼창같이 옛 자취 남은 것을

10년간 돈을 걸고 애를 써 구했네

연경 사람 책 모으는 뜻을 묻거든

"매남梅南은 본성이 기이한 걸 즐긴다"고 말하게

二西三蒼古蹟遺, 懸金十載苦求之

燕人若問收書意, 爲說梅南性嗜奇

태화사마인 곽청라郭靑螺는

문장이 제공諸公보다 변화가 많았는데

아깝구나! 중국 사람 오히려 감식안 없어

사고전서 책들에서 그만이 쏙 빠졌네

太和司馬郭靑螺, 文比諸公變化多

可惜華人猶失鑑, 十家同選獨遺他

_「원정院正인 조휘서趙徽緖가 사은사謝恩使를 따라
연경으로 가는 것을 전송하며送趙院正徽緖隨謝恩使赴燕」

이 시는 모두 7수인데 그중 2수다. 혜환이 자신의 장서를 어떤
방식으로 얼마나 노력하며 구했는지가 잘 나와 있다. 10년 동안
한결같이 기이한 책들을 구하려고 무진 애를 썼다. 현지 사람들
도 의아해하여 책을 찾는 이에 대해 호기심을 품었을 정도였다.
사고전서에 명나라 곽자장郭子章(청라는 그의 호)이 빠진 이유를
중국 사람들의 부족한 감식안 탓으로 돌리며 애석해하고 있다.
이를 보면 그는 방대한 사고전서를 두루 꿰고 있었던 듯하다.[13]

자구마다 근거를 달다

부채를 흔들어 바람을 일으키고 물 뿜어 무지개를 만든다. 잿가루로 달무리를 이지러뜨리고 끓는 물로는 여름 얼음을 만든다. 나무소를 가게 하고 구리종을 저절로 울게 한다. 소리로는 귀신을 부르고 기로는 뱀과 범을 오지 못하게 한다. 서쪽 끝에서 동쪽 바다까지 잠깐 사이에 생각이 두루 미치고, 하늘 위와 땅 아래에도 순식간에 생각이 이른다. 백세 이전의 일도 거슬러 기록할 수 있고, 천세 이후의 일도 미루어 헤아릴 수 있으니, 옛날의 여러 철인哲人도 주어진 역량을 다 발휘하지 못한 바가 있다. 이렇게 큰 지혜와 큰 재능을 가지고도 7척 몸뚱이에 부림을 당하여 술과 여자, 재물, 혈기 속에 빠져 있으니 어찌 몹시 애석하지 않겠는가![14]

이 글은 매우 짧다. 그러나 구절마다 전고典故가 들어가지 않은 곳이 없다. 이처럼 짧은 글에 놀랍게도 여덟 개나 되는 전고가 사용됐다. 그중 하나는 정확한 근거를 확인할 수는 없지만 전고가 있는 말인 것만은 분명하다. 전고란 시문의 제작에 있어서 작자가 개진코자 하는 사실의 합리화 혹은 그 타당성을 높이기 위해 그와 동류의 개념을 지닌 특정한 전고를 찾아 원용함으로써 그 목적을 달성하는 일종의 증고적證考的 표현 방식이다.[15] 이러한 전고의 운용 방식을 통해서 작가의 학적 수준이나 독서 범위까지 가늠할 수 있다.

그렇다면 전고의 대상이 되는 원전은 통상 어떤 것이 있었을까? 전고의 대상으로 흔히 문文에는 육경六經과 삼사三史를 들고, 시에는 문선文選, 이백집李白集, 두보집杜甫集, 한유집韓愈集, 유종원집柳宗元集을 사용한다. 혜환의 경우는 어떠한가? 위의 글에서 사용된 서목書目은 『서유기西遊記』『삼국지연의三國志演義』『현진자玄眞子』『비아埤雅』『속고승전續高僧傳』『대반열반경소大般涅槃經疏』 등이다. 사대기서四大奇書부터 불경류까지 다종다기하다. 사용된 전고는 모두 이질적이며, 시나 산문에서 흔히 볼 수 없는 것들이다.

이 글의 내용을 정리하면 다음과 같다. 부채로 큰바람을 만들거나 물을 뿜어서 무지개를 만든다. 잿가루로 달무리를 이지러뜨리기도 하고, 끓는 물로는 여름 얼음을 만든다. 나무소를 움직이게 하고 구리종으로는 저절로 소리가 나게 한다. 이상 여섯 가지 불가능한 일을 제시했다. 또 소리로는 귀신을 불러오기도 하고, 기로는 뱀과 호랑이도 범접하지 못하게 한다. 이상 두 가지 탁월한 능력을 제시했다. 이렇게 여덟 개의 각기 다른 전고를 사용해서 불가능을 가능케 하며, 탁월한 능력을 발휘할 수 있는 인간의 무한한 능력을 기술한 셈이다. 문장을 길게 나열하거나 많은 단어를 사용하지 않아도 전고 하나하나를 통해 작가가 전달하고자 하는 의도를 함축적으로 제시할 수 있었으니 경제적으로도 매우 유용한 방식이다. 전고를 사용한 뒤에는 동서와 고금을 미루어 짐작할 수 있는 인간의 무한한 능력을 말한다. 이것은 작가의 생각이다. 이렇게 앞서의 이질적인 전고와 본인의 생각이 잘 녹아들어 작가의 주장은 더욱 설득력을 갖게 된다.

조운거趙雲擧라는 사람의 구체적인 행적은 나와 있지 않다. 아마 그는 술, 여자, 재리財利, 혈기血氣 중 하나에 빠져 있던 인물이었을 것이다. 그렇다면 이 글은 재능이 있으면서도 이를 버려두고 허비하는 것에 대한 생각을 우의寓意적으로 표출한 글이랄 수 있겠다. 징계하는 내용을 담았으나 고답적이거나 설리說理적이지 않다. 오히려 정신이 번쩍 들 만큼 현란하고 화려한 이야기가 펼쳐져 있다.

그의 산문은 편폭이 매우 짧다. 짧은 글을 효율적으로 전달하기 위해 혜환은 몇 가지 방법을 이용한다. 궁벽한 고사를 써서 행간을 확장하는 방법은 그중 하나다. 그는 다양한 서적에서 짜깁기해서 박학을 과시했다. 이렇게 난해하고 궁벽한 고사를 완전히 이해하려면 독자에게 역시 작가만큼의 지적 수준이 요구된다. 독자는 독서 과정에서 이런 전고의 이해에 집중하여 긴장감을 지속한다. 끝으로 비슷한 종류의 고사를 나열하여 외연을 확장하고 아울러 주제가 심화되는 효과를 노렸다.

자기 피붙이는 본래부터 사랑하지만, 남은 자기에게 이익이 있어야 사랑하게 되는 것이다. 지금 너는 내 손자다. 그리고 나는 늙고 병들어 귀와 눈을 너에게 의지하고, 눕고 일어나는 일에도 너를 필요로 하며, 서책이며 지팡이 챙기는 일을 네가 도맡고 있으니 그 보람이 매우 많다. 이는 본래부터 사랑하는 마음에 더하여 자기에게 이익이 되는 자를 사랑하는 마음까지 겸한 것이다. 다만 나의 덕으로 너에게 해줄 만한 것이 없어서 여기에 옛사람의 격언을 써서 너에게 주노라. 아름다운 네 자질로 이 말들에 마음과 힘을 다 쏟으면 장래에 성취할 것이 어찌 요즘 우리나라 인물들의 수준에 그치고 말겠는가.

만족할 줄 아는 자는 하늘이 가난하게 할 수 없고, 구하는 것이 없는 자는 하늘이 천하게 할 수 없다. 시름과 고통을 참기는 쉽고, 기쁨과 즐거움을 참기는 어려우며, 노여움과 분노를 참기는 쉽고, 좋아함과 웃음을 참기는 어렵다. 남을 헐뜯는 자는 자신을 헐뜯는 것이고, 남을 성취시키는 자는 자신을 성취시키는 것이다. 천하에는 착한 일을 하는 것보다 더 쉬운 것이 없고, 착하지 않은 일을 하는 것보다 더 어려운 것이 없다. 일 하나라도 생각 없이 하면 곧 창자를 썩히게 되고, 하루라도 일을 하지 않으면 곧 미련한 놈이 되는 것이다. 옛사람에게 양보하면 의지가 없는 것이고, 지금 사람에게 양보하지 않으면 아량이 없는 것이다. 군자에게 있는 변치 않는 사귐을 '의義'라 이르고, 변치 않는 맹세를 '신信'이라 이른다. 곡식이 되나 말에 넘치면 사람이 평미레로 밀고, 사람이 분수에 넘치면 하늘이 평미레로 밀어버린다. 과거에 합격하는 것은 사람의 지기志氣를 길러주기도 하지만 사람의 선한 바탕을 없앨 수도 있다. 스스로 반성하고 스스로 송사한다. 스스로 강하게 하고 스스로 후하게 한다. 스스로 취하고 스스로 짓는다. 스스로 포악하게 하고 스스로 포기하게 한다. 그러니 자기에게서 말미암는 것이지 남에게서 말미암는 것은 아님이 명백하다. 천 사람이 나를 알게 하는 것이 한 사람이 나를 알게 하는 것만 못하고, 한 세대가 나를 알게 하는

것이 천 세대가 나를 알게 하는 것만 못하다.[16]

글을 한 편 더 살펴보자. 앞선 글처럼 이 글도 많은 전고를 담고 있다. 이 글에는 아홉 개의 전고가 쓰였는데, 그중 하나는 출처를 확인할 수 없다. 이 글에 사용된 서목書目은 『격언연벽格言聯璧』『위백자집魏伯子集』『녹문은서육십편鹿門隱書六十篇』『전공량측어錢公良測語』『통현진경通玄眞經』『신감申鑑』『관자管子』 등이다. 시기적으로는 한漢나라 때부터 명청 시기까지 장대하며, 주제도 도가道家에서 금언류金言類에 이르기까지 매우 다양하다. 동서고금을 넘나드는 혜환의 지적 편력의 일단을 보여준다.

이 글은 할아버지가 손자에게 전하는 당부의 말로 채워져 있다. 험난한 세파世波와 싸울 손자에 대한 염려와 배려가 따스하다. 여기에 등장하는 허질許瓆(1755~1791)[17]은 혜환의 외손자인데 다산의 「정헌묘지명」에도 등장한다. 그는 혜환이 가장 아끼던 손자였다. 혜환은 손자란 원래 피붙이라 예쁜 법인데, 게다가 자신 옆에서 이것저것 챙겨주니 더 예쁠 수밖에 없다고 토로한다. 구절구절이 고인古人의 격언에서 조합한 글로 이루어졌다. 내용은 대부분 처세處世와 관련되어 있으며 만족, 인내, 처신, 선행, 의義, 신信으로 구성되었다. 처세라는 큰 주제를 축으로, 개별 전고는 그러한 주제를 심화시키고 있음을 볼 수 있다. 청언淸言의 구기口氣가 난다. 글의 말미에서는 역시 혜환다운 당부를 전한다. 자신에 대한 끊임없는 천착과 반성이 무엇보다 중요함을 역설한다. 자아에 대한 혜환의 지속적인 관심이 이 글에서도 엿보인다. 「환아잠還我箴」이 자아의 실존적 의미를 담고 있다면, 이 글은 자아의 실천적 의미를 담고 있다고 할 것이다.

다양한 분야, 해박한 관심

진미공陳眉公이 『침담枕譚』에서 『한서漢書』를 인용하여 부시罘罳를 병풍이라 했다. 또 유희劉熙의 설說[18]을 인용하여 끝에서 말하기를 조장照墻이라 함으로써, 단성식段成式이 작망雀網이라고 한 오류를 배척했다. 그러나 내가 사마상여의 「자허부子虛賦」를 살펴보건대 "그물로 미산을 덮어썼다"했으며, 또 소악蘇鶚이 이르기를 "부시罘罳는 망罔을 따랐으니 그 형상은 사思와 같지 않되 그 소리는 부罘는 부浮요, 시罳는 사絲다. 실을 짠 무늬가 가볍고 엉성해서 부허한 모습을 이르는 것"이라 했다. 대저 미산彌山이라 하고서 실로 짰다고 한 것은 그물이 아니고 무엇이겠는가? 만일 『한서』의 옛일로 여러 학설을 꺾는다고 한다면 「자허부」는 『한서』 이전에 나온 것인가? 진미공같이 해박한 지식을 가진 자라도 오히려 이와 같은 실수가 있었으니 글이라고 하는 것이 어찌 쉽게 다할 수 있는가?[19]

「부시자의변罘罳字義辨」에는 부시罘罳라는 단어의 어석語釋을 밝히면서, 여러 서적을 증거로 진계유의 견해를 반박했다.[20] 이 글은 125자밖에 안 되는 짧은 글이지만 여기에 언급된 서적과 인물은 참으로 다양하다. 그는 진계유의 오류를 여러 근거를 들어

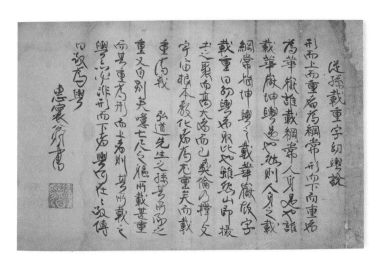

「자설字說」, 이용휴, 52×35cm, 성호박물관.

바로잡고 있다. 혜환은 또 다른 글인 「자운변해字韻辨解」에서도 『자휘字彙』에 대해 여러 서적을 증거로 들어 비판했다.[21] 특히 문자학文字學과 음운학音韻學 방면에 조예가 매우 깊다. 혜환의 기記나 자설字說에서는 특히 육서六書를 통해 의미를 도출하는 경우가 흔하다. 또 「자운변해」 「문기집에 쓰다題問奇集」에서 자음字音에 대한 견해를 밝히고 있다.

이밖에도 변증과 고증을 한 글이 적지 않다. 「군기고軍器考」에서는 여러 무기를, 「제왕계보고帝王系譜考」 「열국계보고列國系譜考」에서는 각종 계보를, 「명당제변明堂制辨」에서는 명당明堂을 각각 변증했다. 「세 가지 일三事」 「애체설靉靆說」에서는 안경, 편자, 담배에 대해서 각종 서적을 인용하여 유래를 밝히고 있고, 「수호전 뒤에 쓰다書水滸傳後」에서는 『수호전』의 작가에 대해서 고증했다.

혜환은 변증하고 고증하는 글에서 방대한 독서를 바탕으로 한

치밀한 분석을 통해 사실을 명쾌하
게 증명해낸다. 그는 진계유나 양신
의 견해를 치밀한 논증을 통해 반박
하기도 했다. 진계유나 양신은 중국
에서도 박학으로 내로라하는 인물
이었으니, 혜환이 얼마나 박학했는
지 짐작된다.

그의 글에 보이는 다양한 분야에
대한 관심과 이해는 매우 놀랍다. 대
부분 치밀한 논증과 고증을 통해
글을 구성했다. 먼저 「꽃과 나비를
기록하다記花蝶」「자초에 대해 기록
하다記紫草」「화암의 꽃과 나무를 품
제한 뒤에 쓰다題花庵花木品第後」「석
죽설石竹說」은 원예와 관련된 글이다.
특히 유박柳璞(1730~1787)의 『화암
수록花庵隨錄』에 대한 발문인 「화암

「소나무, 대나무와 모란竹石牡丹圖」(부분), 강세황, 종
이에 색, 50×98.5cm, 국립중앙박물관.

의 꽃과 나무를 품제한 뒤에 쓰다」는 꽃과 나무[花木]에 대한 그
의 높은 안목을 보여준다. 「성명星命」과 「신이기 발문跋神以記」에서
는 각각 성명학星命學과 복서卜筮에 대한 해박한 견해가 드러난다.

나는 나일 뿐

나는 누구인가? 이 근원적인 질문은 단순하면서도 무겁다. 나를 타자화하여 바라본다는 것은 생각보다 쉽지 않다. 나는 나에 대해 무지하고, 내가 믿고 싶은 나를 믿을 뿐이다. 혜환은 '나는 무엇인가?'라는 물음을 끊임없이 던진다. 조선시대에 혜환처럼 자아自我의 문제를 고민했던 인물은 많지 않다. 나에 대해 제대로 알아야만 세계도 다르게 인식할 수 있다. '나'라는 축軸이 바뀌면 '세계'도 다르게 보이기 때문이다. 문학에 대한 시선도 이와 무관하지 않았다. 그는 원점에서 문학을 재인식하고, 전혀 새로운 작품을 창작하고자 했다.

"겨우 나의 한쪽을 떠난다면 비록 옥황상제 쪽을 향해 달려간다 해도 또한 옳지 않다"²²고 한 것이 참으로 격언格言이다. 내가 능히 나를 지킨다면 사물도 능히 나를 옮길 수 없는 것이다. 그러므로 말하기를 "하늘이 정해준 운수가 있으니 사람이 하늘과 더불어 다툴 수가 없고, 사람에게는 정해진 이치가 있으니 하늘 또한 사람과 더불어 다툴 수가 없다"고 했다. 조화가 나를 재정裁定하는 데 맡기고 나는 스스로 입명立命할 따름이다. 내가 유여幼輿의 최근 언동을 보니 자못 가학家學의 규모規模가 있어 매우 기쁘기에 이 글을 써서 주노라. 비록 그렇기는 하나 네가 이미 방향을 안다 이르지 말고 더욱더 면려할지어다. 실을 삶아 물들이는 것[練絲之淠]과 그윽한 집이 밝게 되는 것[幽室之

亮]은 단지 한 번 물들이고 한 번 비추는 데 있는 것이다.[23]

이 글에는 두 격언이 등장한다. 처음 등장하는 격언은 『명유학안明儒學案』에 나오고, 다른 하나는 출전을 확인할 수 없다. 옥황상제와 하늘, 그리고 조화옹造化翁이 등장한다. 이들과의 관계에서 인간은 항상 약자이거나 피동적인 존재였다. 그러나 혜환은 이들과 동등하고자 했고 독립적인 위치를 주장했다. 만들어지고 주어진 길을 따라가는 것이 아니라 자신의 길로 가겠다는 다짐인 셈이다.

바람이 동쪽으로 불면 동쪽으로 향하고 바람이 서쪽으로 불면 서쪽으로 향한다. 다들 바람 부는 대로 쏠리는데 어찌 따르기를 피하려 하겠는가? 내가 걸으면 그림자가 내 몸을 따르고 내가 외치면 메아리가 내 소리를 따른다. 그림자와 메아리는 내가 있기에 생겨난 것이니 따르기를 피할 수 있겠는가? 그림자와 메아리가 묵묵히 앉아서 저 하고 싶은 대로 할 수 있겠는가? 그럴 리는 없다. 어째서 상고시대의 의관을 따르지 않고 오늘날의 복식을 따르며, 중국의 언어를 따르지 않고 각기 자기 나라의 발음을 따르는 것일까? 이는 수많은 별이 하늘의 법칙을 따르고 온갖 냇물이 땅의 법칙을 따르는 것과 같은 도리다.
물론 일반적인 추세를 따르지 않고 자신의 천성과 사명을 견지할 수도 있다. 천하가 모두 주나라를 새로운 천자의 나라로 섬기게 되었음에도 백이와 숙제는 그것을 부끄

럽게 여겼고, 모든 풀과 나무가 가을이면 시들어 떨어짐에
도 소나무와 잣나무는 여전히 푸른 것이 바로 그런 경우
다. 그렇지만 우임금도 방문하는 나라의 풍속에 따라 아
랫도리를 벗으셨고, 공자도 사냥한 짐승을 서로 견주는
노나라 관례를 따르시지 않았던가! 성인聖人도 모두가 함
께하는 것을 위배할 수는 없었던 것이다.

그렇다면 많은 사람이 하는 대로 따르기만 하면 되는 것
인가? 그렇지 않다. 이치를 따라야 한다. 이치는 어디에 있
는가? 마음에 있다. 무슨 일이든지 반드시 자기 마음에
물어보라. 마음에 거리낌이 없으면 이치가 허락한 것이니
행하고, 마음에 거리낌이 있으면 이치가 허락하지 않은 것
이니 그만둔다. 이렇게만 한다면 무엇을 따르든 모두 올
바르게 되어 하늘의 법칙에 절로 부합할 것이며, 어떤 상
황에서든 한결같이 마음만 따르면 운명과 귀신도 모두 그
뒤를 따르게 될 것이다.[24]

이 글은 시속時俗에 대응하는 혜환의 유연한 사고를 잘 보여준
다. 시속을 무작정 배척해서도, 그렇다고 무작정 수용해서도 안
된다. 그러니 시속이란 상황에 따라 결정할 문제지 그것이 하나
의 도그마가 되어서는 곤란하다. 여기서는 따를 것[隨]과 따르지
않을 것[不隨]을 나누어 논의를 전개했다. 따를 것을 무조건 안
따르는 것도, 따르지 않을 것을 무조건 따르는 것도 문제다. 그러
면서 따라야 할 것의 기준을 나름대로 제시했다. 기준은 사람의
숫자가 아니라 이치이며, 이치는 마음속에 물어봐서 답을 찾아야

한다고 했다. 이 논리는 양명학陽明學의 '심즉리心則理'(마음이 곧 하늘의 이치다)를 그대로 따른 것이다.

그의 이러한 생각은 문학에도 고스란히 반영되었다. 혜환은 일방적으로 복고復古나 반복고를 주장하지 않았다. 단순히 그의 어떤 일면에 집중하여 공안파公安派의 영향에 대해 말하기도 한다. 그렇지만 혜환의 문학은 그렇게 간단하게 설명되지 않는다. 명말청초에 일어난 일련의 문학운동을 '진보' 대 '퇴보' 내지는 '복고' 대 '반복고'의 대립으로 보기도 한다. 그러나 최근에는 두 유파사이의 동근성同根性에 대해서도 주목하고 있다.[25] 지금처럼 복고를 첨신尖新의 대척점에 놓고 이해한다면 해명되지 않을 영역이 존재하며, 그러한 부분의 해명이 혜환 문학의 이해에 있어 중요한 키워드가 될 것이다.

마음의 눈을 떠라

눈에는 두 가지가 있으니 외안外眼, 즉 육체의 눈과 내안內眼 곧 마음속의 눈이 그것이다. 외안은 사물을 보고 내안은 이치를 본다. 어떤 사물도 이치가 없는 것은 없다. 그리고 외안이 현혹되는 바는 반드시 내안으로 바로잡을 수 있으니, 그렇다면 운용은 전적으로 내안에 있는 것이다. 또 눈앞이 여러 가지로 가리어지면 마음은 옮겨가서 외안이 도리어 내안에 해가 된다. 그러므로 옛사람이 "처음에 눈먼 것을 나에게 돌려주기를 원한다"고 한 것은 이 때문이다. 재중在中은 지금 나이 마흔이다. 40년 세월 동안 본 것이 적지 않을 것이다. 비록 이로부터 80세까지 이른다 해도, 전과 같음에 불과하다면 나중의 재중은 지금의 재중과 같다는 것을 알 수 있다. 다행스럽게도 재중은 외안에 장애가 있어 사물을 보는 데 방해가 되기 때문에, 오로지 내안으로만 보게 되었다. (그러므로) 이치를 보는 눈이 더욱 밝아질 것이니, 훗날의 재중은 반드시 지금의 재중이 아닐 것이다. 이와 같다면, 눈동자의 백태를 없애는 방도는 물론이거니와, 비록 금비金篦로 각막을 긁어내 광명을 되찾아준다 하더라도 원하지 않을 것이다.[26]

정재중鄭在中[27]은 실존 인물이다. 마흔 언저리에 눈이 먼 후천적 시각장애인이었다. 눈에는 두 가지가 있다. 실제의 눈(외안外眼)과 마음속의 눈(내안內眼)이다. 사람은 눈을 통해 세상의 여러 사물을 단순히 인식할 뿐 아니라 세상에 대한 시선視線을 확보하게 된다. 그러나 사람들은 실제의 눈만을 중요시해서 마음속 눈을 가리게도 된다. 역설적으로 눈을 뜬 것이 눈을 감고 있는 형국이 된다는 말이다.

이 글은 연암의 「창애에게 답하다答蒼厓」와 매우 유사하다. 연암의 글은 장님이 눈을 떴으나 다시 감으라고 전언한다. 이 말은 여러 의미로 해석되겠지만[28] 진정한 개안開眼이 아니니 내면으로 더 침잠하라는 뜻으로 보인다. 반면 혜환의 글에서는 눈을 떠 있다가 장님이 되었으나 오히려 다행이라고 전언한다. 이것은 외물에 현혹되지 말고 내면에 침잠하라는 뜻이니, 곧 참다운 자신과 만나라는 말이다. 눈을 감고 뜨는 것의 선후에만 차이가 있지 결국 연암과 혜환 모두 '참자아'를 찾으라고 역설한다는 점에서는 크게 차이가 없다.

대개 사람들은 '눈뜬장님'으로 평생을 살면서도 알지 못한다. 오히려 눈의 실명은 마음속 눈의 개안을 이루는 좋은 계기가 된다. 하나의 눈을 잃었지만 또 다른 눈을 갖게 되는 셈이다. 마음속 눈을 통해 나와 세상을 다시 볼 수 있고, 어제와 다른 내가 될 수 있다. 그렇다면 마음속 눈의 개안은 또 다른 나를 회복하여 참된 내가 되는 시작이다.

내 집의 주인 되기

나와 남을 놓고 보면, 나는 친하고 남은 소원하다. 나와 사물을 놓고 보면 나는 귀하고 사물은 천하다. 그런데도 세상에서는 도리어 친한 것이 소원한 것의 명령을 듣고, 귀한 것이 천한 것에게 부려지는 것은 무엇 때문인가? 욕망이 그 밝음을 가리고, 습관이 참됨을 어지럽히기 때문이다. 이에 온갖 감정과 여러 행동이 모두 남들을 따라만 하고 스스로 주인이 되지 못한다. 심한 경우 말하고 웃는 것이나 얼굴 표정까지 저들의 노리갯감으로 바쳐지며, 정신과 사고와 땀구멍과 뼈마디 하나도 나에게 속한 것이 없게 되니, 부끄러운 일이다.

내 친구 이처사李處士는 예스러운 모습과 마음을 가졌으며 자신과 상대방을 구별하지 않고 걸치레를 꾸미지도 않는다. 하지만 마음에는 지키는 것이 있어서 평생 남에게 구해본 적도 없고 좋아하는 사물도 없었다. 오직 부자父子가 서로를 지기知己로 삼아 위로하고 격려하며 부지런히 일하여 제힘으로 먹고살 따름이었다. 처사는 손수 심은 나무가 수백에서 천 그루에 이르는데, 그 뿌리 줄기 가지 잎은 한 치 한 자를 모두 아침저녁으로 물 주고 북돋아서 기른 것이다. 나무가 다 자라서 봄이면 꽃을 얻고 여름이면 그늘을 얻으며 가을이면 열매를 얻으니, 처사의 즐거움을 알 만하다. 처사가 또 동산에서 목재를 가져다 작은 암자 한 채를 짓고 편액을 달기를 아암我菴(나의 집)이라고 했으니, 사람이 날마다 하는 행위가 모두 나에게서 연유함을 보인 것이다. 저 일체의 영화榮華, 권세, 부귀, 공명功名은 나의 천륜天倫을 단란하게 즐기고 본업本業에 갖은 힘을 다 쓰는 것과 견주어 외적인 것으로 여겼다. 단지 외적인 것으로 여길 뿐만 아니었으니, 처사는 선택할 바를 안 것이다. 훗날 내가 처사를 찾아가 아암 앞 늙은 나무 밑에 함께 앉게 되면 마땅히 다시 "남과 나는 평등하며 만물은 일체다"라는 뜻에 대해 이야기 나눌 것이다.[29]

나의 집(아암我菴)이란 제목부터 예사롭지 않다. 나[我]와 다른 사람[人]과 사물[物]을 놓고 생각해보자. 정작 귀한 것은 나인데 욕망과 습관 때문에 타인과 외물에 휘둘리게 된다. 욕망은 타인의 기준에 맞추게 하고, 습관은 나 자신의 익숙함에 빠져 헤어나지 못하게 한다.

그러다가 참 나를 잃어버리고 만다. 남에게 보이기 위한 나, 남과 같아지기 위한 나만 존재할 뿐이다. 이 글에서 직접 언급되지는 않았지만 또 다른 시도도 있다. 무작정 남과 달라지려 하는 것이다. 이럴 경우 남과는 달라질지 모르지만 동시에 나와도 멀어지게 된다. 달라지기 위해 달라지고자 노력하는 것은 인정욕구의 또 다른 표현일 뿐이다.

이 글의 주인공은 이처사李處士다. 부자가 의지하면서 자급자족하며 살아간다. 집 주변에 자랑할 것이라고는 나무와 꽃이 전부다. 세속의 기준으로 볼 때 성공하고는 거리가 먼 사람이다. 혜환은 불우한 인물들의 삶을 위로하는 동시에, 그들의 삶에서 위안을 받기도 한다. 이 글에서 말하는 아암我菴이란 남의 집에 세 들어 살면서도, 자신의 집에 살고 있는 듯 착각하는 사람들에 대한 일침이다.

내가 내 집의 참다운 주인이 되려면 어떻게 해야 할까? 타인과 외물의 시선과 기준에서 독립하여 나 자신이 주체가 되는 삶이 되어야 한다. 그렇게 하려면 타성惰性의 어제와 결별하고 각오覺悟의 오늘을 맞아야 한다. 그의 새로운 문학도 이러한 생각들과 무관하지 않았다. 결론은 의미심장한 말로 마무리한다. "남과 나는 평등하며 만물은 일체다人我平等, 萬物一體." 남한테 맞추었던 삶의 준거를 자신으로 귀속시킨 뒤, 다시 남과 자신을 통합하는 경지에까지 이르렀다.

혜환의 독특한 문학 세계는 모든 전범을 부정하고, 끊임없이 자신의 집을 짓고자 한 시도였다. 참된 자아를 찾기 위한 이러한 흔적들은 그의 글에서 많이 만날 수 있다. 이러한 관점과 무관하지 않은 글 한 편을 더 살펴보자.

나를 찾아나서다

나 그 옛날 첫 모습은 순수한 천리天理 그대로였는데 지각이 하나둘 생기면서부터 해치는 것들 마구 일어났네. 뭐 좀 안다는 식견이 천리를 해치고 남다른 재능도 해가 되었지. 타성에 젖고 인간사에 닳고 닳아갈수록 그 속박을 풀기 어렵네. 게다가 다른 사람 떠받드는 이들이 아무개 어른, 아무개 공 해가면서 대단하게 끌어대고 추켜세워주니 몽매한 이들을 꽤나 놀라게 했지. 옛 나를 잃어버리고 나자 참된 나 또한 숨어버리고 일을 위해 만든 일들이 나를 타고 내달려 돌아올 줄 모르네. 오래 떠나 있다가 돌아갈 마음 일어나니 마치 꿈 깨자 해 솟아오르듯, 몸 한번 휙 돌이켜보니 벌써 집에 돌아와 있구나. 주변의 광경은 달라진 것 없는데 몸의 기운 맑고 평화롭도다. 차꼬를 풀고 형틀에서 벗어나니 나 오늘 새로 태어난 듯하다. 눈이 더 밝아진 것 아니고 귀 더 밝아진 것도 아니나, 하늘이 내린 밝은 눈 밝은 귀가 옛날과 같아졌을 뿐이로다. 수많은 성인이란 지나가는 그림자일 뿐 나는 나에게 돌아가기를 구하리라. 갓난아기나 어른이나 그 마음은 하나인 것을. 돌아와보니 새롭고 특이한 것 없어 다른 생각으로 내달리기 쉽지만 만약 다시금 떠난다면 영원토록 돌아올 길 없으리. 분향하고 머리 조아려 천지신명께 맹세하노라. 이 한 몸 다 마치도록 나는 나와 함께 살아가겠노라고.[30]

이 글의 주인공은 신의측申矣測으로 자는 하사何思이고, 또 다른 자는 환아還我다. 이용휴의 아들인 이가환도 그를 위해 「환아소전還我小傳」 「신의측의 국화 벼루에 대한 명申矣測菊花硯銘」 등을 지어주었다. 이 글의 내용은 이탁오의 「동심설童心說」과 매우 유사하다. 「환아잠還我箴」에서 말하는 천리天理, 진아眞我가 「동심설」에서는 동심, 진심眞心과 같은 개념으로 사용되고 있다. 그뿐 아니라 「환아잠」에서 견식見識이나 재능才能이 진아에 해가 된다는 언급과 「동심설」에서 견문과 도리道理가 동심을 잃게 된다고 보는 견해가 너무도 닮아 있다.

나를 찾아가는 길은 무엇인가? 그 길은 애초에 가지고 있었던 천리天理의 회복 과정이다. 그렇다면 천리를 어떻게 잃어버리게 되었는가? 혜환은 지각, 견식見識, 재능, 습심習心, 습사習事 등을 그 원인으로 제시했다. 이렇게 자의식과 관련된 것들에 사회적인 지위와 대접 등이 결합되면서 천리를 잃어버리고 '참된 나眞我'도 상실해버린다.

이러한 자각 속에서 다시 참된 나를 찾겠다는 각오의 순간이 찾아온다. 일순간에 그동안 믿고 있었던 모든 것이 허망하게 무너져 내리면서, 새로운 내가 탄생한다. 그렇게 되자 성인으로 표방되는 지극히 높은 목표도 일순간 의미를 상실케 되어버렸다. 남들에 대한 인정욕구와 명예욕, 일체의 타성과 관계망도 함께 의미가 퇴색해버렸다. 이렇게 혜환은 참된 나를 찾았다. 그동안 나는 나에게서 너무나 멀리 너무나 오래 떨어져 있었다. 나를 찾았으니 절대로 되찾은 나를 잃지 않고 나답게 살아가겠다는 굳은 다짐을 했다.

2

내가 꿈꾸는 문학,
참다운 기이함

혜환은 문학에 대해서 어떻게 생각했으며, 어떤 문학을 지향했을
까? 그가 남긴 문학론은 그가 평소 가지고 있던 문학에 대한 견
해와 지향을 보여준다. 먼저 혜환의 문학 수련 과정을 잘 보여주
는 글을 살펴보겠다. 조카인 이철환의 시고詩稿와 문고文稿에 쓴
글로, 분량은 매우 짧지만 의미하는 바가 적지 않다.

시詩는 진실로 기이함을 높이 치지만, 오로지 기이함에만
힘쓴다면 그 폐단이 두묵杜黙의 경우처럼 될 것이다. 두묵
이 지은 가행歌行은 때때로 광대의 농지거리나 중들의 염
불 소리 같아서 읽는 사람이 구두를 끊기 어려우니 어찌
옳겠는가? 오직 격고格古, 기일氣逸, 의원意圓, 어신語新하는

것만이 바로 시가詩歌의 뛰어난 솜씨다.[31]

　남들과 달라진다는 것은 남들과 같아지기 위한 무수한 시도에서 나오는 궁극의 종착지다. 이 단순한 진리를 알지 못하고 무조건으로 달라지려고만 한다. 시에서 기발함이야말로 아무나 흉내낼 수 없는 특징으로, 좋은 작품을 가르는 중요한 기준이 된다. 혜환은 평平과 기奇 중에 기에 무게중심을 두다가 벌어지는 폐단을 두목의 예를 통해 확인시킨다. 두목은 시를 짓는 데 율律이 맞지 않았으니 두찬杜撰이란 엉터리 시문을 가리키는 말로 쓰인다. 역설적으로 기이함이란 강박적으로 집착할수록 그와 거리가 멀어졌다.

　그는 시인의 조건으로 격格, 기氣, 의意, 어語 네 가지를 제시했다. 풍격은 고고하지만 기세는 편안하며, 의미는 원만하지만 시어는 참신해야 한다. 왠지 그가 보여준 파격적인 한시와는 어울리지 않아 보인다. 그는 엄격한 학시學詩와 시작詩作 과정을 통한 성취를 해법으로 제시했다. 지금 남아 있는 혜환의 작품은 대개 만년의 것이다. 이 작품들이 보여주는 놀라운 성취 뒤에는 이러한 탄탄한 문학적 수련 과정이 숨어 있다는 것을 확인할 수 있다. 지금부터 그의 산문 수련 과정에 대해서 살펴보자.

예전에 쓴 글을 던져버려라

너의 숙부가 17~18세 되었을 때는 문장을 지으면 대우對偶를 좋아했는데, 점차로 장성해서 그것을 보니 얼굴이 붉어져서 끝까지 보지 못하고 내쳐버렸다. 송원宋元의 제가諸家를 사숙하자 사람들이 자못 그런 내 시문을 칭찬했고 또한 스스로도 자부했다. 다시 보니 곧 부드럽고 약한 잔뼈[小骨]로서 작가라고 말할 수 없으므로 또 버리고, 선진先秦, 양한兩漢에서 구하여 아래로 명말明末에 이르기까지 고문古文으로 이름난 것을 아침저녁으로 살피고 찾으니 점차로 알게 돼 곧 그 배안排按·합장闔張·태자汰字·연구鍊句하는 방법을 조금씩 이해하게 되었는데, 그 햇수가 이미 30년이 되었다. 이제 꺼내서 읽어보니 간간이 사람의 생각에 합당한 것이 있는 것 같았다. 그러므로 말하기를 "문장을 배우는 것은 등산하는 것과 같아서 무한한 험한 길과 지름길을 다 밟아본 뒤에야 바야흐로 산 정상에 나갈 수 있다"고 했다. 숙부 또한 이것으로 네가 오래도록 이 문고를 보배로 여기지 않음을 점칠 수 있다.[32]

이 글은 혜환의 문학 노정路程을 잘 보여준다. 먼저 어린 시절의 치기稚氣에 대한 부끄러움을 토로한 뒤, 송시宋詩와 원시元詩를 배워 다른 사람의 기림을 받고 자부심을 가졌던 시기에도 역시 변변찮은 작가였으며, 선진양한에서 명말까지의 고문을 연구한 끝에 조금 머리가 깨었다고 고백했다. 무려 30년에 걸친 고단한 수련 끝에 자신이 꿈꾸었던 문학에 다가설 수 있었다. 그것은 여러 종류의 문학적 체험과 실험을 경험하고 궁극의 위치에 도달한 대가大家의 일성一聲이라 할 수 있다. 지금도 문학과 예술의 길을 가고자 하고 가고 있는 사람들에게 여전히 유효한 말들이다.

혜환의 참 문학을 찾기 위한 노정은 '자아 찾기'와도 닮았다. 혜환 문학론의 중요한 특질은 크게 '전범의 부정'과 '자기 목소리 내기'로 압축된다. 「이화국유초 서문李華國遺草序」에서는 당시唐詩만을 도습하는 문단에 대해 비판했고, 「송원시초에 쓰다題宋元詩鈔」에서는 당시와 송시宋詩만을 높이는 풍조에 반하여 원시元詩의 가치를 재고했다. 또 「족손광국의 시권에 쓰다題族孫光國詩卷」에서는 "옛날에는 옛것에 합치하는 것을 취하여 묘妙하게 했다면, 지금은 옛것을 벗어나는 것을 취하여 신이하게 하는 것이다昔取合古爲妙, 今取離古爲神"라고 했다. 「송목관집 서문松穆館集序」에서는 "독자적으로 견해를 펴는 경우從己起見"를, 「괴곡유고 서문槐谷遺稿序」에서는 "자기를 믿고 마음을 스승으로 삼는 것信己師心"을 강조했다. 여기에서도 가장 중요한 가치는 역시 바로 '자신'이다. 혜환은 "모의해서 지은 시가 어찌 시인가模擬爲詩豈是詩?"[33]라고 강한 어조로 말했으니, 자신의 목소리를 내지 않고 남을 흉내낸 시는 시가 아니라는 말이다. 혜환은 전범을 깨부수고 자신의 목소리를 내는 문학을 하자고 역설한다. 나만이 쓸 수 있는 글을 써서 다른 사람의 전범이 될지언정, 내가 누구의 글을 전범으로 삼지는 않겠다는 다짐이다.

비를 바라는 한 사람의 심정

시의 글자는 4언, 5언, 6언, 7언이 있다. 그러나 지금에 유행하는 것은 거의 5언과 7언이다. 4언은 곧 『시경』의 풍아風雅 이후에는 명銘이나 송頌을 제외하고는 보기 드물고, 6언은 더더욱 드무니 비록 거장鉅匠의 대단한 문집이라 할지라도 간혹 몇 편에 그칠 뿐이다. 대개 5언과 7언은 천하가 함께 따르는 것이어서 모두 좋아하며 또 그 방식이 익히기 쉽고, 성률이 섭렵하기 쉽다. 그런데 6언은 5언과 7언의 사이에 있어 그 형세가 좁고 국면이 협소하여, 재주가 격식을 넘어서 법의 속박을 받지 않는 자가 아니면 진실로 잘 짓기 어렵고, 잘 짓더라도 또한 칭찬을 받기는 더더욱 어렵다. 비유하자면 벽지선辟支禪[34]이 대중을 모아놓고 연교演教할 때 밖에서 홀로 스스로 깨닫는 것과 같다. 정성중鄭成仲 군은 시에 있어 뛰어난 재주와 현묘한 취향이 있어 좋아하는 것이 5언, 7언에 있지 않고 6언에 있었다. 그러므로 그 시집을 이름하여 우정雨庭이라 했으니, 사물에 빗대어 뜻을 나타낸 것이다. 무릇 정원에 비가 오는 것을 바라지 않는 것은 많은 이가 같고, 비가 내리기를 원하는 것은 그 한 사람의 유별난 생각이다. 그러나 한가로운 뜰에 비가 지나가고 먼지가 공중에서 씻겨 외로운 꽃이 머리를 감은 듯하고 우거진 풀은 더욱 싱싱하게 푸르면 도리어 비가 오지 않은 때보다 더 낫다. 이것은 단지 은연중 마음에 이회理會할 수 있는 것이니, 반드시 세상 사람을 향하여

이해를 구할 것은 없는 것이다.[35]

　이 글은 『우정고雨庭稿』에 대한 서문이다. 정성중은 6언시에 특장이 있던 인물이었다. 6언시는 통상 문집에서 몇 편 찾아보기 어렵지만, 그는 6언시를 주로 창작했다. 그의 제자들 중에는 각자 독창적인 시적 시도를 실천했던 사람이 많다. 이것은 단순히 6언시에 국한된 문제가 아니고 법박法縛에서 벗어나 자각自覺에 이르는 시도였다. 즉 여러 사람이 가는 길[衆之所同]이 홀로 가는 길[一人之獨]이었다. 혜환은 이러한 시도에 서문을 써주며 격려와 응원을 아끼지 않았다. 혜환 스스로 6언시를 직접 쓰기도 했다. 그와 관련된 인물인 유경종과 이언진을 비롯한 중인 등도 6언시를 남겼다. 한 그룹의 동류의식이 6언시를 통해 드러난 셈이다.

단단히 감추어놓은 글

　늙은이가 할 일이 없어 둘러앉은 손님들에게 평소 듣고 본 기이한 것을 말해보게 했다. 그러자 한 손님이 말했다.
　"어느 해 겨울, 날씨가 봄처럼 따뜻하더니 갑자기 바람이 일고 눈이 내리다가 밤이 되어서야 눈이 그쳤는데, 무지개가 우물물을 마시는 것이었습니다. 마을 사람들이 놀라 떠들썩했지요."
　또 한 손님이 말했다.
　"전에 어떤 떠돌이 중에게 들은 이야기입니다만, 깊은 골

짝에 들어갔다가 한 짐승과 마주쳤는데, 호랑이 같은 몸
이 푸른 털로 덮였으며 뿔이 났고 날개를 가진 것이 어린
아이 같은 소리를 내더랍니다."

나는 이런 따위의 것은 허황한 말이라 믿을 수 없다고 생
각했다.

이튿날 아침, 한 젊은이가 찾아와 인사하고는 시를 선물
했다. 성명을 물으니 이단전李亶佃이라 하기에 그 특이한 이
름에 의아했다. 시집을 펼치자 빛나고 괴이하며 뭐라 말할
수 없이 들쭉날쭉하여 생각의 범위를 훌쩍 벗어나는 점이
있었다. 비로소 두 손님의 말이 허황한 것이 아님을 믿게
되었다.[36]

이 서문은 이단전의 시집에 써준 것이다. 이단전李亶佃
(1755~1790)은 조선 후기 시인, 서예가다. 자는 운기耘岐, 경부耕傅
이고 호는 필재疋齋, 필한疋漢, 인재因齋다. 한미한 가문 출신이었으
나 특히 시에 뛰어났고, 글씨를 잘 썼다. 그도 역시 이용휴의 제
자다. 조희룡趙熙龍의 「이단전전李亶佃傳」과 조수삼의 「이단전전과
소서李亶佃傳幷小序」에 자세한 행적이 적혀 있다. 『이향견문록』에도
나오나 이것은 조희룡의 기록을 그대로 옮겨 적은 것일 뿐이다.
이단전은 남유두南有斗와 이덕무李德懋에게서 시를 배웠다. 이용휴
말년에 이단전은 이용휴를 방문하여 자신의 시를 보여주고 서문
을 받았다.

서문은 관련 작가를 소개하고 시문을 평론하는 문장이므로 설
명하는 문자 이외에 서사, 의론, 서정을 겸하는 일이 많다. 어떤 때

는 한 편에 여러 수법을 겸하기도 한다.[37] 어쨌든 문집 간행의 전
말과 시나 문장에 대한 평가를 내린다. 혜환의 경우는 어떠한가?

먼저 눈이 내리는 밤중에 보이는 무지개와 뿔을 달고 날개를
가진 호랑이의 예를 들었다. 이는 세상에 존재할 수 없는 것들이
다. 사람들은 본 적이 없는 것을 직접 보기 전에는 믿지 않는다.
이 믿을 수 없는 것들을 친견親見할 때의 놀라움은 매일 봐왔던
것을 볼 때의 익숙함과는 비교가 안 된다. 이 서문은 이단전의 시
에 대한 평가를 직접 적지는 않았지만, 이단전의 시가 보여주는
참신한 성취를 환상적으로 그려냈다. 이처럼 혜환은 어떤 사람에
대하여 서발序跋을 써줄 때 작품에 대해 직접 언급하지 않고 특
징한 일면을 들어 이야기를 구성하기를 즐겼다. 단전이라는 이름
은 '진짜 머슴'이라는 뜻이다. 이단전은 특이한 이름을 가진 놀라
운 인물이었다. 혜환이 이상적으로 생각한 시가 바로 이러한 시였
다. 이 세상에 존재하지 않을 것 같지만 존재할 수도 있다는 것을
증명해내야 하는 것이 시인의 존재 이유가 아닐까?

> 시문에는 남을 따라서 견해를 펴는 것도 있고 독자적으로
> 견해를 펴는 것도 있다. 남을 따라서 견해를 펴는 경우야
> 낮은 수준이어서 논할 것도 못 되지만, 독자적으로 견해를
> 펴는 경우라 하더라도 고집과 편견이 섞여 있지 않아야만
> '진정한 견해眞見'가 되는 것이고, 또 반드시 '진정한 재주眞
> 才'로 이를 보완한 뒤에야 비로소 성취를 거둘 수 있는 것
> 이다.
>
> 내가 그런 작가를 구한 지 여러 해 만에 송목관松穆館 주인

이우상李虞裳 군을 얻게 되었다. 이 군은 시문의 도에 출중한 식견과 현묘한 구상이 있었으며, 또 먹을 금처럼 아끼고 시구를 단약丹藥처럼 단련하여, 한번 붓을 종이에 대기만 하면 세상에 전할 만한 시문이 되었다. 그러나 세상에 이름이 알려지기를 구하지 않았으니 이는 세상에 그를 알아줄 만한 사람이 없기 때문이었고, 또 남을 이기기를 구하지 않았으니 자신을 이길 사람이 없기 때문이었다. 오직 간혹 나에게 시문을 꺼내 보여주고는 도로 상자에 넣어 단단히 감추어놓을 따름이었다.

아! 품계란 밟아 올라가서 1품에 이르더라도 아침에 거둬가버리면 저녁에는 평민이 되고, 재물이란 늘려 모아서 만금에 이르더라도 저녁에 잃어버리면 이튿날 아침에는 가난뱅이가 되는 법이다. 그러나 문인재사文人才士가 소유한 것은 한번 소유한 후에는 제아무리 조물주라 하더라도 어떻게 할 수가 없으니, 이것이야말로 '진정한 소유眞有'다. 이 군은 바로 이러한 것을 소유하고 있으니 그 나머지 구구한 것들은 모조리 털어버리고 가슴에 남겨두지 않는 것이 옳으리라.[38]

혜환은 제자들의 시집 서문을 많이 남겼다. 그가 한결같이 제자들에게 주문했던 것은 '남다른 시'였다. 김숙의 서문에서는 우선 그의 불우한 삶을 위로한 다음 "그의 시는 도량과 행보行步가 범상치 않아 세속의 때를 씻어내는 데 힘썼으므로 세상과는 합치되는 것이 드물었고, 현묘한 생각과 기이한 말은 이따금 남의 말을 거치지 않는 것이 있었다其詩標步不凡, 務湔俗瀟, 故與世寡合, 而玄思奇語, 往往有不經人道者"하여 일반적인 시들과는 다른 시상과 시어에 주목했다. 또 이성중의 서문에서는 "대개 스스로 노력하고 스스로를 귀하게 생각하는 자로서 옛날의 대가에 모의하거나 빌붙지 않고, 참다운 소리와 참다운 색과 참다운 맛을 가지고 있었으니 비유하자면 마치 좋은 차에는 용뇌나 사향을 넣지 않더라도 절로 참다운 향이 나는 것과 같다盖欲自運自貴者, 不摸疑依附于古昔大家, 而有眞聲眞色眞味, 譬如好茶不雜龍麝, 自有眞香也"하여, 대가를 모의하지 않고 자신만의 시를 지었다고 평가했다. 이렇게 진성眞聲, 진색眞色, 진미眞味, 진향眞香 등 여러 번 진眞을 강조했다. 그렇다면 진이란 어디에서 생기는가? 바로 나다운 것이 진이다. 혜환은 김숙과 이성중의 불우한 삶을 위로하는 데 초점을 맞추었다. 그들의 시는 남달랐지만 세상의 인정을 받지는 못했다.

이러한 남다른 시에 가장 부합하는 시를 지은 작가는 역시 이언진이었다. 혜환은 독자적인 견해를 가지게 된 후, 참다운 견해眞見와 참다운 재주眞才로 보완한 뒤, 참다운 성취가 있게 된다고 역설한다. 그러나 이언진은 세상에 알려지기도 남을 이기기도 원치 않았다. 애초부터 그럴 수 없다는 것을 알았기 때문에 상자 속에 보관된 시문처럼 그는 세상에 대해 마음의 문을 닫았다. 혜환은 그의 아픈 모습을 보면서 자신의 불우不遇도 함께 읽었다. 세속에서의 보상이 좌절되었을 때 선보이는 작품이야말로 '참다운 소유眞有'가 될 수 있다. 그렇다면 세상에서의 소외감도 극복이 가능하다. 혜환은 그를 위로하면서 동시에 스스로를 위로했다.

용은 살고 있지 않다

그는 어떤 사실이나 현상에 대해서 끊임없이 회의하고 재고한다. 그래서 그의 글에는 다양한 가치가 공존한다. 그는 열린 사고방식의 소유자였다. 단단하고 견고한 가치에 대해서도 전복을 시도하는 그의 글에는 세상의 비의秘意를 깨달은 자의 인식이 드러나곤 한다.

> 무술년戊戌年 봄, 두미호斗尾湖에 용이 있어 이따금 나타난다는 말이 있었다. 서울 사람 중에 소문을 듣고 가본 사람도 있었다. 뒤에 두미호에 사는 사람에게 물어보니 말짱 거짓말이었다.
>
> 이해 겨울에는 얼음이 얼지 않았다. 그런데 어떤 이는 지난 무술년 겨울에도 얼지 않았다고 하고, 또 다른 이는 얼었다고도 한다. 가깝기로는 50리요, 멀기로는 겨우 60년밖에 안 되는데도 (이처럼) 믿기 어려운데, 하물며 외국과 전 세대의 일에서랴? 그러므로 "『서경』을 다 믿는다면 『서경』이 없는 것만도 못하다"라고 말씀하신 것이다.[39]

당시에 두미에는 용이 살고 있다고 알려져 있었으니, 다른 기록에서도 찾아볼 수 있다. 그러나 실상 그곳에 사는 사람들은 금시초문이었다. 거리상으로 50리 떨어진 곳에서 벌어진 일이고 시간상으로는 60년밖에 지나지 않은 일이었는데도 사건의 진상을 밝히기는 어렵다. 이런 이치라면 외국에서 벌어진 일이나 전 세대

「심사정 필 운룡도沈師正筆雲龍圖」, 심사정, 종이에 먹, 50.9×113.9cm, 국립중앙박물관.

에서 있었던 일은 더더욱 믿을 것이 없는 셈이다.

이 글은 마치 네스호의 괴물 이야기를 연상시킨다. 수십수백 년 동안 실체는 없고 이야기만 분분한 괴물 이야기 말이다. 세상에 기이하다고 알려진 것은 무수히 많다. 그러나 그중에 진짜로 기이한 것은 얼마나 될까? 기이함은 대개 무지에서 만들어지고, 그 무지는 또 다른 실체를 만든다. 혜환은 두미호에 출몰한 용 이야기를 통해 무엇을 말하려는 걸까? 용이란 종교나 이념, 이론과 전범을 의미한다고 볼 수도 있다. 꼭 믿고 지켜야 한다고 철석같이 믿지만 실상은 없는 허상 말이다. 현재는 철저히 외면하면서 과거에서 답을 찾는 일도 이와 다를 바 없다. 사람들은 평범하고 일상적인 것에는 관심이 없다. 존재하지도 않을 신화와 우상을 만들어내면 그것이 진실을 호도하고 억압의 기제로 작용한다. 이런 맥락에서 또 다른 글 한 편을 살펴보자.

예로부터 "대유령大庾嶺 위의 매화는 남쪽 가지가 지면 북쪽 가지가 곧 핀다"고 했다. 나는 오령五嶺이 모두 남방에 있는데 유독 유령庾嶺만이 그러한지 의심했다. 뒤에 『지지地志』를 보니 "매현梅鋗은 정수湞水 가에 살았다. 오예吳芮를 따라 종군해서 공을 세웠으니 매령梅嶺은 곧 그의 봉토封土였다. 이후에 매현이 장수 유승庾勝 형제를 (그곳에) 머물며 지키게 해서 대유령이라 이름을 붙인 것이지, 고개 위에 매화가 있음을 이른 것이 아니었다"고 했다. 애초에 세상에 전하는 말 중에서 잘못된 것이 이와 같은 것이 많으니, 오직 소고小姑와 팽랑彭郞뿐이 아니라는 것을 이제야 알게 되었다.

옹정雍正 연간에 유신儒臣들에게 특별히 명령하여 종사할 여러 현인을 상세히 의논하라고 하자, 제갈무후諸葛武侯가 이에 양무兩廡(동무東廡와 서무西廡)에 배열配列되었다고 한다. 공론公論이 백세百世 만에 비로소 정해졌으니, 우주를 지탱하고 인륜을 바로 세운 사람은 성무聖廡(문묘文廟를 가리킴)에 당당하게 올라야지 잠시라도 이분을 빠뜨려서는 안 될 것이다.[40]

대유령大庾嶺은 중국 오령 가운데 하나로 장시성 대유현과 광둥성 남웅현 경계에 있으며, 주봉은 1428미터에 달한다. 대유령의 매화는 고개의 남쪽 가지에 꽃이 지면 북쪽 가지에 꽃이 피는 것으로 알려져 있다. 언제부터인지 몰라도 사람들은 그러한 사실을 철석같이 믿고 있다. 대유령은 이규보, 김시습의 시를 비롯해 한중 문인들의 문집에 심심치 않게 등장한다. 그런데 찬찬히 살펴보니 정작 대유령은 매화와는 아무런 관련이 없다. 오예吳芮의 별장이었던 매현梅鋗이 유승庾勝 형제를 파견하여 남월南越을 정벌하고, 이 고개를 지켰기에 붙은 이름일 뿐이다.

혜환은 도종의陶宗儀가 편찬한 총서 『설부說郛』에 수록된 추굉보鄒閎甫가 지은 『광주선현전廣州先賢傳』 「매현梅銷」이라는 글을 통해 이것이 사실은 매화와 관련 있는 것이 아니라는 사실을 밝힌다. 어디 세상에 이런 일이 이뿐일까. 소고산小孤山과 팽랑기澎浪磯는 각각 '소고산小姑山'과 '팽랑기彭郎磯'로 바뀌어, 팽랑이 소고의 사위로 알려지게 되었다. 구양수歐陽修의 『귀전록歸田錄』에 나오는 이야기다.

그다음으로는 제갈공명을 문묘文廟에 배향한 이야기를 다룬다. 제갈량(181~234)과 같은 천하의 재사才士가 옹정雍正(1723~1735, 청대 세종世宗의 연호) 때가 되어서야 문묘에 배향되었으니, 그의 명성에 비한다면 매우 소홀한 대접이었다.

대유령이나 소고, 팽랑이 본의本意와 전혀 다르게 와전된 것처럼 세상의 평가란 꼭 정당하게 매겨지지 않는다. 제갈공명 같은 현신賢臣이라면 진작에 문묘에 배향되었을 것 같지만, 청나라에 와서야 배향되었다. 간신이 충신이 되기도 하고 충신이 간신이 되기도 하며, 대가大家가 뒷방 노인네 취급을 당하고 변변찮은 사람이 대가 대접을 받으며 큰소리치기도 한다. 여기에는 후대의 정치적 고려나 상황이 강하게 작용하기도 하는 법이다. 당대에 정당한 대접과 인정을 받지 못했던 자신의 불우에 대한 아쉬움도 내비친다.

가짜 같은 진짜, 진짜 같은 가짜

호랑이는 깊은 산속에 살아서 사람들이 쉽게 보기 어렵다. 옛날 책에서 말하기를 "호랑이의 씩씩하고 괴이함이 악귀와도 같다"고 했고, 화가들이 그린 그림을 보면 건장하고 걸출한 사나운 호랑이의 모습만 부각돼 있다. 나는 '세상에 어떻게 이처럼 울부짖는 기이한 동물이 있을 수 있는가?' 생각했다.

신유년辛酉年(혜환이 34세 때) 광주廣州에서는 사나운 호랑이 때문에 골치를 앓아 관에서 호랑이를 잡을 수 있는 사람을 모집하여 상을 주었다. 사냥꾼 아무개가 연거푸 호랑이 여러 마리를 죽이자 형님인 죽파공竹坡公(이광휴李廣休)이 그 소식을 듣고는 후한 값을 치르고 황화방皇華坊(현 정동) 집으로 가져오게 했다. 죽은 호랑이를 채 몇 리도 옮기기 전에 거리는 이미 인파로 가득 차서 뿌연 먼지가 천지를 뒤덮었다. 호랑이가 이르자 문 쪽에 앉아 있던 손님들이 모두 소름이 끼쳐 얼굴빛이 하얗게 질렸다.

이렇게 해서 마당에 누워 있는 죽은 호랑이를 마음껏 보게 되었다. 그런데 큰 이빨과 갈고리 같은 발톱은 대개 맹금류와 같았으나 이전에 그림이나 책에서 보고 들은 것만 못했다. 여기에서 어질고 뛰어난 인물로 책에 실려 있긴 하나 눈으로 직접 보지 못한 사람 중에서 이 호랑이 같은 경우가 많음을 알 수 있다.

일찍이 듣기로 어떤 재상의 집에 보관된 '새끼 밴 호랑이

「소나무 아래 용맹한 호랑이金良驥筆松下猛虎圖」, 김양기, 종이에 색, 40.1×122cm, 국립중앙박물관.

그림乳虎圖’은 진晉나라와 당나라 연간의 물건이라 전해진다. 그 그림의 괴이하고 사나움은 지금 세속에서 그리는 것에 못 미치는 것 같지만, 개들이 그림을 보자마자 벌벌 떨며 도망가고 숨는다고 한다. 그런데 다른 그림으로 시험해보면 그렇지 않았다고 한다. 가축도 속일 수 없는 것이거늘, 사람이 도리어 진짜와 가짜에 현혹되어 헛되이 떠들기만 하는 것은 어째서인가?[41]

이 글은 호랑이를 직접 본 이야기다. 예나 지금이나 호랑이를 옆에서 직접 보기는 쉽지 않았다. 아무런 의심 없이 책이나 그림을 통해서 접했던 호랑이를 실제의 호랑이라 믿고 있었다. 그러다가 실제로 호랑이를 보게 되니 여태 믿고 알던 호랑이는 아니었다.

사람도 이와 다를 것이 없다. 대단한 업적과 성취를 보인 사람도 거리와 시간이 멀어질수록 기억에서 사라진다. 그 사람에 대한 기록이 그 자리를 대신하지만, 그것과 실제의 그 사이에는 큰 간격이 존재하기 마련이다. 어질고 뛰어난 인물들도 초라하게 죽어서 자빠져 있는 호랑이와 다를 바 없다. 어짊과 뛰어남은 사람들이 만들어낸 호랑이의 발톱과 이빨이나 매한가지다.

진짜와 가짜는 구별하기 어렵고, 때로는 가짜가 더 진짜 같다. 혜환은 익숙한 가치에 대해 반기를 든다. 그의 진眞과 안贋, 진眞과 환幻, 졸拙과 교巧에 대한 시선은 흥미롭다. 시是와 비非가 전도되기도 하고, 현인賢人이 우인愚人에게 부려지기도 하며, 불의不義가 정의正義를 이기기도 한다.

처신함에는 약삭빠르고, 벗을 사귐에는 얼굴로 사귀고, 말은 밀랍과 같으며, 시문詩文은 남의 것을 흉내내기만 하지만, 기용器用과 복식服食에 이르러서는 신이新異하고 기묘奇妙하여 무엇이라 이름 붙여 형상할 수 없을 정도이며 심한 자는 천지조화가 혹 공교로움을 다하지 못했다고 못마땅하게 여겨 조화옹과 더불어 공교로움을 다투려고 하는 것이 극에 이른다. (이렇게 되면) 그 형세는 졸拙로써 받지 않을 수 없게 되는 것이니 한번 졸하게 되면 백 가지 공교함이 쉬게 되어, 마음이 편하고 몸이 태연하게 된다. 나의 친구 신처사申處士는 이 때문에 겸謙괘로 자목하여[42] 손巽괘로 들어가고[43] 간艮괘로 멈춰서[44] 둔遯괘로 숨은 자이니[45] 실로 처사處士가 입명立命하는 부절이다. 아! 빠른 것은 해로움을 사게 되고, 지혜는 걱정을 사게 된다. 그러므로 산 원숭이는 화살을 맞고 앵무새는 갇히게 된다. 또 까치의 둥지에 비둘기가 살고[46] 벌꿀을 사람들이 달게 여기니[47] 마땅히 선택하는 바를 알아야 할 것이다.[48]

세상에는 약삭빠른 사람이 너무도 많다. 그래서 약삭빠른 사람들이 우직한 사람들을 우습게 여긴다. 그러나 정작 그 약삭빠름이 제 발목을 잡게 마련이다. 그렇다면 졸拙함은 졸함이 아니고 교巧함도 교함이 아니다. 역설적으로 졸함은 교함이 되고, 교함은 졸함이 된다. 이 글은 경세적 진언과도 같다. 혜환은 무엇을 말하고자 하는가? 언뜻 세상의 흐름과 역류하는 듯 보이지만, 결국 그것이 세상을 온전히 사는 법임을 말하고 있다. 교와 졸에 대한 좀더 구체적인 언술을 보자.

일찍이 종이에 획을 그어서 두 갈래 길을 만들었다. 하나
는 졸拙이란 글자를 썼고, 하나는 교巧란 글자를 썼다. 졸
로拙路에는 고금의 졸한 자의 성명을 약간 쓰고, 교로巧路
에는 고금의 교한 자의 성을 약간 썼다. 천천히 그 평생
을 궁구하건대 졸로에는 대개 처음에는 막혔다가 마침내
는 형통한 사람이 많았고, 교로에는 대개 앞서는 영달했
다가 후에는 고달프게 된 자가 많았다. 드디어 위연喟然히
탄식하며 말하기를 "이는 진실로 화복禍福과 생사가 나누
어지는 곳으로 삼가지 않을 수 없다. (…) 그런데 세상의 군
자 중에는 지혜로운 사람이 매우 드물다. 그러므로 혹 재
주가 높아 다른 사람들의 시기를 사게 되고 혹 벼슬이 이
루어져도 재앙을 부르는 것이니, 마땅히 생각을 하여 두
려움을 일으켜야 할 것이다. 아! 충신, 효자, 절부節婦, 의사
義士 중에는 모두 졸직拙直한 사람이 많다. 그 마음은 오직
충효忠孝, 절의節義가 중요함을 알아서 마땅히 행동해야 하
기 때문에 즉시로 행동하고 다시는 털끝만큼이라도 지혜
를 써서 공교롭게 피할 생각이 없었기 때문이다. 경박하고
재빠르며 기민하고 권도를 잘 부리는 저 무리는 명성과 이
득과 총애와 녹봉이 반드시 남보다 앞에 있다. 그리하여
분수를 지켜 질박함을 안고 있는 자를 보면 비웃으면서
둔졸鈍拙하여 쓸모가 없다고 여긴다. 그러나 사람들이 자
기를 교환巧宦과 교추巧趨로 지목하면 곧 발끈 성냄이 안색

에 드러나게 되고, 박졸朴拙하다고 바꾸어 부르면 기뻐하는 것은, 진실로 졸한 것으로 길덕吉德(미덕美德)을 삼고 교는 이것과 반대가 되는 까닭이다.[49]

이 글은 졸한 사람들과 교한 사람들을 비교해서 설명하며 교와 졸의 묘한 역설을 보여준다. 결국 졸해야 교해질 수 있다는 말이다. 혜환은 세상의 가치를 전복하고 해체한다. 마지막 부분은 요즘의 세태에 적용해도 무리가 없다. 기민하고 권모술수에 강한 사람은 우직하고 정직한 사람들을 비웃고 손가락질하지만, 자신에게 기민하고 권모술수가 강하다 하면 "나를 어떻게 보느냐?"고 성질을 낸다. 혜환은 이렇게 세상을 통찰하고 있었기에 처세에 능했을까? 그렇지 않을 것이다. 오히려 세상의 향배向背가 시시하고 한심해 보였을 것이다. 콜린 윌슨의 『아웃사이더』에 나오는 "병인가? 통찰력인가?"라는 구절이 생각난다.

내가 세상의 군자들을 보니 스스로를 높이고 남을 업신여기며, 뜻을 방자히 하고 큰소리치는 사람이 많았다. 유독 권언후權彦厚 군은 뜻에 차지 않아 부족하게 여기는 듯하고, 겸손하여 무능한 듯이 여기므로 그 낯빛이 마음에 부끄러워하는 바가 있어서 얼굴에 나타난 것이 있는 듯했다. 괴이하게 여겨 물으니 머뭇거리다가 한참 후에 말했다. "저는 천지天地를 대하기가 부끄럽습니다. 천지는 일찍이 수많은 성현을 부재覆載하여 주었는데,[50] 지금은 저를 부재해주고 있기 때문이고, 해와 달을 보는 것이 부끄럽습니다. 해와 달은 일찍이 수많은 성현을 비추어주었는데 지금 저를 비추어주고 있기 때문입니다. 또 저는 음식과 거처를 고인과 더불어 같이하고, 눈으로 보고 귀로 들으며 손으로 잡고 발로 가는 것을 고인과 같이합니다. 그중에 같지 않은 것은 하나의 재주와 하나의 재능에 있어서 고인은 물론이고 또한 대개는 지금 사람들만도 못한 것이 있기 때문에 그러합니다"라고 했다. 내가 그를 위해 얼굴빛을 고치며 말했다. "자네는 부끄러움을 아는 자이니 부끄러움을 멀리할 수 있을 것이네. 자네가 일찍이 그 집의 편액을 구했는데 이로 편액을 삼는 것이 좋을 것 같네"라고 했다. 기를 청했다. "나 또한 자네의 부끄러움을 부끄러워하는 사람이다. 그대를 위해 기를 짓는 것이 곧 내 스스로를 말하는 것이다"라고 했다.[51]

부끄러워할 사람은 부끄러워하지 않는다. 잘못한 사람은 잘못했다고 말하지 않는다. 늘 부끄럽다고 말하는 사람은 부끄럽지 않은 사람들뿐이다. 세상에서 정말 부끄러운 일은 부끄러움이 없다는 것이고, 세상에서 가장 무서운 것은 무서운 것이 없다는 사실이다. 부끄러운 것은 어제 그렇게 살아서가 아니라 오늘도 그렇게 살기 때문이다. 그렇다면 매일매일 살아가는 것이 부끄러운 일 천지다. 이 글의 주인공은 아마도 소심하고 내성적인 사람이었을 것이다. 그를 통해 혜환은 무엇을 말하고 싶었던 걸까? 결국은 부끄러워할 줄 모르는 당대 지식인에 대한 통렬한 비판이 아니었을까.

태어나면서부터 아는 것보다 더 아는 것은 없다. 그러나 아는 것은 이치다. 명물名物이나 도수度數와 같은 것은 반드시 묻기를 기다린 뒤에야 알게 된다. 그러므로 순임금은 묻기를 좋아했으며 공자는 예를 묻고 관官을 물었으니 하물며 이보다 못한 자에 있어서랴! 나는 일찍이 『본초강목本草綱目』을 읽었다. 그 후에 들판을 다니다가 풀줄기와 잎이 부드럽고 살진 것을 보고 그것을 캐려고 시골 아낙네에게 물으니 아낙네가 이르기를 "이것은 초오草烏라고 하는데 큰 독이 있답니다"라고 하기에 나는 깜짝 놀라서 버리고 갔다. 대저 『본초강목』을 읽었으나 거의 풀에 중독될 뻔하다가, (아낙네에게) 물어 겨우 면한 것이다. 천하의 일을 자세히 살펴 묻지 않고 망령되이 단정할 수 있는가? 살펴보건대 『설문해자說文解字』에 "문問이란 의심나는 것을 질정하는 것"이라 했다. 세상 사람 중에는 스스로 지혜롭다고 여겨 묻기를 부끄러워하느라, 의심나는 영역에서 살다가 죽는 사람이 많다. 오직 신원일申原一 군만은 성품이 묻기를 좋아한다. 학술學術의 같고 다름과 의리의 취사는 말할 것도 없고, 비록 예사로운 자구字句로서 일찍이 이미 대략 알고 있는 것도 반드시 강구講究하고 심역尋繹해서 환하게 명백해진 후에 그쳤으니 그 진보함을 헤아릴 수가 없다. 내가 그를 위해서 「호문설好問說」을 지어주노니, 그대는 이것을 가지고 대중에게 묻고 남은 뜻이 있거들랑 다시 와서 나에게 물어라.[52]

『본초강목』(에도시대 신교정본), 이시진, 17.2×24.2cm, 국립중앙박물관. 『설문해자』(청말 간
행본 추정), 허신, 19.4×29.7cm, 국립중앙박물관.

　이 글은 묻기를 좋아하는 사람에게 주는 글이다. 끝까지 읽어
보면 저절로 미소를 빙그레 머금게 한다. 이 글에서 떠오르는 풍
경 하나가 있다. 교실에서 "선생님 있잖아요"라며 거듭 시답잖은
질문을 청하는 학생의 모습이다. 글의 앞부분에서는 물음의 가치
나 의미에 대해 높게 평가한다. 그러나 정작 혜환이 하고픈 말은
마지막에 있다. "내가 그를 위해서 「호문설」을 지어주노니, 그대는
이것을 가지고 대중에게 묻고 남은 뜻이 있거들랑 다시 와서 나
에게 물어라余爲作好問說贈之, 君其持此以問於衆, 如有遺義, 復來問我"라는
구절에 답이 들어 있다. "다른 데 가서 묻고 찾아보고 그래도 정
안되면 찾아오라"는 뜻이다. 표면적으로는 질문을 칭찬하는 내용
인 것 같지만, 속뜻은 가치 없는 질문을 줄기차게 물어대는 제자
에 대한 따끔한 충고다. 처음에는 물음에 대한 정의, 다음에는 호
문好問과 관련된 고금古今의 사례, 물음과 관련된 자신의 체험, 마
지막으로는 전달하고자 하는 본의本意를 담아 물 흐르듯 서사를
전개하고 있다.

산다는 일의 재발견

경자년庚子年 여름은 오래 가물어서 햇볕이 불과 같았다. 그런데 문득 비가 그친 뒤 북쪽 창문 아래에서 서늘함을 맛보았다. 가지고 있던 고금의 이런저런 그림을 들추어보다가 심사정沈師正의 「어장도漁莊圖」를 보고 놀라서 말하길 "어찌 내 친구 만어옹晩漁翁의 거처와 이다지도 비슷한가?" 라고 했다. 옹(만어옹)이 그 정자의 기문을 지어달라고 한 지 며칠이 지났는데, 우연히 잊어버리고 있다가 지금 비슷한 그림 때문에 생각이 퍼뜩 떠올랐다. 서둘러서 벼루에다 처마 물을 받아서 먹을 갈고 붓을 적셔 글씨를 써서 기를 짓는다. 옹은 어부가 아니고 일찍이 조정에서 벼슬하여 사우士友들의 맹주盟主가 되었다가, 얼마 후 싫증이 나자 이 정자에서 쉬면서 스스로 육구몽陸龜蒙과 장지화張志和의 반열에 들었다. 낚시터와 다리가 있는 곳에 위치하고, 갈매기나 백로를 부서部署로 삼고 있는 그 정자는 호숫가에 있었다. 호수의 물결은 난간에 비치고, 물가의 풀과 꽃들은 향기를 다투며 색깔을 희롱하여 즐거운 구경거리가 되어주었다. 게다가 밀물과 썰물이 들고 나면서 거품이 일었다 사라졌다 하는 모습에서 천지간의 온갖 변화하는 이치를 볼 수 있다. 반가운 손님이 올 때마다 그물로 물고기를 잡아 술안주로 삼고, 자식들에게 옛날의 어부사漁父辭를 노래하게 하면 매우 즐거워서 늙는 것도 잊을 수 있다.

삶을 사는 방법에는 바쁜 것과 한가로운 것 두 가지가 있다. 바쁜 사람은 남의 눈치나 보면서 손발을 자신의 소유로 삼지 못한 채 일생을 마치게 되고, 한가로운 사람은 여유 있게 조물주가 자신에게 준 것을 다 누린다고 한다면, 옹의 하루는 다른 사람의 100일에 해당되는 셈이다. 또한 소상강瀟湘江과 동정호洞庭湖, 초계苕溪와 입택笠澤은 세상에서 칭찬을 받는 곳들이지만 가져올 수는 없으니 눈앞에 한 굽이 호수의 좋은 경치는 만 리의 상상을 달리게 한다. "남의 자애로운 조부가 되기는 쉬워도 운치가 있는 조부가 되기는 어렵다"라는 말도 있는데 대개 인자함은 항상 있을 수 있지만, 운치가 있는 것은 특별하기 때문이다. 지금 옹의 마음은 높고 넓음에 기대어 있고, 운치 또한 높고 넓으니 그는 장차 권씨가문權氏家門의 운치 있는 조부가 될 것이다.[53]

만어정은 마포에 있던 권사언의 유명한 정자 이름이다. 경자년(1780)에 지어졌으니 혜환의 말년 작품으로, 삶에 대한 관조가 돋보이는 글이다. 이는 은퇴한 친구에게 주는 글인 동시에 자신의 노년을 반추하는 글이기도 하다. 혜환은 문자 유희를 상당히 즐긴다. 대개 그것은 파자破字를 하는 등의 방식으로 진행되는데, 여기에서는 삼수변氵과 관련된 글자의 조합으로 호수에 위치한 정자의 기문을 완성했다. 漁, 江, 波, 潮, 汀, 渚, 汐, 湢, 泡, 消, 酒, 瀟, 湘, 洞, 溪, 澤 등 십수 가지 글자를 사용하여 호수에 임한 정자의 분위기를 한껏 살려주고 있다.

만어정은 호수에 위치해 있다. 주위 풍경은 조용하고도 아름답다. 물결이 그림자 지기도 하고, 물가의 꽃들은 향내를 풍긴다. 조수와 석수는 들어왔다 나가기도 한다. 여기에 손님이 찾아오면 술을 마시거나 자손으로 하여금 노래하게 한다. 그렇다면 바쁘게 사는 것만이 옳은 삶인가? 바쁜 자忙者와 한가한 자閑者에 대한 새로운 해석이 이채롭다. 바쁜 자는 옳고 한가한 자는 그르다는 것이 통념이다. 혜환은 바쁜 자는 자기 삶의 주인이 되지 못한다는 사실과 한가한 자는 자기 삶의 주체가 된다는 사실을 대비시켰다. 이를 통해 한가함을 '조물주가 자신에게 부여한 모든 것을 누리는 것'으로 해석한다. 그렇다면 자신이 주체가 되는 하루는 남들의 100일에 해당되고, 그것을 뒤집어 생각하면 남들이 100일을 산다 해도 옹의 하루에도 미치지 못한다는 뜻이 내포되어 있다. 정리해보면 자신이 주체가 되는 삶이 아니라면 그것은 헛된 삶이란 의미까지 담고 있는 셈이다. 당시 한가함에 대해서 이런 방식으로 독특하게 해석한 작가는 매우 드물다.

혜환은 삶의 질이나 가치에 새로운 시선으로 접근한다. 삶에 대한 집요한 천착과 재해석이 있어야 나올 탁견이 그의 산문 곳곳에서 보인다.

> 형강荊江의 승경은 초계苕溪, 삽계霅溪와 우열을 다툴 만하며, 그 땅도 비옥하여 고목과 좋은 대나무가 많이 난다. 나무꾼이며 농부들이 사는 집, 고기 잡으려 설치한 시렁과 게 잡으려 꽂아둔 대나무들이 보일 듯 말 듯 흩어져 있는데 그 가운데 평평하게 트인 곳에 나의 벗 권 처사가 살고 있다. 그는 이곳이 늙은 육신을 편안히 쉬일 장소라고

생각하여 편액을 '낙소樂蘇'라 했다. 처사는 세상 사람들이
추구하는 화려하고 고운 볼거리를 모두 물리치고 관여하
지 않았으니, 평소에 달리 뜻을 둔 데가 있는 것이다.

대개 사는 데 제일 긴요한 것은 '생활을 풍족하게 하는 것
厚生'이다. 그러므로 『논어』에서 공자가 "밥은 잘 정제한 쌀
로 지은 것을 선호했고, 회는 가늘게 썬 것을 선호했으며,
잘못 익힌 음식은 먹지 않으셨다"고 했다. 그런데 밥은 반
드시 벼로 지어야 하고, 회는 반드시 생선으로 떠야 하며,
익히는 데는 땔나무가 필요하다. 이런 것은 모두 날마다
쓰는 생필품인데도 사람들은 중요시하지 않는다. 그러므
로 처사가 이를 들어서 편액에 썼으니, 육서六書 가운데 회
의會意의 원리와 비슷하다. 이렇게 함으로써 현판을 보는
이들이 '거친 음식으로는 육신을 기를 수 있지만 잘 정제
된 음식으로는 인성을 기를 수 있다'는 사실을 알게 했다.
처사가 즐거워하는 바는 비록 하찮은 것 같으나 실은 그
무엇과도 바꿀 수가 없는 것이다. 그러하니 처사는 도道에
가까운 사람이다.[54]

낙소樂蘇란 쉬는 것[蘇]을 즐거워한다[樂]는 의미다. 글의 전반
부에서는 네 자의 구를 연속으로 네 번 사용해 낙소와 주변 경
관에 대해 기술했다. 글의 중반에는 "대개 사는 데 제일 긴요한
것은 생활을 풍족하게 하는 것盖有生之所急者, 爲厚生"이라 하여 사
는 일 중에 가장 시급한 것은 살림임을 강조하고 그 근거를 『논
어』에서 제시했다. 그다음 "밥은 잘 정제한 쌀로 지은 것을 선호

했고, 회는 가늘게 썬 것을 선호했으며, 잘못 익힌 음식은 먹지 않으셨다食必以禾, 鱠必以魚, 飪則須薪"는 구절이 등장한다. 이 구절은 '소蘇'라는 글자를 파자하여 얻은 '초艸, 어魚, 화禾'에서 나온 것임을 알 수 있다. 산다는 일은 벼로 밥을 해먹고, 물고기로 요리해 먹으며, 땔감으로 따뜻하게 하는 것에 불과하다고 말했다. 결국 삶이란 거창한 것이 아니라 살림을 영위하는 과정이란 깨달음에서 나온 글이다.

이 기문은 '소蘇'를 파자하여 대부분의 논지를 펼치고 있으니 상당히 독특한 방식이라 할 수 있다. 거대한 담론이나 이념이 담겨 있지는 않지만, 산다는 것에 대한 응시와 성찰이 엿보인다.

나 나
의 만
글 쓸
   수
   있
   는

3

시문詩文의 관례를 뛰어넘어
고단한 삶을 위로하다

조선시대에는 문체文體나 시체詩體에 따라 내용과 형식에 대한 규정이 엄격했다. 그러나 혜환은 일반적인 시문詩文의 관례를 무시하거나 뛰어넘었다. 오히려 문체나 시체를 형식적인 실험의 대상으로 삼았다. 그러한 실험 정신은 의례성이 강한 시문詩文에서 더욱 빛을 발한다.

제문祭文은 죽은 사람을 위로하는 글이다. 죽음은 엄숙함을 강요한다. 그래서 제문은 대개 대상만 달라지고 내용은 대동소이했다. 죽은 사람을 놓고서 이러쿵저러쿵 시답지 않은 말을 할 수는 없으니 칭찬 일색으로 포장하기에 바빴다.

통상 제문은 크게 서두, 본문, 결어 세 부분으로 구성된다. 서두에서는 제사 날짜와 고인故人을 밝히고, 본문에서는 고인에 대한 칭송 또는 애도의 내용을 적으며, 결어에서는 몇 마디를 덧붙여 상향尙饗으로 마무리한다. 보통 문집에 수록할 때 서두와 결어 부분의 상투적인 어구는 대부분 삭제한다.

아무 해 아무 달 아무 날에 정수 노인이 죽어서 장사를 치르게 되었다. 일가의 아무개가 술잔을 들어 그를 마지막으로 보내며 말했다.

그대는 세상에 있을 때도 늘 세상을 싫어했지요. 이제 돌아가는 곳은 먹을거리와 입을거리를 마련할 일도 없고, 혼례나 상례의 절차 따위도 없으며, 또 손님을 맞는 일도 없고, 편지나 물건을 왕래하는 예법도 없으며, 세상의 차디찬 인심이나 옳다 그르다 따지는 소리도 없을 것입니다. 다만 맑은 바람과 밝은 달빛, 들꽃과 산새만이 있을 터이니, 이제부터는 항상 한가로울 수 있겠습니다. 그대가 이 말씀을 들으신다면 내 마음을 아는 말이구나 하며 고개를 끄덕이시겠지요. 흠향歆饗하시옵소서.[55]

이 글의 주인공인 정수睛叟[56]는 혜환의 시문에 여러 번 등장한다. 이 제문은 서두, 본문, 결어의 세 부분이 온전히 갖춰져 있는데, 혜환의 제문 중 세 부분을 모두 갖추고 있는 작품은 이것이 유일하다. 이 제문은『혜환잡저』에서는 빠져 있고, 작자 미상의『강천각소하록江天閣銷夏錄』에만 실려 있다. 「정수 제문祭睛叟文」은 총 88자로 혜환의 제문 중 가장 짧다. 기존 제문의 형식을 따랐지만 내용은 상당히 파격적이다.

이 글은 고단한 삶을 산 일가—家 사람에 대한 진혼곡이다. 이 인물에 대해서 소묘했지만 이 사람이 어떤 사람인지 떠올리기는 어렵지 않다. 염세주의자에다 형편도 넉넉지 않았으며, 인사치레에도 익숙지 않았으니 부적응자의 초라한 죽음이었다. 그런데 이제 그 지긋지긋했던 세상을 떠나 무덤에 묻혔으니 거기서 오래도록 한가롭게 보내라고 했다. 어찌 보면 자랑할 것이라곤 하나 없는 세상살이에 실패한 사람이었다.

이 제문에는 추도의 말, 행적 따위는 실려 있지 않으니 일반 제문과는 많은 차이를 보인다. 이처럼 혜환에게 형식적인 표지란 무의미하다. 그에게 상투적인 표지란 무조건 따라야 할 관습적인 억압이 아니라 상황에 따라 변주를 시도할 수 있는 실험 대상이었다.

혜환의 제문에 등장하는 주인공들은 대개 아주 곤궁한 인물이거나 성격에 결함이 있는 이가 많다. 어찌 보면 그런 삶에서 뚜렷하게 내세울 만한 것이 있을 리 없다. 이때 작가가 흔히 사용하는 방법은 윤색과 포장이다. 그런 방법이 상식적으로 죽은 사람에 대한 예우이자 예의라 생각할 법하다. 그러나 혜환은 그런 삶들을 포장하지 않고 날것 그대로 노출한다. 초라한 사람들에 대한 의미 없는 윤색은 초라함을 더욱 배가시킬 뿐이다. 혜환은 그다운 추도 방식을 택했다.

조물주와 맺은 계약서

집을 짓고, 계약서가 만들어진 후 몇 년 만인, 태세太歲는 신辛방에 있고, 월덕月德은 병丙에 있을 때 마땅히 문서를 작성하여立券 집과 바꾸어야 했다. 문서의 내용은 이렇다. "이 세상에 사는 아무개 선비가 집 한 채를 조물주에게서 샀다. 집은 모두 몇 칸인데, 빙 둘러 있는 잡목雜木이 몇 그루이며, 산을 등지고 물에 임했다. 왼쪽은 진방震方이요, 오른쪽은 태방兌方이다. 가격으로 동전銅錢 수백 냥을 준다. 문서가 만들어진 뒤에는 세월이 지나, 우주가 다할 때까지 영원히 다툴 사람이 없을 것이다"라고 했다. 혜환도 인惠寰道人은 남해대사南海大士의 전례前例에 의하여 보증을 서노라.[57]

이 글은 현대식으로 말하자면 주택 매매 계약서다. 희작戱作의 성격이 강한 글로 조물주와 전세 계약을 맺는다는 내용을 담고 있다. 정덕승은 정후조鄭厚祚(1753~1793)로 덕승은 그의 자인데, 정운유鄭運維의 아들이며 정철조鄭喆祚의 동생이다. 그는 형과 함께 정상기의 지도를 바탕으로 수정, 편집하여 더 뛰어난 해주본海州本을 제작하기도 했다. 그의 여동생이 이용휴의 아들 이가환李家煥과 혼인했으므로 이용휴와는 사돈지간이다. 혜환은 그를 위해 「연명硯銘(정덕승을 위해 짓다爲鄭德承作)」을 지어주기도 했다.

자기 땅에 자기 집을 짓는 것을 조물주와 계약 맺는다고 표현했으니, 발상이 독특하다 할 수 있다. 실제로 어떤 이의 주택을

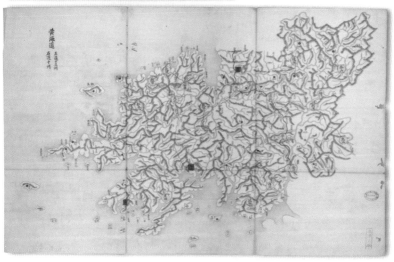

정상기의 『동국지도東國地圖』(위)와 정철조·정후조 형제가 수정한 해주海州신본 『좌해지도左海地圖』 사본.

매수한 것으로는 보이지 않는다. 아마도 집은 우여곡절 끝에 지어진 것 같다. 그런 그를 위로하고 격려하기 위해 혜환은 계약서를 써서 기문記文을 대신했다. 집의 원래 주인은 조물주에다 보증인으로는 남해대사의 전례에 따라 자신을 세웠으며 주택의 유지 기간은 우주가 다할 때까지로 정해놓았다. 스케일이 이만저만 큰 것이 아니다.

그는 관례적 형식을 아예 무시하면서 이야기를 끌어나가는가 하면 관례적 형식을 따르면서도 격에 어울리지 않는 독특한 이야기를 담기도 한다. 그 어느 것이든 독자는 기대했던 형식의 이반離反에서 오는 신선함을 느끼게 된다.

형식을 빌려오되 형식이 요구하는 것을 그대로 따르지 않았다. 주택 매매 계약서라면 응당 갖춰야 할 실질적인 정보는 누락하고, 집과 토지의 규모, 위치, 가격, 집주인, 보증인, 문서의 효력 기간의 꼴만 갖추었다. 그 대신 우주, 조물주, 남해대사 등을 등장시켜 남다른 스케일을 보여준다. 몇 칸 안 되는 초라한 집에 붙인 거창한 계약서를 써주어 고단한 현실과 인생을 동시에 위로했다.

그림에 쓰다

옛사람이 이르기를, "아무 산은 조화옹造化翁이 어린 시절에 만들었기 때문에 거칠다"라고 하는데, 나는 "이 산은 바로 노성하여 솜씨가 무르익은 후에 또 특별히 새로운 생각을 내어 창조한 것이다. 그렇지 않으면 천하에 어떻게 이

산과 비슷한 산이 하나도 없을 수 있겠는가?"라고 했다.[58]

옛날 어떤 사람이 꿈에서 너무나도 고운 미인을 보았다. 그런데 얼굴을 반쪽만 드러내고 있어 전체를 보지 못하니 상념이 맺혀 병이 되었다. 누군가가 그에게 "보지 못한 반쪽은 이미 본 반쪽과 똑같다"고 깨우쳐주자 그 사람은 곧바로 상념이 풀렸다고 한다. 산수를 보는 것도 모두 이와 같다.[59]

두 편은 모두 금강산을 그린 그림에 글을 쓴 제발題跋 작품이다. 예술품에 대한 제발은 송대 소동파, 황정견에 와서 많은 작품이 나왔고, 명대에 와서는 척독尺牘과 함께 소품문의 총아로 떠오를 만큼 유행하게 되었다.[60] "금강산이 거친 것은 조화옹이 어린 시절에 만들어서 성글다"라고 한 옛사람의 말에 대해 혜환 자신은 색다른 평가를 내린다. 혜환은 금강산이 거친 것은 조물주의 엉성한 솜씨 때문이 아니라 농익어서 나온 결과물이라고 했다. 이런 언급은 혜환의 말년에 보여주는 작품들을 이해하는 단초가 될 수도 있다. 그의 말년 작품들은 몬드리안의 그림처럼 아주 짧고 단순한 구성이 주를 이룬다.

『반풍록半楓錄』의 지은이는 늘 금강산 전체를 못 본 것을 속상해하다가 돌아와서 그때 지은 시문을 묶어서 이름을 『반풍록』이라 붙였다. 간단히 말하면 계획대로 이루어지지 않은 망친 여행이라 할 수 있다. 혜환은 이런 반쪽싸리 여행을 어떻게 표현했을까? 절반에 그친 금강산 유람을 반쯤 가려진 미인의 얼굴에 빗댔

『정선 필 해악전신첩鄭敾 筆 海嶽傳神帖』(보물 제1949호) 중 17면 「금강내산金剛內山」, 정선, 비단에 엷은 색, 49.5×32.5cm, 간송미술관.

으니, 나머지는 미루어 짐작할 수 있다. 그렇다면 이 글은 금강산 여행이 반쪽으로 끝난 것에 대해 유감스러울 것 없다는 취지로 지어진 셈이다. 반절의 구경을 『반풍록』이라 이름 붙인 사람이나, 그를 위해 이러한 글을 쓴 혜환이나 신선하기는 마찬가지다. 사실 그림에 대해서는 가타부타 아무런 말이 없다.

건물에 붙인 내 이야기

사람이 오늘이 있음을 모르면서부터 세도世道를 그르치게 되었다. 어제는 이미 지나갔고 내일은 아직 오지 않았으니, 무언가 하고자 한다면 다만 오늘에 있는 것이다. 이미 지난 과거는 다시 돌이킬 방법이 없고, 미래는 비록 3만 6000일이 계속 이어져 온다 하더라도 그날에는 각기 그날에 마땅히 해야 할 것이 있으니 진실로 이튿날로 미룰 만한 여력이 없다. 한가함은 경전에 실려 있지도 않고 성인도 말씀하신 적 없는데 한가함에 맡겨 세월을 보내는 사람이 있으니 괴이한 일이다. 이에 따라 우주 간의 일에 그 몫을 다하지 못하는 사람이 많은 것이다. 하늘은 스스로 한가하지 못하여 항상 운행하는데, 사람이 어찌 한가할 수 있겠는가?

그러나 오늘 해야 할 것 또한 꼭 같지는 않아서 착한 사람은 착한 일을 하고, 착하지 않은 사람은 착하지 않은 일을 한다. 그러므로 그날에 길함과 흉함, 제때와 제때 아님이 있는 것이 아니라 단지 그것을 사용하는 사람에게 달려 있을 뿐이다. 하루가 쌓여서 열흘이 되고 한 달이 되고 사철이 되고 한 해가 되니, 사람은 또한 날마다 그것 닦기를 가욕可欲으로부터 대이화大而化에 이르도록 해야 한다.

지금 신군申君은 수양하고자 하는 자로 그 공부가 오직 오늘에 달려 있을 뿐 내일을 말하지 않는다. 아! 수양하지 않는 날은 살지 않은 날이나 마찬가지니 곧 헛된 날이다. 군은 모름지기 눈앞의 밝은 것을 가지고 헛된 날로 만들지 말고 오늘을 만들어야 할 것이다.[61]

대개 상대방의 부탁으로 쓴 글은 격식을 차려 쓰기 마련이니,

문학성을 담보하기는 어렵다. 이 글은 기문記文으로, 통상 기문이란 건물의 시공과 준공 시기, 소요된 경비, 주관자, 조력자 등을 기록하는 글이다. 이처럼 기문은 객관적인 사실에 의거한다. 후대로 오면서 의론議論이 강조되기는 하지만, 혜환처럼 대부분을 의론에 할애하는 경우는 드물다. 의론은 자신의 생각을 써내려가는 것을 말한다. 혜환은 애초부터 건물 따위에는 관심이 없고 자신이 하고픈 말을 쓰는 데만 주력한다.

당일헌과 당일헌의 주인인 신군에 대한 객관적인 정보는 거의 없다고 해도 과언이 아니다. 여기에는 정작 기문을 청한 사람이나 건물에 대한 고려는 애당초 없다. 문체文體를 막론하고 객관적인 정보를 최대한 생략하고, 주관적인 의론으로 채워나가고 있다. 자신의 이야기를 하고 싶은 강렬한 욕구를 표출한 셈이다. 이렇게 되면 어떤 문제가 생길까? 자유로운 글쓰기는 가능할지 모르지만, 문체 간의 거리는 약화되고 어떤 문체이든 대동소이한 내용으로 채워질 수밖에 없다. 이것이 혜환 산문이 갖는 약점이라면 약점이라고 할 수 있다.

이 글은 오늘의 중요성을 강조한 잠언箴言 격의 내용을 담고 있다. 주희朱熹의 「권학문勸學文」[62]이나 정약용의 「도산사숙록陶山私淑錄」[63]의 한 구절을 보는 듯하다. 오늘에 대해서 이렇듯 집요하게 쓴 글도 많지 않다. 오늘이 얼마나 중요한가? 어제는 죽어버린 오늘이고, 내일은 오지 않은 오늘이다. 오늘은 허투루 낭비하면서 어제에 발목 잡히거나 내일을 열망하는 경우도 적지 않다. 공지영의 소설 『즐거운 나의 집』에서는 "마귀의 달력에는 어제와 내일만 있고 하느님의 달력에는 오늘만 있다"고 했다. 하루는 그 자체에 길흉이나 고왕孤旺이 있지 않고, 그것을 운용하는 사람에게 달려 있다. 우리가 제어할 수 있는 것은 오늘밖에 없으니 오늘에만 집중해야 함을 역설한 것이다. 위의 이야기는 오늘에 대한 작가의 생각으로만 이루어졌다 해도 과언이 아니다.

한시의 금기를 깨다

1

한 알의 낟알도 백성의 피요
한 오라기 실도 백성의 힘줄이라
여기에 언제나 마음 두어야
바야흐로 우리 임금 저버리지 않게 되리
一粒民之血, 一絲民之筋
於此常存心, 方不負吾君
_「홍성洪晟 영공令公께서 서하西河의 임지로 가는 것을 전송하며送洪光國令公之任西河」

2

먼저 백성의 고통을 없애주고
다음으로 백성의 짐을 면제해주며
게다가 백성이 좋아함을 따른다면
이를 일러 백성의 부모라 하네
先去民所苦, 次免民所負

又從民所好, 此謂民父母

「정사군이 서주의 임지로 가는 것을 전송하며送鄭使君之任舒州」

3

먼저 형벌 지나치지 않도록 하고

다음은 세금이 무겁지 않게 하며

그리고 뇌물이 나돌지 않아야 하니

그래야만 백성의 칭송 이르게 되리

先要刑不濫, 次要賦不重

關節又不行, 然後致民頌

「이중용 만회가 순천의 임지로 가는 것을 전송하며送李仲容萬恢之任順天」

4

그대가 받는 녹봉은

모두가 백성의 고혈이라네

뜰 앞에 경계하는 빗돌 있으니

아침과 저녁으로 보아야 하리

爾俸與爾祿, 民膏又民脂

庭前有戒石, 可朝夕看之

「양무군수 허휘를 전송하며送陽武許使君彙」

한시는 아주 엄격한 형식미를 추구한다. 혜환은 엄격한 '한시의 형식미'를 포기함으로써 '메시지의 강조'에 치중했다. 혜환은 한시의 금기를 저지르는 경우가 많았다. 우선 1, 2번 시는 합장合

掌이다. 합장이란 같은 뜻의 대장對仗을 반복하는 것이다. 당나라 때 시인들은 모두 합장에 신경 쓰지 않고 으레 사용했지만, 송나라 이후에는 특별히 신경 써서 합장의 방법을 사용하려고 하지 않았다. 3, 4번 시는 호문互文이다. 호문이란 같은 뜻의 어휘를 반복하는 것이다. 3번에서는 구외句外에서 비슷한 의미의 어휘들이 반복됨을 확인할 수 있다. 선요先要와 차요次要, 불람不濫·부중不重·불행不行 등이 그것이다. 4번은 구내句內에서 이봉爾俸과 이록爾祿, 민고民膏와 민지民脂 등의 어휘가 반복되고 있다. 이처럼 금기도 꺼리지 않으며, 자유롭게 시어를 배치하는 것 역시 자주 확인되는 방식 중 하나다.

산문처럼 쓴 시

1
좋은 사람 없다고 거짓말 마라
지금도 덕망 있는 자가 있으니
어려운 일 급히 하고 쉬운 일 양보하니
이것이 그대의 평생이었네
莫誣無好人, 今亦有長者
急病而讓夷, 是君平生也
「주부 벼슬을 한 김명장金命章에 대한 만사金主簿命章挽」

2

봉鳳과 붕鵬은 본래가 한 소리의 음이니

그 실은 원래부터 둘이 아닌 것이네

그대의 형제에게 자字를 지어준 것은

동기同氣란 뜻 표현하기 위함이었네

鳳鵬本一音, 其實元非二

以字君兄弟, 爲表同氣義

_「정언正言 유봉지柳鵬之 운익雲翼에 대한 만시挽柳正言鵬之雲翼」

3

금력이 높기가 북두성北斗星과 나란하고

기세가 성창함이 바닷물 용솟음치듯 하나

공은 그것을 없는 듯이 보아서

담담하게 여기실 따름이었네

金高齊北斗, 氣盛沸海水

公視之若無, 惟淡然而已

_「처사 조공趙公에 대한 만사 공은 휘가 래순來淳이다. 대개 옛날의 군자
로서 지금 세상에서는 드물게 볼 수 있는 사람이다處士趙公輓, 公諱來淳, 盖
古之君子, 今世之所罕見者也」

혜환이 시를 산문처럼 썼고 산문을 시처럼 썼다는 사실은 유
명하다. 위의 시들은 그러한 사실을 재확인해준다. 여기에 제시
한 사례는 일부에 불과하며, 여러 곳에서 이 같은 방법을 사용하
고 있다. 1번의 4구에서 '是君平生也'는 완전히 산문식 표현이다.
또 2번의 3, 4구는 '以A爲B'의 방식을 써서 산문처럼 구성했으

며, 4번의 4구 '惟淡然而已'에서는 '而已'라는 진술 구의 끝에 쓰여 '단지 ~일 뿐이다'의 뜻을 나타내는 종결사를 사용하고 있다. 혜환은 종래의 시에서는 흔히 사용치 않는 而, 似, 以, 則, 是, 惟, 之, 爲, 於, 又, 有, 亦, 豈, 所, 或, 曰, 其, 乎와 같은 단어를 마음껏 사용한다. 그래서 시를 읽는데 마치 산문을 읽는 것 같은 느낌을 주기도 한다. 이러한 단어의 빈번한 사용은 시와 산문의 경계를 허무는 자유로운 창작 정신이 있었기에 가능한 일이었다.

혜환 시에 보이는 파격적인 시어 배치는 대개 첫째 시어의 구조와 조직, 둘째 글자 배치 등으로 나뉜다. 이러한 파격적인 시어의 배치는 동시대는 물론이거니와, 전후 시인 그 누구에게서도 찾아보기 힘들다. 이와 같은 실험은 한시 미학에 대한 전면적인 이반離叛이다. 그는 이것을 통해서 그만의 새로운 한시 미학을 만들어냈다.

짧은 글로 긴 울림을 담다

그의 글은 번다한 수사보다 핵심적인 내용만을 중시한다. 그래서 글의 편폭이 매우 짧으며 어떤 글은 시보다 더 짧다. 산문은 무엇보다 서사를 중요시한다. 서사를 중요시하는 산문에서 글의 편폭이 짧다는 사실은 고루 장단점이 있다. 장점은 일단 군더더기가 없어서 글의 전달력이 매우 강해진다는 것이고, 단점은 자칫 공소空疏해질 수 있다는 것이다. 혜환은 이러한 짧은 편폭의 산문이 갖는 한계를 기발한 발상과 착상으로 극복한다. 그래서 그의 글들은 길고 유장한 흐름의 산문에서 볼 수 없는 독특한 면모를 지닌다.

'차거此居'는 이 사람이 이곳에 산다는 말이다. 이곳은 바로 이 나라 이 고을 이 마을이고, 이 사람은 나이가 젊으나 식견이 높으며 고문古文을 좋아하는 기이한 선비다. 만약 그를 찾고 싶으면 마땅히 이 기문記文 안에서 찾아야

「송하독서도松下讀書圖」, 이명기, 종이에 옅은 색, 49.5×103.8cm, 삼성미술관 리움.

할 것이다. 그렇지 않으면 무쇠 신발이 다 닳도록 대지를
두루 다니더라도 결국 찾지 못할 것이다.[64]

혜환의 시문은 일단 길이가 매우 짧다. 시에서는 유장한 흐름
의 고시古詩 대신에 절구 연작시를 선호했고, 산문에서도 역시 짧
은 호흡의 글을 선호했다. 간략하게 쓰는 것은 혜환의 글쓰기 전
략 중 하나가 분명하다. 수사修辭를 이용하여 문장미文章美를 재고
하는 방식을 포기하는 대신 참신한 발상을 통해 작품의 주제를
심화시킨다.

통상적인 기문과는 제목에서부터 차이가 난다. 어떤 사람의
거처에 대한 것인데 정작 구체적인 인명과 지명이 없다. 이 글은
7언율시보다 더 짧은 53자로 이루어져 있다. 어려운 글자나 구두
句讀도 없다. 이 짧은 글에 차此가 무려 9번 등장한다. 차가 반복
될수록 글에 긴장감은 더해지고 보는 이는 더욱 집중하게 된다.
무언가 이야기가 시작될 듯한데 벌써 끝나고 만다. 이런 방식은
긴장감을 높이는 동시에 오래도록 여운을 남긴다. 자꾸만 이 사
람이 누구일까를 생각하게 만들다가 나중에는 애초에 이 사람
이 실존 인물이기는 한 걸까 하는 의구심마저 들게 한다.

이 글은 선문답禪問答과도 같다. 사람들은 이것을 봐야 하는데
늘 저것만을 바라본다. 이것을 말하면 저것으로 이해한다. 그러
니 그 사람에 대해 아무리 구체적으로 말한들 그 사람을 온전히
이해할 턱이 없다. 그 사람은 여기 있는데 저기를 찾을 뿐이다. 그
사람을 다른 데서 찾으려 해도 이 글 안에만 존재한다 했으니, 그
를 자신만 알고 있다는 자부심도 깔려 있다.

강렬한 메시지를 전달하다

오래 묵은 살구나무 아래에 작은 집 한 채가 있다. 횃대며 시렁과 안석이며 책상 같은 것이 방의 3분의 1을 차지한다. 손님 몇 사람이 오기라도 하면 무릎을 맞대고 앉아야 하는 너무도 좁고 허름한 집이다. 허나 주인은 이 집을 편안히 여기며 독서하고 구도求道할 뿐이다. 내가 그에게 말했다. "이 하나의 방 안에서도 몸을 돌려 앉으면 방위가 변하고 명암이 달라지네. 구도란 다만 생각을 바꾸는 데 있으니, 생각이 바뀌면 모든 것이 이를 따르는 법이지. 자네가 나를 믿는다면 내 자네를 위해 창을 열어주겠네. 그러면 한번 웃는 사이에 이미 막힘없이 탁 트인 경지에 오르게 될 것이네."[65]

이 글 또한 편폭이 매우 짧다. 기문記文조차 어울리지 않는 집에 대한 기문이다. 변변한 살림살이도 없고, 그마저 협소하기만 하다. 손님이 몇 명이라도 찾아오면 무릎이 닿을 지경인 누추한 집이다. 주인은 불편한 기색도 없이 독서하고 도를 구한다. 독서와 구도는 생각의 전환을 요구한다는 공통점이 있다. '몸을 돌리는 것轉身'은 '생각을 바꾸는 것轉念'과 다름 아니다. 그렇게 한다면 자신은 이 사람을 위해 창을 열어주겠다고 했으니, 상대가 스스로 생각을 바꾸려는 의지를 가지면 자신이 도움을 주겠다는 말이다. 생각하기에 따라 가난도 고통스럽지 않은 것이 될 수 있다. 가난을 부끄러워하지 않는 친구와 그런 친구를 또한 부끄러워하지 않는 이의 만남. 혜환의 마지막 말은 콩트의 결말 같다. 가난한 친구의 궁핍함을 날려버리듯 친구에게 전하는 말이 시원스럽기만 하다.

이 글의 주제는 한마디로 무엇일까? 송나라 진종황제眞宗皇帝(968~1022)의 「권학문勸學文」에 나오는 "서중자유천종속書中自有千種粟"이라 할 수 있다. 책 안에 길이 있다. 독서만 하면 좁은 집 따위는 문제가 아니다. 그러니 부지런히 읽고 부지런히 생각할 것을 권면한 말이다. 그는 병렬이나 수식, 반복 등을 가급적 배제하고 이야기를 구성할 수 있는 최소한의 장치만을 배치한다. 글이 짧기만 하면 오히려 공소空疏한 느낌을 줄 뿐이다. 그러나 그는 핵심적인 메시지를 강렬하게 부각한다.

남씨南氏의 관향은 의령宜寧이니 남쪽으로부터 왔다. 식물도 옮겨 심을 수 있는 것이니, 사람인들 어찌 흙덩이처럼 한곳만을 지킬 수 있겠는가? 지금 그대가 동협東峽으로 들어가는 것은 좋은 곳을 택해 학문을 닦으려 하는 것이다. 골몰해서 이룸이 없는 사람과 함께하여 칠척七尺의 몸을 저버리는 것을 부끄럽게 여겨서이니 그 뜻을 허여許與할 만한 것이다. 장차 떠나려 할 때 나에게 들러 말하기를 "저는 선생께 깊은 흠모를 품고 있습니다. 새해가 와서 봄기운이 퍼지면獻歲發春 다시 찾아뵙겠습니다"라고 했다. 내가 바야흐로 행권行卷을 평하다 몽당붓과 남은 먹으로 이 글을 써서 준다.[66]

학문이 지극한 곳에 이르면 평범하여 기이함이 없다. 산을 유람하는 것 또한 이와 같다. 이제 진민이 풍악으로 들어가니 다른 날에 그가 돌아오기를 기다려 그 말을 들어보면 그가 노닌 것을 징험하게 될 것이다.[67]

두 편의 짧은 송서送序를 살펴보자. 혜환의 문학적 노정은 치열한 자기 갱신의 연속이었다. 그래서 그런지 그의 송서 가운데는 보내는 아쉬움보다 새로운 세계에 조우하는 사람을 통해 대리 만족을 표출하는 것이 적지 않다. 공부하러 떠나는 후학에게 주는 글이나 여행을 떠나는 일가에게 주는 글이나 군더더기가 없기는 마찬가지다.

두 번째 글은 원문이 한 줄밖에 되지 않는다. 학문이나 산이나 지극한 극치는 평상무기平常無奇, 곧 평범하여 기이할 것이 없다. 최고의 기이함은 결국에는 평범해 보인다. 기이한 것이 드러난다면 아직도 촌스럽고 별볼일없는 경지다. 혜환이 꿈꾸는 것은 '기이한 것을 애호하는 것好奇'이 아니라 '기이한 것에서 벗어나는 것脫奇'일지도 모른다. 그렇다면 이 글에서 말하고자 하는 바는 무엇일까? 금강산은 이 사람 저 사람 꼭 유람하고 싶어하는 특별할 것이 없는 산이다. 산 좀 다녔다고 자부한다면 남들이 안 가는 궁벽하고 외진 산들을 다녀야 마치 등산에 일가견이 있어 보인다. 그러나 사실 등산의 목적은 산을 오르는 행위에 있지, 특정한 산이 목적이 되어서는 안 된다. 남들도 다 다녀온 그 산에서 나만이 느낄 수 있는 바를 느끼고 온다면 그 산은 남들이 가지 못했던 산이 될 수 있다. 이 글 역시 곁가지를 다 제거하고 중요한 메시지만을 전달하고 있다. 작은 말로써 핵심을 찌른다. 말은 적으나 뜻은 더욱 심원하다.

> 천하의 환난은 항상 분수에 편안하지 못하는 데서 생긴다. 선비가 배우지 아니하면 어리석게 되고, 농부가 밭 갈지 아니하면 굶주리게 되는데 사람만이 이런 것이 아니다. 물고기가 언덕에 오르면 말라 죽게 되고, 범이 숲을 나오면 잡히게 된다. 그러므로 옛날의 지인至人들이 의본분依本分 (본분에 의존하다)을 삼자경三字經으로 삼았던 것은, 그 뜻이 깊은 것이다. 내가 세상을 보건대 분수를 넘는 자가 많다. 이제 수분옹守分翁의 문집을 열람해보니 무릇 천天이란 글자에 있어서 모두 확실하게 다른 글자와 이어서 쓰지 않음으로써 천을 높였다. 아직 몇 편밖에 열람하지 않았으나, 그치고 말하기를 "반드시 다 열람할 것이 없다. 나는 이미 옹을 알았다"고 했다. 『역경』에 이르기를 "천존지비天尊地卑"라 했으니, 분수가 이보다 더 분명한 것은 없다.[68]

수분옹이란 사람의 글에 대한 제발題跋이다. 제발은 상대방의 시문에 대한 평가와 감상을 주로 한다. 이 글은 분량이 매우 짧기도 하지만, 정작 수분옹의 글 자체에 대해서는 아무 말이 없다. 글의 절반을 분수의 의미로 채웠을 뿐이다. 나머지 절반에서는 수분옹이 문집에서 천天을 떼어 쓴 사실로 마무리 짓는다. 하늘을 높이는 사람이라면 더 볼 것도 없다. 쓰다 달다 말이 없고 시치미를 뚝 뗀다. 그렇다면 결국 이 글의 의미는 무엇인가? 이 글도 역시 두 개의 분절로 나누어진다. 하나는 분수의 중요성을, 다른 하나는 옹이 분수를 지키는 인물임을 이야기했다. 이 세상에는 인격이나 공부가 충분치 않은데도 자신의 수준에 맞지 않는 글을 쓰는 사람이 많다. 그러나 수분옹은 제가 쓸 수 있는 글을 썼다. 대단치는 않아도 제 수준에 맞는 글을 썼으니, 적어도 그의 글은 인정한다는 취지다.

그런데 이런 글은 상대에게 자신의 글이나 문집에 대한 평가를 듣고자 하는 데 목적이 있다. 이렇게 하나의 발상을 통해 글을 구성하게 되면, 발상 하나만 기억되고 만다. 글을 의뢰하는 사람에 대해서는 대단한 무성의로도 비칠 수 있다. 내 문집에 대해 말해달라는 요청에 내 글에 대한 언급은 없으니 기분이 상할 수도 있는 일이다.

대화로 답을 찾다

전생前生은 기억할 수 없고 내생來生은 알 수 없으니 다만 금생今生이 있을 뿐이다. 만일 금생을 한가롭게만 지낸다면 곧 헛된 삶이 되는 것이다. 어떡해야만 금생을 한가롭게 보내지 않을 수 있겠는가? '좋은 일好事'을 행해야 한다. 어떡해야 좋은 일을 행할 수 있는가? 그 지위를 얻어야 한다. 무엇을 지위라 하는가? 공경公卿, 대부大夫가 모두 지위이나 나라와 백성의 무거움을 가지고 있는 것은 오직 읍재邑宰만이 그러하다. 그런데 지금 사고士固가 고을을 얻었으니, 그 일을 함에 권과勸課를 부지런히 하고, 청단聽斷을 공평하게 하며 교활하게 법을 지키지 않는 사람을 물리치고 허약한 이를 돌보며 관청·제패堤覇·양장糧長·마호馬戶에 이르기까지 조목을 세우고 법을 베풀지 않는 것이 없게 함으로써 다칠 것같이 여기는 인자한 마음을 넓혀 세상에 영구한 이익을 세우는 것이 모두 사고의 마음과 손아귀에 있으니 사고는 그것을 힘쓸지어다. 또 다 같은 사람이거늘 어찌하여 부모라 일컬으며 어찌하여 갓난아이라 일컫는가? 그리고 어찌하여 한마디의 선한 것이 따뜻한 봄이 되고 고택膏澤이 되며, 하나의 일을 잘한 것이 청천靑天이라 불리고 신명神明이라 불리는가? 그 까닭을 생각해야 할 것이다. 일찍이 듣건대 옛날에 진월인秦越人은 남의 내장을 밝게 살펴보았으므로 병을 잘 치료할 수 있었다. 그러나 내장은 오히려 막힌 것이 있다지만, 우리 『대학大學』의 혈구지도絜矩之道와 같은 것은 오직 원래 그러한 것을 미루어 갈 따름이니, 어찌 더욱 곧고 빠르지 않겠는가? 모름지기 이러한 처방으로 저 병으로 인한 고통을 낫게 해야 할 것이다.[69]

　혜환의 산문에서 문답법은 빈번히 사용되며, 자문자답의 형식을 띤다. 묻고 답하는 과정을 통해 작가는 미리 의도한 메시지를 전달하려 한다. 혜환은 이번 생, 좋은 일, 지위, 수령邑宰으로 수렴해가서 결국 고을의 수령이 얼마나 큰 의미를 띠는 중요한 자리인지를 말하고 있다. 그는 몇 가지 질문을 연속적으로 던지고 그

답을 스스로 말한다. 이처럼 반복적인 물음과 답을 통해서 자연스레 해답을 도출하여 목민관의 자세와 역할을 강조한다. 이러한 자문자답의 방식은 주제를 확인해주거나 강화해준다.

> 사람이 마음을 가지고 있으면 곧 생각이 있게 되는데, 생각은 그 몸을 생각하는 것보다 더 절실한 것이 없다. 그 몸을 생각하는 것은 또 그 몸이 유래한 것을 생각하는 것보다 더 간절한 것이 없다. 몸이 유래한 것은 부모이고, 부모에게는 또 부모가 있으니 바로 조부모이며 조부모를 말미암아서 위로 올라가면 먼 조부모에 이르게 되니, 실로 호흡이 서로 통하고 기맥이 서로 이어지는 것이다. 만약 한 번의 호흡이 있는 데는 다 생각하는 것이었으니 이것이 (바로) 이 군李君이 편집한 것에 이름을 붙인 뜻이다.[70]

이 글은 『우모통편寅慕通編』[71]에 대한 발이다. 『우모통편』은 저자 미상의 글로, 조상의 계보를 정리한 것이다. 전형적인 문답법은 아니다. 그러나 생략되어 있는 문답이 꼬리에 꼬리를 물고 진행된다. 사람 → 마음 → 생각 → 몸 → 부모 → 조부모 → 조상 순으로 연속적으로 이야기를 진행한다. 결국은 조상을 기억하는 일이 매우 의미 있음을 전하고자 하는 것이다. 그러한 결론을 향해 쉴 새 없이 이어지면서 이야기가 전개된다. 독자는 작가의 논리에 따라 그가 전하려는 메시지에 집중하게 된다.

화산花山 권동야權東野는 항상 스스로 돌아보며 묻기를,

"정책을 진술하고 계획을 천명하여 옥체玉體를 도모하고 국론을 결단할 수 있느냐?"라 하고, 말하기를 "불가능하다"고 했다. "술자리에서 담판하여 위엄이 이웃에 더해져도 명아주 잎과 여곽藜藿을 캐지 못하고,[72] 진주蜃珠가 멀리서 오게[73] 할 수 있느냐?"라 묻고 말하기를 "불가능하다"고 했다. "중요한 조정의 문서를 금석金石에다 새겨서 위로는 조정의 중진이 되고 아래로는 사신士紳을 빛나게 할 수 있느냐?"라 묻고 말하기를 "불가능하다"고 했다. "입으로 외우고 귀로 들으며 눈으로 보고 손으로 써서 국가의 중요한 정무를 막힘없게 하고, 모든 제도도 다 거행할 수 있느냐?"라 묻고 대답하기를 "불가능하다" 했다. "은밀한 것을 적발하여 서릿발처럼 숙청하고 매처럼 죽일 수 있겠는가?"라 묻고 대답하기를 "불가능하다" 하며 또한 "하지도 않는다"고 했다. "백리百里의 고을을 얻으면 정사는 재능을 드러내지 아니하고 청렴은 남에게 부끄럽지 아니하여서 평이平易하고 자혜慈惠함이 백성으로 하여금 나를 편안하게 여길 수 있게 하겠는가?"라고 묻고 대답하기를 "이것은 열심히만 하면 거의 될 것 같다" 했다.

얼마 안 되어 옥산현玉山縣의 대부大夫가 되었다. 떠나게 되자 이런 말로 나에게 고했다. 내가 이르기를 "그대의 말은 비록 겸손하기는 하나 실은 스스로 헤아리기를 분명히 한 것이다. 모든 일의 실패 가운데 자랑하지 않는 데에서 말미암지 않는 것이 없다. 또 자신을 미루어 가정을 다스리고 가정을 미루어 천하에 이르는 것이니 만약에 백성이 편안하게 된다면 비록 천하의 재상이 되어도 괜찮을 것이니 어찌 한 고을의 수령으로 국한되겠는가? 아! 어찌하면 이와 같은 사람을 얻어서 팔로八路 삼백읍三百邑에 두루 배치할 수 있을 것인가?"[74]

위의 글은 아예 글 전체가 문답만으로 이루어져 있다. 특이하게도 자신이 자신에게 문답하는 방식이 아니라 바로 기문을 청한 권동야가 자문자답하는 형식이다. 여섯 개의 질문과 답변으로 구성되었다. 아주 거창하고 큰 임무에 대한 네 가지 질문에 대해서는 자신이 "불가능하다"는 진술을 하고, 하나는 "불가능하고 하지도 않는다"라고 진술했으며, 마지막에는 "가능하다"고 진술한다. 그가 불가능하다고 대답한 물음들은 모두 거창하고 대단한 일들이다.

사람들은 항상 제 분수도 모르고 이러한 일들에만 관심을 갖는다. 이 글의 주인공인 권동야는 우선 자랑을 떠벌리지 않는다. 게다가 자신의 능력을 객관적으로 볼 수 있는 안목도 갖추었다. 가정이나 조그마한 고을이나 나라도 다를 것이 하나 없다. 백성을 가족처럼 보거나 나라를 가정처럼 본다면 천하는 편안해질 것이다. 그렇다면 이러한 사람을 얻어서 지방 곳곳에 배치하기만 하면 나라는 저절로 안정을 찾게 된다. 자신을 편안히 여기는 백성이 모여 안정된 지방을 이루고 그 안정된 지방은 또 안정된 나라를 이룬다. 나라가 안정되면 결국 천하가 편안해지는 것 아니겠는가.

이 여섯 개의 자문자답을 통해 자연스레 외직外職으로 나아가는 권동야의 포부와 취지가 잘 드러나도록 배치된다. 점강법漸降

法의 형태로 점점 애민愛民의 중요성이란 주제에 초점을 맞추고
있다.

홍洪 대부大夫가 떠나려 할 때 내게 글을 지어달라 청했다.
내가 말했다.
"대부가 왕명을 받들었다면 상감의 신령함에 기댄 것이니
사행 도중에 걱정이 없을 터입니다. 게다가 대부가 평소에
공손교公孫僑와 계찰季札의 풍모를 지니고 있으니, 이번 행
차는 오직 사신의 업무에 어긋나지 않을 뿐만 아니라 반
드시 나라의 중요한 업무를 잘 처리할 것입니다. 대부가
연행 가는 사신이 안 되었다고 가정해보십시오. 그사이에
이런 부서에서 저런 부서로, 이런 관사에서 저런 관사로
옮겨 다니면서 일과로 관아에 가서 몇 가지 송사를 판결
하고 몇 가지 문서를 결재하며, 혹은 친구들과 어울리며
잘 지내는 데 지나지 않을 겁니다. 몸이 서울을 벗어나지
않는다 해도 말이나 수레를 타고 다니는 자취를 계산하면
거의 수백천 리나 될 것이지만, 어찌 연경燕京에 들어가 온
갖 나라의 사신들을 맘껏 보고 오면 기이하고 특이한 것
이 옛날의 「왕회도王會圖」같이 사람의 심장과 눈을 장쾌하
게 하는 것과 같겠습니까?"
대부가 말하길 "옳습니다" 하고는 수레를 내오라 해서 타
고 떠났다.[75]

이 글은 대화의 형식을 띤다. 화자의 말과 청자의 말로 이루어

「당염립본왕회도唐閻立本王會圖」 속 고구려인, 백제인, 신라인. 타이완 국립고궁박물관.

졌다. 실제로는 혜환의 말이 대부분이고 홍대부의 말은 단 한 마디에 불과하니, 이 글은 대부분 혜환이 홍대부에게 하는 전언으로 구성된 셈이다. 혜환의 요지는 다음과 같다. 사신으로 가지 않는다 해도 공무로 번다하고 술이나 마실 것이다. 그리고 이곳에 남아 분주하게 다닌 거리를 계산해보면 사신으로 가는 거리와 매일반이니 이럴 바에야 떠나서 연경의 온갖 풍물을 마음껏 보고 오라고 했다. 연경의 특이한 광경을 보면 발발한 기상이 생겨 범인凡人과 달라질 것이라는 말이다. 여기에 대한 홍대부의 답은 단 한 마디, "그렇군요"가 끝이다. 마치 급히 깨우친 것이 있어 연경으로 바로 달려나갈 듯이 수레를 재촉해 떠난다. 앞선 이야기는 글 말미에 들어간 반전 덕분에 다시 한번 환기되는 효과를 얻는다.

나는 너를 이렇게 기록한다

4

백성을 내 몸처럼 아끼다—송시

혜환은 송시送詩나 송서류送序類를 많이 남겼다. 송시는 총 33제 172수이고, 송서는 총 28편이다. 이러한 작품에는 민중에 대한 애정과 관심이 잘 드러나 있다. 그는 민중의 삶을 지속적으로 응시했고, 그들의 삶속에서 취재取材한 바를 작품으로 형상화했다. 그래서 그의 작품에서 나타나는 민중에 대한 시선은 매우 지근至近하다. 그에게는 인간적인 연민에서 나오는 시선施善의 시선視線이 담겨 있지 않다. 민중에 대한 혜환의 태도는 근본적으로 인간과 인간은 같다는 자각에서 나온다.

위에서 덜어 아래에 보태라

군주君主에서 아래로 내려가면,

맨 밑에는 백성이 있고

백성에서 위로 올라가면

맨 위에는 군주가 있네

그 등급이야 현격하지만

그 형세 서로 관계있어

서로 필요로 하고 바탕이 되니

백성은 또 그 근본이 되네

뿌리가 단단하면 편안할 테고

단단치 못하면 거꾸러지니

단단히 하려면 어떻게 해야 하나?

위에 있는 걸 덜어야 하네

나의 내탕고 덜어야 하고

나의 높은 곳간 덜어야 하며

옷은 그 화려함 덜어야 하고

음식은 그 진수珍羞를 덜어야 하네

덜어내고 또 덜어내서는

남은 것 아랫사람에게 돌릴 것이니

백성 살찌고 자기는 마른다면

이것이 원하는 바라 하리라

창고를 점검해보면

텅 비어 가득하지 않아야 하고

백성이 저축한 걸 살펴보면

풍성한 노적과 같아야 하리

아득하고 아득한 천하의 토지

모두가 나의 바깥 창고라네

부를 백성에게 쌓아야 하지

어찌 반드시 내게만 두리

(…)

선민先民이 말씀하기를

군주는 사축私蓄이 없어야 하니

아래에 쌓아서 갈무리하면

이를 일러 "풍성한 나라라고 한다"고

백성의 윗사람 된 자는

어찌 두려워하지 않을 수 있나?

나라 안에 있는 재물이란

이와 같이 정할 수 있을 뿐이니,

위에 모으지 아니한다면

아래에 반드시 모일 것이니

그것을 온전히 독점하는 게

어찌 그것을 함께함만 같을 것인가

장사치는 구슬을 갈무리하고

필부는 옥돌을 간직해도

오히려 재앙 될 수 있는 것인데

하물며 그가 남의 임금임에랴

손 씻고 잠언箴言 지을 적에

삼가 『주역』의 뜻을 부연하여

절하고 상감에게 올리는 거니

그중엔 지극한 경계警戒 표현되었네

由君而下, 下極有民

由民而上, 上極有君

其級雖截, 其勢相關

交須互資, 民又其本

本固則寧, 不固則顚

固之如何, 在上當損

損我內帑, 損我高廩

衣損其華, 食損其珍

損之又損, 歸餘於下

民肥己瘠, 是所願也

閱我之藏, 枵然不盈

視民之蓄, 如坻如京

茫茫九土, 皆我外府

藏富於民, 何必在己

(…)

先民有言, 君無私蓄

積藏于下, 謂之豊國

爲民上者, 奈何不惕

域中之財, 只有此數

不聚於上, 其下必聚

與其專之, 曷若同之

賈胡藏珠, 匹夫懷璧

尚能爲災, 矧伊人辟

盥手撰箴, 敬演易義

拜獻于上, 中寓至戒

　　이 글은 「손상익하에 대한 잠損上益下箴」이니, 『주역』에 "아래서 덜어 위에 보태는 것을 손損이라 하고, 위에서 덜어 아래에 보태는 것을 익益이라 한다損下益上, 謂之損, 損上益下, 謂之益"고 한 데서 나온 말이다. 제목은 '임금의 것을 덜어서 백성에 보탰다'는 뜻이다. 이 글을 읽는 대상은 임금이며, 임금이 경계할 내용을 담았다. 백성은 뿌리이니 뿌리가 단단해야 임금도 존립할 수 있다. 그러려면 통치자에게 집중된 재화나 재물을 덜어내 백성에게 돌려주어야 한다. 임금이 덜어야 할 것은 내탕고, 곳간, 옷, 음식 등이다. 인용문에서 생략된 부분에서는 "임금의 것을 더는 일이 이익이 된다損之爲益"고까지 말했다. 어찌 보면 역린逆鱗을 건드릴 수 있는 도발적인 견해라고 할 수 있다. 또 "그것을 온전히 독점하는 게, 어찌 그것을 함께함만 같을 것인가與其專之, 曷若同之"라는 부분은 부나 자본을 특정 계층이 독점하지 말고 백성과 공유해야 한다는 뜻이다. 그가 보여주는 민중에 대한 사랑은 매우 급진적이며 이상적이다. 이와 맥락이 닿아 있는 글 한 편을 더 살펴보자.

임금이여, 두려워하라

백성을 하늘로 삼을 것이니

하늘은 진실로 두려워해야 하며

백성을 물에다 빗대었으니

물은 반드시 경계해야 할 것이네

하늘도 아니고 물도 아니며

또 하나의 크게 험한 곳이니

그 험한 것이 무엇이건대

평평한 땅에서 일어나는가?

어리석고 어리석은 구민邱民은

서울과 시골에 퍼져 있으니

평소에는 일이 전혀 없어서

다스리기 쉬운 것도 같지만

한 번의 소홀함이 있기만 하면

이미 불행한 조짐이 되고

한 번의 어김이 있기만 하면

원망과 노함이 산과 같다네

막히면 험난한 산길이 되고

맺히면 가파른 바위가 되어

천 개의 포사褒斜처럼 험난해지고,

만 개의 태항산太行山처럼 삼엄해지네

(…)

험함이 이와 같다 할지라도

다스리는 데엔 꾀가 있으니

평탄하고 순종하게 하려면

덕혜德惠를 쌓아야 할 것이며

다스려서 편안히 하게 하려면

편안히 어루만짐에 힘써야 하리니

무엇을 태평太平이라 이르는가?

험한 것이 평온해짐이로다

무엇을 가정嘉靖이라 이르는가?

험한 것이 맑아지는 것인데

전에 그것이 들어 있으니

두려워하지 않으면 두려운 상황을 맞게 되니

남의 윗사람이 된 사람이여!

어찌하여 두려워 아니할쏜가?

보잘것없는 내가 지은 잠언을

대궐에다 바치노라니

나의 말 어리석다 이르지 말고

원컨대 임금 곁에 갖추옵소서

以民爲天, 天固可畏

以民喩水, 水所必戒

匪天匪水, 又一嶮巇

其險維何, 起於平地?

蚩蚩邱民, 布在都鄙

平居無事, 御之若易

一有忽之, 已兆險釁

一有拂之, 怨怒如山

阻爲崎嶇, 結爲巉巖

千褒斜難, 萬太行陰

(…)

險也如此, 平之有術

欲坦而帖, 德惠是積

欲鎭而安, 撫綏是力

何謂太平, 以皆之平

何謂嘉靖, 以皆之淸

於傳有之, 不畏入畏

爲人上者, 奈何不懼

小人攸箴, 獻于象魏

勿謂言韙, 顧備丹辰

　　이 글의 제목은 「민암에 대한 잠民嵒箴」이다. 민암民嵒에서 암嵒은 험악하다는 뜻이다. 백성을 다스리기에 정성을 다하지 않으면 백성은 험악하여 나라가 위태롭게 된다는 말이니, 『서경』 「소고召誥」에도 "백성의 험악함을 돌아보아 두려워하소서顧畏于民嵒"라고 나온다. 민암이란 제목으로 글을 쓴 것은 조식曺植의 「민암부民嚴賦」가 대표적으로, 그 외 작가의 것으로는 몇 편에 불과하다. 그만큼 민암의 함의가 갖는 무게가 만만치 않았다.

　　백성을 소홀하게 대하고 거역하게 되면 백성은 산과 같은 존재가 된다. 급기야는 포사褒斜와 태항산같이 험난하게 자리 잡는다. 포사는 중국 산시성陝西省 종남산終南山 골짜기 이름으로 교통의 요로要路이고, 태항산은 우공이산愚公移山의 고사로 알려져 있다.

　　인용문에서 생략된 부분을 보면 이러한 험함이 잠복해 있다가, 군주의 안일함에서 시작되어 군주의 게으름과 거만함에서

「태항산색도太行山色圖」, 왕휘, 비단에 색, 209.4×25.3cm, 1669, 메트로폴리탄미술관.

완성된다. 그렇게 되면 군주의 대단한 힘과 위엄으로도 그 험함을 잠재우기가 어렵다. 걸주桀紂도 이러한 백성의 험함을 만나서 무너져내렸다. 그렇다고 백성의 험함을 잠재울 방법이 전혀 없는 것은 아니다. 혜환이 제시한 방법은 '덕혜德惠'와 '위무慰撫'다.

　글의 말미에서는 『서경』 「주관周官」에 나오는 "두려워하지 않으면 두려운 상황을 맞게 된다不畏入畏"라는 말을 써서 군주의 각성을 촉구했다. 이 글은 마치 허균의 「호민론豪民論」을 읽는 것 같다. 은근한 협박조의 글이다. 「손상익하에 대한 잠損上益下箋」에서는 경제적인 부를 백성에게 돌리라고 설파했고, 이 글에서는 치정治定의 측면에서 백성을 두렵게 여겨 잘 다스리라고 말하고 있다. 두 편의 글 모두 재야在野의 문사가 군주에게 올리는 글치고는 상당히 수위가 높다. 백성에 대한 그의 사랑과 관심은 이 두 글만 살펴봐도 쉽게 짐작이 가능하다.

사람과 사람은 다 같다

1

사람은 사람과 서로 같거늘

관리가 어찌 백성 위에 있으랴

그 사람 인자하고 명철해야

사람들의 바람에 부응할 수 있다네

人與人相等, 官何居民上

爲其仁且明, 能副衆所望

_「홍성洪晟 영공令公께서 서하西河의 임지로 가는 것을 전송하며送洪光國令公之任西河」

2

만물을 일체로 보는 학문

그댈 위해 그 요지를 강의하겠네

백성의 근심이 내 근심이요

백성의 기쁨이 내 기쁨이라

萬物一體學, 爲君講其旨

民憂是吾憂, 民喜是吾喜

_「양무군수 허휘를 전송하며送陽武許使君彙」

이 두 편의 시를 보면 그가 백성에 대해 평소 어떠한 생각을 갖고 있었는지를 알 수 있다. 1번 시는 모든 사람은 평등하다는 대전제에서 시작된다. 관리와 백성은 다 같은 사람이란 사실을 역설한다. 그러니 수직적 관계만을 강요하여 아랫사람을 다스리려 들면 안 된다. 관리가 백성을 계도啓導한다는 생각 자체를 버려야 비로소 백성을 온전히 다스릴 수 있다. 이 시는 단순히 백성과 관리의 관계만을 보여주는 게 아니라, 인간에 대한 혜환의 새로운 인식을 담고 있다.

2번 시에 보이는 시각은 이분법적이지 않고 통합적이다. 계급이나 계층은 절대적인 가치가 아니다. 또 어떤 이론이나 가치도 절대적이지 않고 상대적이므로 인간을 억압할 수는 없다. 그렇다면 백성은 억압할 계급이 아니라 나와 같은 동류다. 이렇게 되면 자연스레 그들의 아픔이나 근심은 나의 삶과 동일시된다는 요지다.

이 시는 명나라 때 하심은何心隱(1517~1579)의 만물일체萬物一體 사상과 흡사하다는 것을 알 수 있다.[76] 혜환이 구체적으로 양명학陽明學과 관련된 저술을 본 기록은 남아 있지 않으나 독서의 가능성은 상당하다고 추론된다.

연작시로 쓴 송시

1

토끼를 잡거나 코끼리를 잡거나
사자는 온 힘을 다 사용하지
관직의 크고 작음 따지지 말고
마땅히 맡은 직무 다해야 하리

搏兔與搏象, 獅子用全力

無論官大小, 惟當盡其職

2

관가 일을 관가 일로 보지 말고
관가 일을 내 집 일로 여기시게나
이 뜻을 오래도록 강구치 않아
훌륭한 다스림이 없었던 것이라
勿以官視官, 官事卽家事
此意久不講, 所以無善治

3

감사가 상上으로 고과를 매기고
어사가 뛰어난 정사 있다 아룀도
곤궁한 마을에 사는 백성이
마주 보며 그의 치행治行 말함만 못하네
監司書上考, 御史奏異政
不如窮村民, 相對頌治行

4

실수로 잘못하여 가시 찔리면
저도 몰래 아야 소리 지르게 되네
재판이 벌어지는 뜰아래에서
알몸으로 곤장 맞음 생각해야지
失手誤觸刺, 不覺發痛聲

須念訟庭下, 露體受黃荊

5

사궁四窮 중에 그대는 두 군데나 해당되니

그 괴로운 마음을 절로 알리라

곤궁한 백성 각기 고통 있으니

몸으로 깨달아야 마땅하리라

四窮君居二, 其苦心自知

窮民各有苦, 所宜體認之

6

재물을 취하자니 청렴이 손상되고

이름을 취하려니 이김을 좋아하네

다만 마땅히 할 일만 하면

저절로 신명께서 듣게 되리라

取財旣傷廉, 取名亦好勝

但爲所當爲, 自有神明聽

7

꿀벌은 메밀꽃서 윙윙거리고

백로가 논에서 걸어다닐 때

마부에게 "천천히 몰아라" 한 건

밭작물이 상할까 염려되어서라네

蜜蜂喧蕎花, 菼鷄出穤稑

謂御且徐驅, 恐傷田畔稼

_「김조윤이 문주의 임지로 가는 것을 전송하며金攉卿朝潤之任文州」

혜환의 시에서 가장 많은 분량을 차지하는 것은 송시送詩와 만시輓詩인데 대부분 연작시로 구성되어 있다. 송시의 경우 다른 작가들도 연작시로 남긴 경우가 있긴 하지만 이렇게 여러 편으로 구성된 것은 유래를 찾기 힘들다. 대개 송시는 이별의 아쉬움과 당부가 주를 이룬다. 한마디로 인사치레로 지어주는 것이어서 별다른 의미와 내용은 없는 셈이다.

그러나 혜환의 송시는 다른 작가들의 것과 사뭇 다르다. 송시의 주인공들은 대부분 지방관으로 부임하는 인물인데, 그들에 대한 당부가 주를 이룬다. 1번에서는 관리의 성실한 마음가짐에 대해 말했다. 2번에서는 관의 일과 집안일을 동일시하라고 당부했는데, 이는 혜환의 송시에 자주 등장하는 투식이다. 3번은 직무 평가보다는 백성의 평가가 중요하다고 이야기하고, 4, 5번에서는 백성의 고통이나 아픔에 대한 역지사지의 태도를 이야기했다. 6번에서 역시 관리의 임무를 재확인하고, 7번에서는 백성에 대한 섬세한 마음가짐을 다룬다.

그렇다고 모든 송시의 패턴이 이와 동일하게 구성되지는 않는다. 시마다 편마다 구성이나 길이가 각기 다를 뿐 아니라, 내용에서도 조금씩 변화를 주고 있다. 특히 송시 작품들은 전언傳言적 성격이 강하다. 5언절구에서 시간적 전환이나 공간적 전환을 시도하기는 대단히 어렵다. 그는 개별 작품의 부분적인 미학보다 연작시로 구성될 때 얻어지는 전체의 미학에 초점을 맞춘다.

그렇다면 왜 장편 고시로 짓지 않았을까? 장편 고시는 한 호흡으로 유장한 서사 전개를 가능케 하는 반면, 5언절구 연작시는 분절적이긴 하지만 각 메시지를 효과적으로 전달하기에 용이하다. 혜환은 이러한 연작 방식의 이점을 최대한 활용하여 만시와 송시를 구성한다.

송시로 쓰는 애민시

1
벼슬살이 내 집을 다스리듯이
백성 사랑 내 자식을 보호하듯이
녹봉 먹는 것 뇌물을 받듯이 하면
비로소 헛된 관리 아니됨이네
居官如理家, 愛民如保子
食俸如犯贓, 方爲不徒仕
_「정사군이 서주의 임지로 가는 것을 전송하며送鄭使君之任舒州」

2
잠자리 콩꼬투리 위에 앉았고
방게가 벼이삭을 따먹을 적엔
군수가 천천히 말 몰고 다니면서
밭 사이의 일들을 살펴야 하리
蜻蜓立荳莢, 螃蟹擁稻穗

使君徐驅馬, 且賞田間事

_「정사군 항령이 연강의 임지로 가는 것을 전송하며送鄭使君恒齡之任淵康」

3

일마다 삼감이 마땅하지만

형벌을 삼가는 일 가장 중하지

한 죄의 가볍고 무거운 사이

재앙도 불러오고 음덕도 쌓네

事事皆宜愼, 惟刑爲最甚

一罪輕重間, 招殃與垂蔭

_「조대부 숙이 능주의 임지로 가는 것을 전송하며送趙大夫之任綾州」

4

먹거나 타는 것 자주 줄이며

노래나 풍류는 모두 물리치고서

언제나 춥고 주린 생각을 하여

괴로운 곳 몸으로 처해야 하리

廚傳亟減省, 聲樂盡屛去

常作寒餓想, 苦處以身處

_「대부 번암 채제공이 조정에서 나와 함경도 관찰사로 나가는 것을 전송
하며奉送蔡大夫樊巖出按北藩」

이용휴는 송시에서 지방관을 나가는 사람들에게 이와 같이 요
구했다. 첫째, 벼슬살이와 백성을 대하는 태도의 재고를 요구했

다. 그는 벼슬살이와 백성을 대하는 마음가짐을 내 집을 다스리고 내 새끼를 보호하듯 하고 녹봉을 받는 것을 뇌물을 받듯 힘겹게 하라고 했다. 관리의 마음가짐을 강조한 부분이다. "백성의 곡식 한 알, 실 한 올이라도 심장의 살과 피에서 나온 것이니, 만약에 취함이 그 도리 아니라면 명부冥府에서 염라대왕 꾸짖음 간절하리"[77]라는 시의 내용처럼 과격하리만큼 백성의 삶에 피해가 가지 않게 할 것을 역설했다.

둘째, 실정實情에 대한 관찰과 올바른 보고를 들 수 있다. 혜환의 시에 나오는 풍경은 대부분 농촌이다. 소재들도 대부분 잠자리나 방게처럼 실제로 농촌에서 목도한 풍경에서 찾은 아주 친숙한 것들이다. 이것과 함께 혜환이 강조한 사실 중 하나는 실정에 대한 올바른 보고다. 관리의 근무 성적 고과에 불리할 것을 염려하여 재해災害 상황을 왜곡하여 축소 보고하지 말 것을 누누이 강조하고 있다. 또 다른 시에서도 "옛날에 곡식을 심던 밭에, 냉이 꽃이 눈처럼 희게 피었네. 재해는 마땅히 사실에 따라야 하니, 어찌 한 자라도 바꿀 수 있으리오"[78]라고 하여 그런 상황을 잘 드러냈다.

셋째, 행형行刑에 대한 관용을 들 수 있는데 이것은 혜환이 가장 강조하는 부분 중 하나다. 무엇보다 혹독한 처벌로 몸에 상처가 생기는 것을 꺼렸다. 이러한 점은 그가 백

「관찰사윤성대선정비觀察使尹聲大善政碑」. 오죽헌시립박물관. 선정비는 백성을 어질게 다스린 관리를 표창하고 기리기 위해 세웠다.

성을 혈육과 동일시했던 인식과 맞닿아 있다. 또 다른 시에서도 "먼저 형벌이 지나치지 않도록 하고, 다음은 세금이 무겁지 않게 하며, 뇌물이 나돌지 않아야 하니, 그래야만 백성의 칭송 이르게 되리"[79]라고 하며 무엇보다 행형의 관용을 강조하고 있다.

넷째, 절제와 금욕적 태도를 강조한다. 그는 유희나 풍류, 의식衣食에 대해 절제할 것을 권면했다. 관리라면 백성과 동일한 생활 조건 또는 심리적 자세를 취해야 한다고 역설한다. 그는 실천하는 관리의 모습을 이상적으로 보았다. "사람 꾀는 기생들 온통 수레 따르면, 평생을 그르쳐도 후회 또한 큰 것이니, 특이한 일로는 기원妓院에 전갈하여 3년 동안 사또 거처 알지 못하도록 하게"[80] 혹은 "살진 볼과 긴 눈썹의 기녀들이, 쌍쌍이 원님의 수레에 와서 둘러도, 이 마음 오래전에 불 꺼진 재와 같아, 다시는 자질구레 불붙는 일 없으리"[81] 같은 시에서처럼 기녀들과의 관계 설정에 대해서까지도 구체적으로 언급하고 있다.

민중에 대한 혜환의 사랑은 그의 글에서 쉽게 찾아볼 수 있다. 그의 이야기가 거창하지는 않지만 큰 감동을 가져다줄 수 있는 것은 누구보다 실천적이었기 때문이다. 그 자신이 평생을 출사하지 못한 삶을 살면서 매우 가까운 거리에서 민중을 바라보았으며, 그들의 삶과 자신의 삶을 동일시했다. 민중에 대한 이러한 시각이 후배 문인들에게 영향을 끼쳤을 것으로 보인다.

그의 송시에 보이는 몇 가지 특징에 대해 살펴보자. 첫째, 체제體制 모순에 대해 비판하지 않는다. 동시대 시에서 보이는 아전배들의 교활함과 환정의 잔악성에 대해서는 언급하지 않았다. 둘째, 객관적인 서술 방식을 취한다. 그러므로 시인은 문면에 등장하지 않는다. 셋째, 민民과 관官의 관계를 적대적 관계로 설정하지 않는다. 넷째, 풍자의 방식을 택하지 않고, 엄정한 현실 대응법을 제시한다.

왜 그는 애민시愛民詩라 할 수 있는 형식의 시들을 송시로 썼을까? 혜환이 송시의 형태에 주목한 이유는 다음과 같다. 그의 송시는 축수祝壽의 말 대신 당부의 말로 채워져 있다. 대부분의 송시는 지방관으로 나가는 지인들을 대상으로 하는데 문제의 핵심은 바로 여기에 있다. 불가역적인 상황을 비탄하기보다 근본적인 원인인 관官의 문제에 집중하는 것이다. 곧 직접 유민流民을 그리는 것이 아니라 유민을 만들 수밖에 없는 상황에 더욱 집중한다. 관리가 바른 정사를 펼치면 백성이 참담해지는 일은 일어나지 않는다. 그렇다면 결국 일어난 현실을 한탄하며 시로 그려낼 것이 아니라, 왜 그러한 일이 발생했으며 어떻게 하면 막을 수 있는지를 인식할 필요가 있다. 혜환은 여기에 집중했으며, 이 점이 그의 애민시가 동시대 작가들과 다른 이유다.

그대 잘 다녀오시라—송서

국내 고을이 모두 330개인데, 고을마다 수령이 있다. 이 330인은 대개 현명한 임금이 재주를 인정하여 백성과 사직을 맡긴 사람들이다. 내 친구 정기백丁器伯은 알성시에서 선발되어 오산烏山의 수령직을 얻었다. 오산은 서울과의 거리가 800리나 된다. 서울은 비유하면 해와 같으니, 해와 가까운 곳은 쉽게 따뜻해지고 쉽게 밝아진다. 만일 먼 곳이라면 모름지기 햇살의 따뜻함과 촛불의 밝은 힘을 빌려야 할 것이니, 자네는 힘써야 할 것이다. 또 수령을 두는 것은 무슨 뜻인가? 백성으로 하여금 모두 하고자 하는 바를 얻게 하려는 것이다. 그렇지 않으면 수백수천의 가호家戶로 자기 배만 채울 뿐이니 어찌 옳겠는가? 『재상수령합주宰相守令合宙』는 세상을 다스리는 책인데, 자네는 일찍이 읽어본 적이 있는가? 그것을 읽어보면, 그 정신과 기맥이 서로 통하고 관련되어 다스려진다는 것을 알 수 있다. 그런데 수령은 더욱 중요하고 더욱 친근한 것이니 벼슬이 낮고 봉급이 박하다고 해서 스스로 가볍게 여겨서는 안 될 것이다. 아! 남한테 한 광주리의 누에를 받더라도 잘 기르면서 오직 그것이 실패할까 두려워하는 것이거늘, 하물며 어린 자식 같은 백성임에랴? 그대는 모름지기 한결같이 바른 도리만을 따르고 자신의 사사로운 이익을 개입시키지 말라! 백성은 백성의 본분으로 돌아가게 하고, 아전은 아전의 본분으로 돌아가게 하며, 관리는 관리의 본분으로 돌아가게 해서, 정사가 잘 이루어졌다고 조정에 보고하도록 하라.[82]

『혜환잡저』에 수록된 이용휴의 송서送序 작품은 총 28편이다. 이 중 창작 연대를 특정할 수 있는 작품은 18편이며, 대부분 만년에 창작된 것으로 추정된다. 이 글은 다산의 아버지인 정재원丁載遠(1730~1792)에게 준 송서다. 혜환의 글 중 송서류는 대부분

외직外職으로 나가는 지인들을 대상으로 한다. 내용은 백성에 대한 수령의 마음가짐과 태도에 대한 것으로 채워져 있다. 이 글에서 핵심은 "또 수령을 두는 것은 무슨 뜻인가? 백성으로 하여금 모두 하고자 하는 바를 얻게 하려는 것이다且置宰何意? 使民皆得其所欲"라는 구절이다. 혜환은 백성이 하고자 하는 것을 얻게 해주어야 한다는 사실을 강조했다. 자칫 관리가 하고자 하는 바를 얻으려 하면 제 배만 불리는 꼴이 된다. 혜환은 철저하게 인본人本을 위주로 한다. 그는 한 번도 변변한 관직에 오르지 못했다. 백성을 위한 마음만은 남보다 못하지 않았지만 포부를 펼칠 기회는 주어지지 않았다. 자신의 포부를 펼칠 수 없었기에 남들에게 남다른 기대와 요구를 하면서 대리만족을 했던 면도 없지 않았다.

혜환거사는 말한다. "내가 백성과 상대한다고 해도 오히려 간격이 있는데 속하여, 스스로 가지고 있는 것이 아니니 어찌 그들의 근본으로 돌아가지 않으랴! 백성은 본래 착하니 성나게 하지 말고 스스로 선하게 하라! 백성은 본래 즐거워하니 괴롭히지 말고 스스로 즐기게 하라! 백성은 본래 신의가 있으니 속이지 말고 스스로 신의를 지키게 하라! 백성은 본래 부유하니 빼앗지 말고 스스로 잘살게 하라! 백성은 본래 오래 사니 병들게 하지 말고 스스로 장수케 하라! (이렇게 하면) 내가 하는 것이 없어도 백성은 이미 다스려지게 된다. 이같이 하면 (내가) 다만 기꺼이 누워서 고고한 꽃을 대하거나 밝은 달을 구경하기만 하고 거문고도 수고롭게 타지 않게 될 것이다."[83]

그가 주장하는 것은 유위有爲의 다스림이 아니라 무위無爲의 다스림이다. 백성을 계도啓導하고 관리하는 것 자체가 관리의 욕망에서 비롯된 것이 얼마나 많은가? 실제로 백성을 위한다고 벌여놓은 일들이 실상은 자신의 치적治積과 공명功名을 위한 것이 대부분이다. 결국 명분은 백성을 위한다고 떠벌리지만 실상은 백성을 더 고단하게 할 뿐이다. 그렇다면 어떻게 해야 할까? 백성이 원래 지니고 있던 선善, 낙樂, 신信, 부富, 수壽를 자기 식대로 훼손하지 않는 데 정답이 있다. 그리고 그들의 삶을 진정으로 이해하고 아파하고 함께 호흡할 수 있다면 그것은 더 훌륭한 다스림이 된다. 혜환이 끊임없이 주장하는 관리의 마음가짐은 백성과의 자기 동일시다. 그렇게 되면 백성의 삶이 나와 하나가 되며, 그들의 고통이 또한 나와 하나가 된다. 이렇듯 그의 송시에서는 수령의 행동 강령이 조목조목 제시되어 있는 것을 확인할 수 있다.

죽음을 위로하다─만시

연작시로 죽음을 읊다

혜환의 만시輓詩는 총 40제 162수다.[84] 혜환의 시가 총 170제 536수[85]가 된다는 것을 감안할 때, 그의 시 작품 전체에서 만시가 차지하는 비중은 상당하다고 할 수 있다.

만시도 역시 연작시로 지어졌다. 만시에서 5수 이상의 연작시로 구성된 경우는 총 40제 중 18제다. 시의 대상은 대부분 후배

이거나 동년배였다. 자신보다 윗사람일 경우, 의례성이 강한 만시에서는 종례의 상투성을 벗어나기 힘들었을 것이다. 주로 이러한 이유로 혜환은 대개 후배나 동년배를 만시의 대상으로 택했던 것으로 보인다. 또 그의 가족과 관련된 시는 죽은 손자에 대해 쓴 「요절을 애도하고 스스로 위로하다悼夭因自廣」 한 편에 불과하다.

대개 연작 만시일 경우 주로 7언절구, 7언율시, 5언고시, 5언율시 등으로 창작된다.[86] 그러나 혜환의 경우 대부분이 5언절구 연작의 형식을 띤다. 최재남의 『한국애도시연구』 목록에 수록된 316제 489수를 참조할 때, 이춘영李春英(1563~1606)의 7수와 권호문權好文(1532~1587)의 3수만이 5언절구 연작인 것과 비교해보면, 혜환의 경우는 한시사漢詩史에서 유례를 찾아보기 어렵다. 이처럼 5언절구 연작이 드문 이유는 슬픔을 발산하는 데 있어 한정된 자구로 인한 제약이 있기 때문이다. 반면에 고시古詩가 많은 이유는 긴 호흡으로 애도할 대상에 대한 정을 드러내는 게 가능하기 때문이다.

1

정해년丁亥年 이전에는

이런 호인 애초에 있질 않았지

병술년丙戌年 이후에도

이런 좋은 사람 다신 없으리

丁亥年以前, 初無此好人

丙戌年以後, 更無此好人

2

매양 보면 언제나 웃고 있기에

그 까닭 스스로 알지 못했지

비유컨대 봄기운이 이르러오면

나무에서 생기가 돋아남 같네

每常視而笑, 不自解其故

譬如春氣至, 欣欣意生樹

3

천하에 사람이 비록 많아도

나를 아는 한 사람 얻기 어렵네

겨우 얻고 돌아서 잃고 말다니

이 어찌 하늘이 정한 운수란 말인가?

天下人雖多, 難得一知我

僅得而旋失, 此豈是數麼

4

꿈에는 길고 짧음의 차이 있으니

여러 세대 지남과 순식간 있지

마침내 한번 잠 깬 후에는

아득히 모두 자취가 없네

夢有長短異, 歷世與過刻

畢竟一覺後, 茫然都無跡

5

심부름꾼 공의 부고 전하러 왔기에

가만히 오랫동안 말을 못했네

가슴이 찌르르 저며 오더니

곧바로 정수리로 솟구쳤다오

使者傳公訃, 恒然久無言

足心一點酸, 直透至頂門

_「친구 유사상에 대한 만시挽柳友士常」

혜환의 전형적인 만시 구성을 보여주는 시 한 편을 더 살펴보자. 1번 시는 도입부의 성격을 지니고 있는데 여기에서는 생몰 시기를 통해 지기知己에 대한 간략한 약력을 제시하고 있다. 2번에서는 평소 고인의 인품에 대하여 말한다. 인상적인 일화逸話를 대화체로 표현하거나 혹은 제3의 화자를 등장시켜 망인亡人의 모습을 생생하게 묘사한다. 3번은 고인의 부재에 대한 감회를 적고 있다. 부재의 공간을 등장시켜 고인에 대한 통절한 심회心懷를 술회한다. 4번은 죽음 자체의 무상성無常性에 대한 토로, 즉 타인의 죽음으로 인한 인간의 삶과 죽음의 덧없음을 말한다. 5번에서는 고인을 잃은 슬픔을 표출하며, 화자가 고인의 죽음으로 인해 겪게 된 아픔을 곡진하게 그려낸다. 혜환의 만시는 주로 이런 내용으로 구성되어 있다. 이러한 연작 구성 방식을 중심축으로 실제 작품에서는 좀더 다양한 변주를 통해 만시를 구성한다.

혜환의 연작시는 인과관계에 의한 치밀한 진행보다는 독립된 여러 사건을 개별적으로 나열하는 병렬적 방법인 피카레스크 구성을 선호했다. 혜환은 단편적인 기억의 편린片鱗을 나열한다. 언 뜻 서로 간의 계기적 연관이 없어 보이지만, 이러한 단편적인 이 야기는 모여서 하나의 큰 전체를 구성하게 된다. 이럴 경우, 만시 는 평면적인 데서 벗어나 입체적인 효과를 얻을 수 있다. 전체적 인 어조는 일부러 무덤덤한 듯한 태도를 보이면서, 심지어는 망자 에 대한 구체적인 정보조차 알려주지 않는다. 그가 어떤 사람이 었는지는 늘 웃음을 잃지 않았던 호인이란 말 외에는 알 수 있는 것이 없다. 혜환은 이 연작에서 죽음을 통해 만나고 헤어지는 인 간 삶의 비환을 보여주고자 했다. 친구 유사상의 죽음 자체보다, 그의 죽음이 자신의 내면에 던진 파문에 더 큰 관심을 기울이고 있음을 읽을 수 있다.

앞서 언급한 것처럼 5언절구는 일반적으로 만시의 형식으로는 적절치가 않다. 짧은 호흡에 망자와의 기억을 보듬을 수도 없고, 지나치게 짧은 형식이기에 유장한 슬픔을 표현하기에는 역부족 이다. 그러나 혜환은 5언절구가 지닌 함축성을 오히려 만시의 효 과적 표현 수단으로 활용하고 있으며, 짧은 호흡을 연작이라는 형태를 통해 유장한 가락으로 변화시키고 있다. 또한 각 편은 모 자이크 방식으로 펼쳐지며, 부분적 독립성을 유지하면서도 하나 의 통일성을 확보하고 있다.

그의 연작시는 서사의 흐름으로 전개되지도 않고, 또 각 편은 모두 독립적으로 구성되어 있다. 각 메시지는 단순하고 명징하게 전달되며, 여기에 탁월한 발상법을 가미하여 시의 효과를 극대화 한다. 그렇게 독립적인 편들이 모여서 하나의 연작시를 이루고 의 미를 도출해낸다.

그렇다면 왜 장편 고시를 선택하지 않고 연작시로 이야기를 구성했을까? 그는 장편 고시가 가질 수밖에 없는 서사의 흐름을 배제하면서도 편마다 효과적인 배치를 통해 주의를 환기하는 방식을 선호했으며, 독립성이 강한 개별적인 메시지를 전달하고자 했다. 한마디로 개별성을 통하여 통일된 주제로의 약진을 추구한 것이다. 유장한 흐름을 가지는 장편 고시의 서사를 포기한 대신 편마다 강력한 메시지를 제시하여 긴장감이 떨어지지 않게 하는 효과를 주었다. 이러한 방식은 부분의 총합이 전체보다 더 강렬한 효과를 지니게 된다는 것을 고려한 결과다. 그의 연작시는 상식적인 패턴은 있어도, 그것이 기계적으로 모든 연작시에 적용되지는 않는다. 연작시가 패턴화되면 긴장감이 줄어들 것을 경계하기 때문이다.

인상적 장면의 포착

혜환의 만시에서 또 주목할 만한 것은 인상적인 일화를 제시하여 고인을 더욱 효과적으로 그려내고 있다는 점이다. 보통 이러한 일화는 대화체와 제3의 화자를 등장시키는 방법으로 구성되는데, 혜환은 고인의 생전 모습 중에서 인상적인 장면을 절묘하게 포착하여 생동감 있게 묘사한다.

내가 오씨 아버지께 이리 말했지
"당신을 위로할 말이 있다오

시험 삼아 황천 올라 바라본다면
예부터 죽지 않은 자 없었답니다"
我謂吳氏父, 有辭慰足下
試登九原望, 古無不死者
_「오사문 석일에 대한 만시挽吳斯文(錫一)」

이 시는 혜환과 고인의 아버지와의 대화로 구성되어 있다. 세상에 태어나서 죽지 않는 사람은 없다. 문제는 선후의 차이일 뿐이니 너무 슬퍼하지 말라고 위로를 건넨다. 평범한 말 속에 담긴 따뜻한 위안이 느껴진다. 직접 설명을 배제하고 대화를 통해 상황을 보여주는 방식은 상황을 직접 설명하는 것보다 오히려 더 곡진한 효과를 가져다준다. 보통 만시에서 대화 장치를 구사하는 경우가 거의 없는 것을 볼 때 이 점 역시 눈여겨볼 만하다. 이 글과 같이 제3의 화자를 등장시킬 경우, 고인과의 직접 대화를 통하는 방식과는 다르게 죽음을 객관적인 시각으로 바라보는 것을 가능케 한다.

혜환의 만시에서 대화체의 문제는 주목할 만하다. 진술 방식에는 서술적 진술과 대화적 진술이 있다. 보통 서술적 진술이 상호 소통되는 독자의 개입을 허용하지 않아 일방적인 훈계와 교시敎示로 진행될 가능성을 내포하는 반면, 대화적 진술은 객관적 사실을 대화를 통해 제시한다. 보통 대화체는 일상어와 일상 경물을 통해서 제시되기 때문에 형상화와 객관화를 용이하게 하는 장점이 있다.[87] 만시는 보통 서술적 진술에 의존하고 있으나, 혜환의 만시는 대화적 진술을 많이 사용한다. 이러한 방법은 구체적인 현장감을 획득하여 읽는 사람에게 생동감을 느끼게 한다.

1

그대 진작 나에게 말했지

"세상살이 마치 나그네와도 같아

일 마치면 그 즉시 돌아가야 한다"고

그대의 말을 써서 그대 만사 짓노라

君嘗爲余言, 處世如行旅

事了卽當歸, 挽君用君語

_「유장령 서오에 대한 만시柳掌令(敍五)挽」

2

무너진 벽으로 달팽이 지나가고

빈 뜰에는 뻐꾸기 내려오는데

나의 슬픔 아는 이 하나 없건만

창틈으로 석양만 쏘아대누나

破壁蜿蝓過, 空庭思鵑下

無人識余悲, 窓眼夕陽射

_「허연객 여정에 대한 만시許烟客汝正輓 名佐字汝正」

　　1번 시는 고인과 생전에 나눈 대화를 통해 만시를 구성한다.
고인은 살아생전에 "사는 것이 나그네와 같으니 일이 다 끝나면
돌아가야 하오"라는 말을 했던 모양이다. 처세處世를 행려行旅와
등치한 것이 흥미롭다. 고인이 평소 해왔던 말로 만시를 지었다고

하지만, 사실 여기에는 고인이 아닌 혜환의 죽음에 대한 인식이
짙게 깔려 있다.

2번 시는 죽음과 관련된 단어를 단 하나도 사용하지 않았지
만, 작가의 슬픈 감정은 더욱 절절하게 느껴진다. 멍하니 앉아서
친구를 그리워한다. 아무것도 할 수 없으니 시간은 더디고 더디
다. 가만히 집 한편에 앉아서 풍경을 바라본다. 무너진 벽 틈으로
지나는 달팽이도 빈 뜰에 뻐꾸기가 내려앉는 것도 눈에 띈다. 여
전히 살아 있는 것들은 이렇게 움직이건만 내 친구는 없구나. 누
가 이 슬픔을 알아줄까? 그새 또 석양이 창틈으로 들어온다. 아!
또 너 없는 하루를 나는 살아냈구나.

이처럼 고인의 생전 일화를 제시하면 어두운 죽음의 이미지를
배제하고서도 고인을 효과적으로 추상追想할 수 있게 된다. 또 삶
을 전경화前景化해 죽음을 부각하기도 한다. 혜환은 의례적인 일화
가 흔히 보여주는 칭양적稱揚的 측면을 벗어나, 고인의 독특한 생
전 모습을 재구再構함으로써 일반 만시의 경직성을 뛰어넘고 있다.

지금까지 혜환의 만시에 대해 살펴보았다. 문학에서 의례성이
강조될수록 예술성은 상내적으로 취약해지기 마련이다. 응수문
자應酬文字는 의례성을 염두에 둔 형식적인 글쓰기다. 이런 글쓰기
는 피아彼我의 체면과 예의를 고려해야 하니, 대개 온당한 포폄褒
貶이 가능하지 않다. '기림褒'만이 강조되고, '폄하貶'는 거의 찾아
볼 수 없다. 또한, 어떠한 형식적 실험이나 내용의 파괴도 용납하
지 않는데, 그 속에는 사회의 견고한 의식이 자리 잡고 있다. 혜환
은 역설적으로 가장 의례성이 강한 글에서 문학적 실험을 하여,

다른 작가들이 이룰 수 없었던 높은 시적 성취를 보여주고 있다.

또한 이런 만시의 배후에는 죽음에 대한 혜환의 독특한 의식이 자리 잡고 있다. 그의 만시는 죽음이 갖는 경직성을 넘어선다. 또 죽음에 대해 입명立命의 자세를 취하기도 한다. 죽은 자를 보기보다는 죽음 자체를 본다. 죽은 자는 개별적 사실이지만, 죽음은 일반적 사실이다. 죽음을 일반적 현상으로 수용할 때 그것은 더 이상 특별할 것이 없는 우리 삶의 익숙한 사건으로 환원된다. 이때야 비로소 죽음은 슬픔과 애도, 칭찬의 굴레를 벗어나게 되며 해학과 절제된 슬픔 등을 표현할 수 있게 된다.

혜환은 죽음 자체에 대해서 새로운 시각으로 접근한다. 이것이 그의 만시나 제문에서 보이는 큰 장처長處이며 매력이다. 곧 죽음을 슬픔과 절망이라는 익숙한 시선으로 읽어내지 않고, 직관과 유머라는 새로운 시선으로 재해석해내는 것이다. 먼저 제문 한 편을 살펴보자.

오호라! 그대는 사람의 인륜에 충실했고 신의에도 도타웠다. 가슴에는 꽉 막힌 것이 없었고, 입으로는 남의 험담을 하지 않았다. 선행해도 이름이 알려지기를 구하지 않았고, 베풀면서도 보답을 바라지 않았다. 그러나 그대가 남몰래 했던 수행을 조물주가 기억하리니, 공적을 평가하는 장부에 우등이라 매기고 '군자'라고 적을 것이다. 어떻게 알았겠는가? 나는 손태孫泰와 왕공겸王公謙의 일을 통해 알았다. 아! 인생은 100년을 기한으로 상수上壽라 한다. 그대는 안락함을 거처로 삼고, 즐거움을 가족으로 삼았다. 부인이 음식을 잘 만들었으니 어찌 궁궐의 요리가 부럽겠는가. 아이들이 글을 잘 읽으니 음악을 대신할 수 있었다. 이러한데도 만약 또 100년의 수명을 다 채운다면 다른 사람이 상수한 것에 비하여 두 배쯤 더해서 200년은 산 셈이 된다. 세상에 어찌 이런 일이 있겠는가? 이제 100년 수명에서 절반을 던 것은 조물주가 긴 것은 자르고 짧은 것은 보충하여 평등하게 만든다는 뜻이 담겨 있다. 달관한 사람이라면 그 뜻을 순순하게 받아들일 수 있을 것이다.

나는 곤궁하고 늙은 포의布衣에 불과하지만 그대가 늘 존경하여 모셨고, 그대는 까마득한 후배였지만 나는 늘 그대를 예우했으니, 서로 사랑하고 좋아하는 마음은 똑같았다. 나는 이제 그대를 잃었으니 슬픔이 가슴에서 우러나와 세상에서 남을 조문하는 상투적인 말로 그대의 귀를 번거롭게 할 겨를이 없구나![88]

김명로金溟老가 누구인지는 확인할 수 없다. 다만 그에 대한 글로는 『혜환잡저』에 「김명로 군이 소장한 화당에 쓰다題金君溟老所藏畫幢」가 한 편 남아 있다. 생시에 돈독했던 관계였음이 분명하다. 글의 앞머리에서는 그의 군자다운 면모를 설명했다. 한마디로 군자답게 살다가 군자답게 죽었던 인물이다.

김명로의 삶은 안락하고 즐거웠다. 음식을 잘하는 아내, 독서를 좋아하는 아이들과 함께 행복한 삶을 살았다. 남들은 삶에서 하나도 온전히 얻기 힘들 텐데 두 배나 행복했던 사람이다. 상수上壽는 100세로 사람의 수명을 상중하로 나누어볼 때 최상의 수

명이란 뜻인데, 『좌전左傳』에서는 120세를 상수로 보기도 한다. 행복한 그가 100년의 수명을 누렸다면 보통 사람의 200년 수명을 누린 셈이 된다. 그러니 그는 쉰 살에 죽었어도 백수를 누린 것과 다름없다. 그는 남들의 절반만 살아도 온전히 다 산 사람이었다. 군자다운 면모와 어울리지 않는 이른 죽음을 아쉽게 여기기보다 행복의 관점으로 재해석해 풍족한 삶으로 환치해냈다.

　제문의 맨 뒷부분에서 "나는 이제 그대를 잃었으니 슬픔이 가슴에서 우러나와 세상에서 남을 조문하는 상투적인 말로 그대의 귀를 번거롭게 할 겨를이 없구나余今失君, 悲從心生, 不暇以世俗祭人之套語煩君聽也"라고 하여 보통의 제문에서 보여주는 일반적인 방식으로 고인을 애도하고 싶지 않다는 뜻을 분명히 했다. 이렇게 해서 이 글은 격식이나 갖출 뿐 아무런 감응이 없는 일반적인 제문이 아니라 진정을 담아 깊은 울림을 주는 글로 재탄생했다. 혜환은 뇌誄와 행장行狀, 묘지명과 묘갈명보다 제문에서 새로운 시도를 많이 보여준다.

　　누워서 "날이 아침인가, 저녁인가" 물을 적에는
　　저녁 빛에 서쪽 창이 그늘지고 있을 제
　　목구멍의 소리가 메었던 것은
　　어머니를 그리는 울음이었으리라
　　臥問日早晚, 夕陽翳窓西
　　喉中聲咽咽, 應是戀母晞
　　「유장령 서오에 대한 만시柳掌令(敍五)挽」

이 시는 유서오에 대한 5편의 만시 중 첫 번째다. '와문臥聞'은 숙병宿病이란 것을 알 수 있다. 또 해의 '조早'와 '만晚'을 묻는 것을 통해서는 유서오의 병이 매우 깊음을 알 수 있다. 시간적 배경은 땅거미가 지는 즈음이다. 낮과 밤이 교차하는 시간을 매직 아워 magic hour라 하는데, 이는 죽음과 삶의 경계가 넘어가는 순간이 기도 하다. '석양夕陽'은 임종이 임박했음을 암시적으로 제시한 셈 이다.[89] 3, 4구에서는 임종의 순간을 묘사하고 있다. 임종 순간에 목에서 나는 소리를 "어미가 그리워 우는 것"이라고 표현한 것도 매우 참신하다. 죽어가는 자가 이미 죽은 사람을 그리워한다는 시구는 보통의 만시에서 보기 어려운 표현이다.

보배를 다른 곳에 맡길 적에는
되찾길 하룻밤도 지체 않는데
다행히 주인이 잊어버려서
53년 동안을 빌려 썼구나
寄寶於他所, 取還不經夜
幸値主人忘, 五十三年借
_「유장령 서오에 대한 만시」

그대는 천상의 보배다. 이런 보배는 주인이 금세 찾아갔어야 하는데, 주인이 깜빡 잊어버려서 53년이나 인간 세상에 머물 수 있었다. 여기서 주인은 물론 조물주다. 혜환은 이제 그대가 떠났 지만 그것을 슬퍼하기보다는 주인의 망각 덕에 오래 교분을 나눌 수 있었던 사실을 더 기뻐한다고 적는다.

'기贵'와 '차借'에 인간의 숙명적인 슬픔이 있다. 지상의 삶이란, 맡긴 자와 빌린 자의 채권 채무 관계다. 채권자의 요구에 따라 채무자의 운명이 달라지고 만다. 변수는 '망忘'이 될 뿐이다. 조물주에게 빌려 왔다는 표현은 혜환이 즐겨 쓰는 발상법이다. "하늘이 이씨 가문을 후대하여, 아끼던 보물을 특별히 빌려주었네. 잠시 동안 지님도 오히려 다행인데, 어찌 능히 오랫동안 돌려주지 않으리오."[90] 또 "아무 까닭 없이 천금을 얻게 된다면, 그 가문에 반드시 재앙 있는 법이네. 하물며 이와 같이 드문 보배를, 어찌 오랫동안 빌려올 수 있으랴"[91]에서도 이러한 인식은 반복적으로 확인된다.

전통적으로 만시에서 하늘은 원망의 대상이었다. 하늘은 죽음에 무기력한 인간이 감정을 표출하기에 용이한 대상이다. 보통 하늘에 대한 원망을 통해 감정의 정화를 느끼게 된다. 그러나 혜환은 삶이란 조물주에게 빌려온 것이고, 죽음은 응당 채무를 갚는 행위로 인식했다. 그리하면 죽음이란 하늘에 대한 원망을 퍼부을 일이 아닌, 응당 그래야 하는 일로 환원된다. 죽음이 명징한 사실이란 점을 새롭게 인식함으로써 죽음을 새로이 응시하게 된다.

기이한 상상력으로 죽음을 표현하다

죽음은 중세에 흔하게 목도되는 익숙한 현상이었다. 19세기 이전의 사람들이 죽음을 친밀하게 느낀 것은 당시의 높은 사망률과 무관하지 않다.[92] 죽음이 익숙한 사회 현상일 때 그 경험은 창작의 소재로서도 매우 친숙해질 수 있다. 대개 작가는 생전에 수많은 죽음을 몸소 지켜보게 된다.[93] 그러나 당시 죽음은 개인적인 문제가 아니었다. 한 개인은 가문, 당파, 사승師承 등의 고리로 탄탄하게 얽혀 있었기 때문에, 집단적인 관념의 자장磁場을 받을 수밖에 없었다. 보통 죽음을 다룬 작품에서는 죽음이 관념화되어 나타난다. 관념성의 강화는 다양한 실험에 장애가 되어, 대동소이한 작품이 창작될 수밖에 없다. 죽음을 소재로 하는 전傳, 제문祭文, 비문碑文 등 중세 문학작품들은 이런 혐의에서 자유롭지 못하다.

만시의 경우도 이와 크게 다르지 않다. 만시의 창작이 상투적인 관습이었다는 사실은 이학규의 글에서도 쉽게 찾아볼 수 있다.[94] 만시는 상례喪禮에서 하나의 과정을 담당했다. 이처럼 만시가 응수문자應酬文字의 역할만 하는 경우 대면성對面性에 근거하기 때문에 의례적인 수사에 치중됨을 면할 수 없다. 이럴 경우, 개별 만시 작품들의 독창적인 면모는 사라져서 문학성은 현저히 약화된다. 그러나 혜환의 만시는 평범한 만시가 보여주는 수준을 벗어나고 있다. 여기에는 그의 만시에서 보이는 탁월한 발상법이 한몫한다. 그렇다면 탁월한 발상법은 어디에서 연유하는가? 바로 죽음을 바라보는 독특한 인식이다.

움직이는 기틀만 벗어난다면
죽음과 삶 한 가지 이치일 걸세
그대의 자호自號를(시암尸菴) 살펴보니
그 뜻이 벌써 드러나 있네

特脫動作機, 死與生一理

觀公所自號, 其意已曙此

「권시암 암에 대한 만시挽權尸菴(巖)」

　권암權巖[95]은 권철신의 부친이다. 이 시는 그를 위해 쓴 네 편
의 만시 중 한 편이다. 몸뚱이만 벗어난다면 죽음과 삶은 매한가
지라 할 수 있다. 이처럼 혜환은 죽음과 삶을 통합적으로 바라
본다. 이것이 그가 보여주는 죽음에 대한 독특한 사유다. 죽음을
해석하지 않으려는 데서 죽음과 삶의 병치가 가능하다. 말 그대
로 생사일여生死一如를 의식하는 순간에 죽음이 갖는 경직성은 해
체된다. 이런 인식은 바로 '시암尸菴'이라는 망자의 호에서 증명된
다. 그는 자신을 시암, 즉 시체의 집이라고 했다. 자신의 몸뚱이를
이미 '시尸'로 인식하고 있다면, 그는 결국 삶 안에 죽음을 담고
살았던 사람이라고 볼 수 있다. 그렇다면 그가 삶에서 죽음으로
넘어간 것은 본래 그가 구유하고 있었던 삶과 죽음의 의미를 확
인한 것에 불과하다. 그러니 그것을 슬픔으로 여기지 않고, '일리
一理'의 구현으로 확인하겠다는 것이다.

　생과 사를 일여一如의 관점으로 보는 인식을 통해, 혜환은 시
사여귀視死如歸한 태도를 갖게 된다. 이러한 인식으로 죽음의 상
투적 표현에서 벗어나, 다른 만시에서 볼 수 없는 독특한 형상화
가 가능케 되었다. 죽음에 대한 형상화 문제는 문학성의 질을 좌
우하는 중요한 요소로 작용한다. 대다수 작품에서 상투적인 문
장, 의례적인 칭양稱揚, 비슷한 상징의 기계적인 나열 등이 나타나
기 때문에, 개인의 내면이 진솔하게 형상화되기 어렵다. 이러한 한

계를 극복하기 위해서는 죽음을 개인적으로 얼마나 주체적으로 수용하느냐가 관건이 된다. 혜환은 이러한 죽음에 대한 독특한 인식을 통해 보통의 만시들과는 다른 감염력을 발휘했다.

세상 사람 재주 있음 아끼는 마음
그 누가 귀신만큼 도탑겠는가?
시험관이 버려두고 거두잖으니
저승에서 서둘러 뽑아 올렸네
世人愛才心, 誰似鬼神篤
主司所不收, 冥司乃急錄
_「오사문 석일에 대한 만시挽吳斯文(錫一)」

이 시의 애도 대상은 재주가 있으나 불우한 인물이다. 보통 혜환의 만시에는 벼슬이 부기되어 있는데,[96] 사문斯文이라 했으니 생전에 출사하지 못했던 인물이라는 것을 알 수 있다. 3구를 보면 그는 여러 차례 과거 시험에 응시했으나 번번이 낙방의 고배를 마셨던 듯하다. 그래서 혜환은 그의 죽음에 대한 감회를 여기에서 실마리를 찾았다. 이 시는 결구에서 일반적인 만시의 상상력을 훨씬 뛰어넘고 있다. 주사主司는 과거시험을 주재하는 시험관이고, 명사冥司는 저승에서 죽음을 주재하는 옥황상제다. 지상에서 주사가 그를 알아보지 못하고 계속된 시련을 주므로, 하늘의 옥황상제가 이를 보다 못해 서둘러 그를 데려갔다는 것이다. 요컨대 주사의 안목 없음을 힐난하는 태도를 통해 그의 불우한 삶을 위로하고, 그의 죽음이 비록 '급急', 즉 갑작스러운 것이었지

만, 그것은 기뻐할 만한 일일지언정 슬퍼할 일은 아니라고 위안하
고 있는 것이다.

> 이씨는 대대로 덕을 심었고
> 나의 이모는 여군자女君子였네
> 하늘이 어이해 이를 버려서
> 베풂이 마침내 이와 같은가
> 李氏世種德, 吾姨女君子
> 有何負於天, 報施乃如此
> _「이종사촌 동생 이효선 만시姨弟李孝先挽」

이 시의 애도 대상은 이종사촌 동생인데, 동생의 어머니인 혜
환의 이모를 등장시키고 있다. 이런 방법은 제3의 화자를 등장시
켜 만시를 구성하는 방식으로 혜환의 특징적인 면모 중 하나다.

1, 2구에서 이씨 가문은 대대로 덕행을 했고, 게다가 이모는
덕이 있는 '여군자'라 한다. 인과적으로는 3, 4구에서 당연히 이모
가 축복받는 삶을 사는 것으로 구성되어야 한다. 그러나 이모는
참척慘慽의 고통을 받게 된다. 하늘은 왜 이러한 인과응보의 보람
을 무시하고 그에게 참척의 고통을 안겨주었는가? 이 시의 마지
막에 보이는 보시布施라는 표현은 어떤 만시보다 더 참담한 아픔
을 보여준다.

불우한 선비의 죽음을 옥황상제의 등용이라고 한다든지, 이
모가 아들을 잃은 것을 보시라고 한다든지 하는 표현은 일반적
인 만시의 상궤에서 벗어나 있다. 이러한 예들은 다른 시편에서

도 많이 찾아볼 수 있다. 「최진사 덕응에 대한 만시挽崔進士德膺」
에서 며느리의 위패가 있는 것을 두고 "마치 전날같이 모시고 있
다"[97]고 표현한 것도 대단히 신선하며, 「심판부에 대한 만시沈判府
挽」에서 물 빠진 뒤에 노석老石이 높직하다[98]는 표현은 소동파의
「후적벽부後赤壁賦」에 있는 '수락석출水落石出'[99]을 사용해 죽음을
역설적으로 그려낸 점이 눈길을 끈다. 끝으로 이러한 죽음의 인
식이 잘 표출된 작품을 한 편 더 살펴보자.

> 그대가 아버지의 병환을 위해
> 이슬 맞고 아비 대신 죽길 빌었지
> 마침내 그 원하는 바 이뤄졌으니
> 기쁘게 떠나가 대산岱山서 놀게
> 君爲尊公疾, 露禱薾身代
> 畢竟成其願, 快然去遊岱
> _「신진사 사권에 대한 만시申進士挽(名:史權)」

『서경』 「금등金縢」에서 무왕이 병들었을 때 주공이 빌었던 일에
서 나온 고사다. 아버지가 쾌유한다면 대신 죽어도 좋다고 기도
했는데, 이제 아버지는 완치되고 너는 죽었으니, 매이지 않는 몸
을 이끌고 편히 떠나라는 말이다. 결구에 쾌연快然은 생사에 얽매
이지 않는 초탈한 정신을 보여준다. '대산岱山'은 태산泰山을 가리
키는 말이나, 여기서는 죽음의 공간을 의미하는 것으로 보아야
한다.

이렇듯 혜환 만시의 가장 큰 특징 중 하나는 슬픔을 표출하

는 독특한 방식에 있다. 예상을 뒤엎는 기이한 상상력을 통해 지극한 슬픔은 당연히 그럴 수밖에 없는 필연으로 뒤바뀐다. 혜환은 있을 수 없는 죽음을 어쩔 수 없는 필연으로 환치시켜 슬픔을 무화하는 방식을 즐겨 취한다. 그는 망자와의 개인적인 인연을 길게 늘어놓거나, 그 생애에 있었던 사실을 나열하는 방식은 절대로 취하지 않는다. 경쾌한 형식 속에 단편적인 특징만을 속도감 있게 보여주면서 독특한 발상으로 죽음과 삶의 경계를 일거에 허물어뜨리는 방식을 선호했다.

제 4 장

혜환 문학의
미학과 유산

무릇 연마하여 스스로 새롭게 하려는 사람들은

모두 문장을 배우고자 찾아왔다

(…)

그러나 우리 선배들의 글에 있는 흠을 도려냄이 매우 심하여

이로 인해 속류俗流들이 그를 원망했다

병인가? 기이함인가?

혜환의 시 100여 편은 시축으로 만들어봄이 마땅하다. 이 사람의 문장은 매우 괴이해서 문장에서는 지之나 이而 같은 글자를 구사하지 않으나, 시에서는 지나 이 같은 글자를 전혀 피하지 않으니 결단코 다른 사람과는 다를 것을 요구하고 있다. 이것은 진실로 하나의 병통이기는 하나, 또한 하나의 기이한 점이기도 하다. 혜환은 장서가 매우 많아서 소유한 것이 모두 기이한 문장과 특이한 서책으로 평범한 것은 한 질도 없으니, 대개 그의 기이함은 참으로 천성에서 나온 것이다.[1]

유만주兪晩柱(1755~1788)는 『흠영欽英』에서 혜환 문학에 보이는 기이함의 실체에 대해 이렇게 말하고 있다. 이 글은 혜환을 평가하는 말로 가장 많이 소환되곤 한다. 짧지만 혜환 문학의 특질을 잘 간파한 글이다. 유만주는 노론 이었지만 당색이 강한 사람은 아니었다. 그는 비교 적 객관적인 시선으로 혜환 문장을 평한다. 이 기 록은 1784년에 남긴 것으로 혜환 사후 2년밖에 안 된 시점이었으니, 당대 혜환 문학에 대한 평가 를 잘 반영하고 있다고 볼 수 있다. 일단 시에 대 해서는 볼만하다고 평가했다. 그러나 혜환의 문장 에 대해서는 '극괴極怪'하다고 평가했다. 극괴는 말 그대로 지극히 괴이하다는 말인데, 다른 사람의

『흠영』, 유만주, 서울대학교 규
장각한국학연구원/중앙도서관.

문장에 대해서 이렇게 평가하는 것은 대단히 이례적인 일이다. 그 러면서 산문과 시에서 지之와 이而를 쓰는 데 있어 일반적이지 않 은 운용을 지적했다. 혜환은 시를 산문처럼 쓰고 산문은 시처럼 썼다. 여기에는 다른 이들의 문학적 시도와는 완전히 달라야 한 다는 생각이 깔려 있다. 이런 강박적 사유를 어떻게 보느냐에 따 라 평가가 엇갈릴 수 있었다.

유만주 역시 그 파격의 근저에는 색다른 독서 이력이 있었음 을 지적했다. 과도한 문학적 실험이라는 동일한 작법을 두고 평가 는 매우 엇갈렸다. 그에게 우호적인 인물에게는 기림을 받았지만, 반면 그를 탐탁지 않게 여기는 이들에게는 헐뜯음을 당했다.

세도世道의 큰 걱정거리 이용휴

서류庶類인 이덕무李德懋와 박제가朴齊家는 당대에 명성이 있었다. 선군(심낙수沈樂洙)께서는 그들이 지은 작품을 보시고 탄식하며 말했다. "영조 말년에 이런 일종의 사음邪淫한 이용휴와 이봉환李鳳煥 같은 무리가 있었다. 이 무리가(이덕무, 박제가) 그들을 본받아 마침내 여기에 이르렀으니 풍기風氣를 볼 수 있다. 이 무리는 말할 것도 없고 사대부의 자제들도 본받고 있으니 세도世道에 작은 걱정거리가 아니다."[2]

앞서 유만주는 당색黨色을 달리했지만 비교적 중립적인 태도를 견지했다. 이와는 달리 같은 노론인 심노숭沈魯崇(1762~1837)의 부정적 평가를 보면 당색이 이러한 판단에 한몫한 것으로 보인다. 이 글은 심낙수 사후에 작성된 것이니 1799년 이후에 지어졌다. 심노숭의 부친 심낙수(1739~1799)는 노론 시파의 행동대장으로 알려진 인물이었다. 심노숭은 아버지 심낙수의 말을 들어 혜환을 저격하고 있다.

심낙수는 문단의 분위기를 망친 장본인으로 이용휴와 이봉환을 지목하고, 그들에게 영향을 받은 이덕무와 박제가까지 싸잡아 비난했다. 문제는 이용휴를 제외하고는 모두 서얼 문사였다는 사실이다. 심낙수가 이용휴를 어떤 수준으로 어떻게 보고 있는지를 극명하게 보여준다. 어쨌든 혜환이 문단에서 갖는 파급력에 주목하며, 부정적인 감염력을 우려했다. 그를 낮게 평가하긴 했지만 혜환의 영향력이 그만큼 작지 않았다는 반증도 된다.

「박제가필간찰朴齊家筆 簡札」(위), 53.3×26.8cm, 국립중앙박물관. 「이덕무 서간李德懋書簡」, 53.4×27cm, 국립중앙박물관.

기이하고 매력적인 작가

혜환은 전무후무한 시인이며 문장가였다. 그러나 삶의 자취와 흔적은 많이 지워져 있다. 그의 문학이 뚜렷한 계보를 형성하지 못하고 있음도 아쉬운 지점이다. 혜환은 어떤 집단에 속하여 활동한 인물이 아니었다. 집단이 주는 안락함에 몸을 기대지 않고 개인의 독립성에 집중했다. 말 그대로 진정한 개인의 탄생이 그에게서 실현된 셈이다.

그의 시와 산문은 새로웠다. 시는 평측과 압운을 지키지 않고 근체시의 금기들도 훌쩍 뛰어넘었다. 연작시를 위주로 했는데 송시와 만시가 주를 이루었다. 연작시로 주로 시를 구성해서 서사보다 독립적인 메시지를 전하는 데 주력했다. 서사에 크게 힘을 쏟지 않은 것은 산문의 경우와 맥이 닿아 있다. 송시는 민중시의 새로운 시도라 할 수 있고 만시는 죽음에 대한 새로운 해석이라 할 수 있다.

산문에선 문체의 경계를 허물어뜨리려고 노력했다. 서사보다 의론을 강조했다. 그러니까 어떤 글에든 내 할 말을 담겠다는 것이다. 거기에 기발한 발상이 더해졌다. 청언淸言의 구기口氣가 느껴지는 것도 많았고, 삶의 비의秘意를 깨달은 듯한 내용도 많았다. 이전에도 이후에도 찾아볼 수 없는 새롭고 기발한 산문들이었다. 그러나 문체의 형식을 깨는 것이 모두 좋은 효과만 있었던 것은 아니다. 문체의 형식을 깨서 어떤 문체의 글이든 대동소이하게 느껴진다. 수신자를 전혀 고려하지 않겠다는 듯이 오로지 자신의 이야기만 하겠다는 것도 해석에 따라서는 비판을 받을 수 있는 지점이다. 기발한 발상에 대한 강박에 가까운 시도가 오히려 기발한 발상을 식상하게 반복하도록 했다. 그렇다고 그의 시문이 갖는 단점과 약점으로 그의 문학을 평가절하할 필요는 없다. 그가 조선시대에 가장 독창적인 문학을 했던 인물인 것은 틀림없다. 예술이 결국 남과 다른 자신의 색깔을 갖는 것이라면, 혜환의 색깔은 남들과 확연히 달라서 어디서든 눈에 띄는 독특한 빛을 발했다.

2

중인들, 혜환의 제자가 되다

혜환과 관련된 인물 중에는 유독 중인中人이 많았다. 유경종柳慶種
의 「혜환에게 부치다寄惠寰」에는 "명성이 아래로 여항까지 미쳐서
는, 아전들 열네댓 명이었으나, 이따금 범속함을 벗어나, 색색色色
으로 의취意趣를 품고 있었네下逮閭巷間, 吏胥十四五. 種種脫凡陋, 色色
有意趣"**3**라 하여, 혜환을 따르는 중인 문인이 많았음을 시사한다.

시인만 들자면 김숙金橚, 이단전李亶佃(1755~1790), 이성중李聖中,**4**
정사현鄭思玄(1738~?),**5** 이언진 등이 있다. 김숙은 본관은 개성開
城이고 자는 사징士澄이며 호는 평와萍窩다. 그에 대한 자료는 『풍
요속선風謠續選』에 총 11수의 시가 수록되어 있고, 이언진 문집에
발문인 「송목관신여고발松穆館燼餘稿跋」이 남아 있다. 혜환이 그의
문집 서문인 「평와집서萍窩集序」를 남겨 문집이 있었던 것으로 보
이지만 현재는 전해지지 않는다.

이성중은 자가 사집土執이고 초호初號가 죽와竹窩이며 이후 장와壯窩로 호를 고쳤다. 그에 대한 자료는 『이향견문록里鄕見聞錄』과 『풍요속선』에 실려 있는데,[6] 『풍요속선』에는 총 7수의 시가 실려 있다. 혜환이 그의 문집 서문인 「장와집서壯窩集序」를 남겨서 문집이 있었던 것으로 보이지만, 현재는 전해지지 않는다. 정사현은 자세한 이력을 확인할 수 없다. 이언진과 이단전은 앞에서 다루었기에 재론하지 않는다.

이 가운데 김숙과 이성중은 혜환이 시집을 써줄 당시 노년으로, 혜환과는 사승師承 관계가 분명치 않다. 이단전은 1781년 26세의 나이로 73세의 혜환을 찾아왔으니, 혜환에게서 시를 직접 배운 사이는 아니었던 것으로 보인다. 정사현은 6언시를 주로 창작했던 것으로 미루어보아 6언시에 남다른 관심을 쏟았던 혜환의 영향을 받은 것으로 추정해볼 수 있다. 신진부터 노장까지 여러 중인이 그의 서문을 받으려 했으니, 중인 문단에 그가 끼친 영향력을 확인할 수 있다.

그렇다면 혜환이 중인 문인들과 주로 어울렸던 이유는 무엇일까? 첫째, 남인 시단에서 비주류였기 때문에 거기서 활동하지 못하는 아쉬움이 있었다. 둘째, 중인 문인들에게 영향력을 끼침으로써 소외감을 달랬다. 셋째, 역관이 많았기에 그들을 통해서 연경燕京의 최신 서적들을 구할 수 있다는 현실적인 계산도 있었다. 그렇다면 중인들이 혜환을 따랐던 이유는 무엇일까? 그의 주변에 중인 문인이 많다는 소문이 돌면서 중인들이 혜환 주위로 차츰 모여들게 되었다. 혜환에게 시를 배우고 서문을 받는 것이 실력을 검증받는 하나의 관례로 자리 잡았던 것 같다.

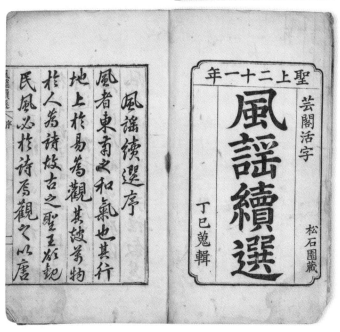

風謠續選序

風者東南之和氣也其行
地上柞易爲觀其皷蕩萬物
柞人爲詩故古之聖王旣起
民風必柞詩爲觀之以唐

聖上二十一年
丁巳蒐輯

芸閣活字

松石園藏

風謠續選

『풍요속선風謠續選』(금속활자본), 천수경 외, 18.7×31.6cm, 국립민속박물관.

남인 문단에 비주류로 머물다

혜환은 어떤 사람들과 교유했을까? 그의 교유도 글만큼이나 특이하다. 주변 문인들의 기록에선 마치 의도적으로 삭제한 것처럼 그에 대한 기록을 찾아보기 어렵다. 특히 사대부 문인과의 만남이 더욱 그러하다. 혜환의 기록에서는 이름을 확인할 수 있으나, 채제공, 신광수,[7] 목만중, 정범조[8]의 문집에는 혜환에 대한 글이 아예 없거나 한두 편 남짓 남아 있을 뿐이다. 상대방하고 대등하게 시문을 주고받았다기보다 일방적이라는 느낌을 줄 정도다.

채제공을 예로 들어보자. 번암은 남인의 정치적 지도자로서 여러 시사詩社를 주도적으로 이끌었다. 혜환은 번암[9]과 번암의 백사白社[10]에도 여러 편의 글을 남긴 바 있다. 이와는 달리 무슨 이유에선지 번암은 혜환에게 아무 글을 남기지 않았다. 어떤 연구자들은 이가환이 신유사옥에 연루되어, 뒤에 번암의 문집을 만들 적에 혜환의 기록을 삭제한 것으로 보인다고 했다. 그러나 이런 이유일 가능성은 적어 보인다. 1799년 가을에 이가환과 정약용이 채제공의 유집遺集을 교정校正했다. 이가환이 채제공의 문집을 교정하면서 아버지의 기록을 의도적으로 뺐을 가능성은 적다. 그뿐 아니라 정작 번암의 문집에는 이가환과 관련된 글들이 남아 있다.[11] 이런 이유를 볼 때 신유사옥 때문에 혜환의 기록을 번암의 문집에서 찾아볼 수 없다는 것은 논리적으로 맞지 않는다.

그나마 목만중의 경우는 약간 달랐다. 그들은 나이가 무려 19년이나 차이가 난다. 그러니 동료라기보다 후배 문인으로 보는 것이 마땅하다. 목만중은 채제공의 번리시사樊里詩社와 함께 남인

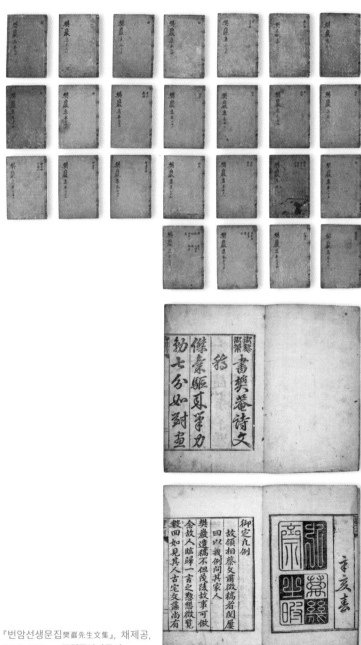

『번암선생문집樊巖先生文集』, 채제공,
20.6×31.6cm, 국립중앙박물관.

의 대표적인 시사였던 서원시사西園詩社를 이끌었다. 또 목만중은
채제공을 존장으로 삼아 백사白社를 결성하기도 했다. 이용휴는
목만중과는 거의 대등하게 시문을 주고받았다.[12] 두 사람의 관계
는 예외에 가깝다. 뒤에 목만중은 공서파攻西派로 이가환을 공격
하고, 이가환이 추국을 당할 때 목만중이 천주교도였음을 밝혔다.

　이러한 사실로 볼 때 혜환은 당시 주류 남인 문단에서 적극적
으로 활동하지는 못했던 것 같다. 물론 당시에는 서로 활발히 소
통했던 흔적들이 있었지만, 차후에 어떤 정치적인 문제나 개인적
인 문제로 삭제되었을 가능성도 배제할 수는 없다. 그렇지만 번
암의 경우를 보면 그럴 가능성도 크지 않아 보인다. 사대부 문인
중 뚜렷하게 그의 제자로 꼽을 수 있는 사람도 없고, 혜환이 주도
적으로 시사詩社에 참여한 사실도 없다. 그가 중인들과의 관계에
치중했던 데는 이런 소외감도 한몫했던 것으로 보인다.

예술가들과 친구가 되다

혜환은 유독 예술가들과의 교분이 두터웠으니 강세황, 김홍도,
정철조, 최북, 허필 등을 들 수 있다. 그중 한 명인 정철조鄭喆祚
(1730~1796)는 본관은 해주이고 자는 성백誠伯이며 호는 석치石痴
다. 1774년 문과에 급제한 후 정언 등을 지냈다. 그는 문학뿐 아
니라 서화·천문·지리·기계 제작 등 다방면에 빼어난 재주를 보
였다. 정철조는 이가환李家煥의 장인인 정운유鄭運維(1704~1772)의
아들이다.

이규상의 『병세재언록』에는 정철조가 산수를 잘 그렸고, 벼루를 새기는 데 벽癖이 있다고 하며 벼루 만드는 솜씨를 묘사했다.[13] 한마디로 벼루 만드는 기술자이자 화가였다. 사람들에게는 벼루에 미친 사람으로 더 잘 알려져 있다.

정철조가 깎은 수많은 벼루 중 실물로 남은 것이 분명히 어딘가에 있을 테지만, 아직 확인된 것은 없다. 다만 박영철朴榮喆(1879~1939)이 소장했던 정철조의 벼루를 이한복李漢福(1897~1940)이 그린 그림이 남아 있다. 이 벼루는 원래 정철조가 그의 사돈이었던 이용휴에게 선물한 것이다. 벼루 앞면에는 이용휴가 직접 새긴 "손은 글씨를 잊고, 눈은 그림을 잊는다. 돌에서 무얼 취할까? 치癡와 벽癖이 으뜸이다手忘書, 眼忘畫. 奚取石, 癡癖最"라는 글귀가 적혀 있고, 뒷면에는 "정철조가 만든 벼루이니, 자자손손 영원히 보물로 사용하라"는 글귀가 적혀 있다. 질박하고 꾸밈없는 전형적인 조선 벼루의 모양새를 지녔다.[14] 혜환은 그의 그림 두 장과 벼루 한 개에 두 편의 제발과 한 편의 명銘인 「정석치의 여기저기 그린 그림에 쓰다題鄭石癡散畫[三則]」 「정석치 이조도에 쓰다題鄭石癡異鳥圖」 「연녕연명硯銘」 등을 남겼다. 정철조의 아버지인 정운유鄭運維와도 교분을 이어갔다. 혜환은 그의 묘지명인 「자헌대부 공조판서 정공 묘갈명資憲大夫工曹判書鄭公墓碣銘[幷序]」과 송시인 「정사군이 서주의 임지로 가는 것을 전송하며送鄭使君之任舒州」 등도 썼다.

혜환은 계층적으로는 중인들과 친했으며, 정서적으로는 마니아적인 인물들을 좋아했다. 서화 수장과 비평에 평소 소양이 깊었다. 미술에 대한 남다른 안목으로 여러 편의 제화題畫를 남겼

박영철朴榮喆이 소장하고 있던 정철조 벼루를 이한복李漢福이 그린 그림(위). 앞에는 이용휴의 명이, 뒤에는 이가환의 시가 새겨져 있다. 「무계구기武溪舊基」, 정철조, 종이에 엷은 색, 28.5×19.3cm, 간송미술관.

다.[15] 평소 이런 기질 탓에 화가들에게 관심을 갖게 된 것은 어쩌면 당연한 일이었다.

그가 주로 만났던 인물들은 크게 중인과 친인척들이었으며, 불우한 사대부들이 전부였다. 그를 가리키는 재야의 문형文衡이란 말은 찬사로도 들리지만 끝내 제도권으로 진입하지 못한 채 주변부만 맴돌아야 했던 아픈 속내도 함께 보여준다. 누가 어떤 사람을 만나는지를 통해, 그 사람이 소중하게 여기는 삶의 가치를 확인할 수 있다. 혜환은 능력자를 만나 도움을 받아 성장하기보다는 자신이 소외된 이들의 재주를 개발하고 싶어했다. 그것은 그들의 삶에 대한 연민도 있었겠지만, 자신의 처지와 삶을 그들과 동일시했기 때문에 가능한 일이기도 했다.

혜환의 교유를 이야기로 구성하는 일은 쉽지 않다. 혜환과 교유한 인물들에 대해 혜환이 남긴 글은 많아야 몇 편에 불과하고, 상대방의 문집이 남아 있지 않거나 남아 있더라도 혜환의 글은 거의 찾아볼 수 없기 때문이다.

1708 | 무자 숙종 34년 1세
장천長川에서 태어나다.

1713 | 계사 숙종 39년 6세
1월 7일 부친상을 당하다.

1719 | 기해 숙종 45년 12세
서울로 거처를 옮기다.

1725 | 을사 영조 1년 18세
진산유씨晉山柳氏 유헌장柳憲章의 딸과 혼인하다.

1735 | 을묘 영조 11년 28세
생원시에 합격하고 절충첨중추折衝僉中樞에 제수되었으나 출사
하지 않다.

1741 | 신유 영조 17년 34세
이양환李陽煥(단헌)의 60세 생일에 수서인 「단헌옹육십수서檀軒
翁六十壽序」를 써주다.[1]

김득대金得大가 순흥부사順興府使에 제수된 11월 25일 이후에 「봉송순흥사군김공서奉送順興使君金公序」를 써주다.[2]

1742 | 임술 영조 18년 35세
아들 이가환이 태어나다.
「사내당기四耐堂記」를 짓다.
5월 27일 족질인 이지환李趾煥의 죽음에 「족질인혜뇌族姪㺧兮誄」를 짓다.
12월 홍백창洪百昌의 죽음에 「홍유화뇌洪囿和誄」를 짓다.

1743 | 계해 영조 19년 36세
이경배李景培가 38세의 나이로 세상을 떠나자 「이자앙뇌李子昻誄」를 짓다.

1745 | 을축 영조 21년 38세
이양환의 죽음에 「단헌옹 제문檀軒翁祭文」을 짓다.

1747 | 정묘 영조 23년 40세
6월, 모친 조씨趙氏의 상을 당하다.

1751 | 신미 영조 27년 44세
윤5월, 종제 이맹휴李孟休를 곡하다.

1754 | 갑술 영조 30년 47세
신사권申史權[3]의 죽음에 「신진사 사권에 대한 만시申進士挽(名: 史權)」를 짓다.

1758 | 무인 영조 34년 51세
정운유鄭運維가 서천舒川 군수로 부임할 때 「정사군이 서주의 임지로 가는 것을 전송하며送鄭使君之任舒州」를 짓다.
이익이 조카 이용휴에게 「종자 용휴에게 답하다答從子用休 무인戊寅」을 보내다.

1759	기묘 영조 35년 52세

정월에 허휘許彙가 강진康津 군수로 부임할 때 「양무군수 허휘를 전송하며送陽武許使君彙」를 짓다.

누이 홍일휴洪日休의 처를 곡하다.

1761	신사 영조 37년 54세

1월에 형 이광휴가 세상을 떠나다.

1762	임오 영조 38년 55세

정항령鄭恒齡이 장연長淵 부사로 부임할 때 「정사군 항령이 연강의 임지로 가는 것을 전송하며送鄭使君恒齡之任淵康」를 짓다.

1763	계미 영조 39년 56세

통신사를 따라 일본에 가는 문인 이언진을 전송하다.

12월, 숙부 이익의 상을 당하다.

1764	갑신 영조 40년 57세

이명준李命俊이 경성판관鏡城判官으로 부임할 때 「우경이 경성의 임지로 가는 것을 전송하다送虞卿之任鏡城」를 써주다. (『승정원일기』에는 영조 40년(1764) 6월 5일 경성판관에 제수되었다고 나온다.)

1765	을유 영조 41년 58세

형 이광휴의 묘지명 「죽파처사이공 묘지竹坡處士李公墓誌」를 짓다.

목만중睦萬中이 비인현감庇仁縣監으로 나갈 때 「목유선 만중이 비중의 임지로 가는 것을 전송하며送睦幼選萬中之任庇衆」를 짓다. (『승정원일기』에는 6월 22일 목만중이 비인현감에 제수된 것으로 나온다.)

1766	병술 영조 42년 59세

부인상을 당하다.

27세로 요절한 문인 이언진을 곡하다.

유사상의 죽음에 「친구 유사상에 대한 만시挽柳友士常」를 짓다.

홍성洪晟이 풍천부사豊川府使로 나갈 때 「홍성 영공께서 서하의 임지로 가는 것을 전송하며送洪光國令公之任西河」를 짓다. (『승정원일기』에는 6월 30일 홍성이 풍천부사에 제수된 것으로 나온다.)

1767 정해 영조 43년 60세
채제공이 함경도 관찰사로 나갈 때 「대부 번암 채제공이 조정에서 나와 함경도 관찰사로 나가는 것을 전송하며奉送蔡大夫樊巖出按北藩」를 짓다.
김조윤金朝潤이 문천군수文川郡守로 나갈 때 「김조윤이 문주의 임지로 가는 것을 전송하며金擢卿朝潤之任文州」를 짓다. (『승정원일기』에는 윤7월 19일 김조윤이 문천군수에 제수된 것으로 나온다.)

1768 무자 영조 44년 61세
이만회李萬恢가 순천부사順天府使로 나갈 때 「이중용 만회가 순천의 임지로 가는 것을 전송하며送李仲容萬恢之任順天」를 짓다. (『승정원일기』에는 5월 18일 부임한 것으로 나온다.)
유운익柳雲翼이 맹산현감孟山縣監으로 나갈 때 「봉지 유운익이 맹성의 임지로 가는 전송하며送鵬之使君之任孟城」를 짓다. (『승정원일기』에는 5월 18일 부임한 것으로 나온다.)

1769 기축 영조 45년 62세
홍명한洪名漢이 강원도 관찰사로 나갈 때 「홍대부가 강원도 관찰사로 나가는 것을 전송하며送洪大夫出按關東省」를 짓다. (『승정원일기』에는 1월 21일 부임한 것으로 나온다.)

1770 경인 영조 46년 63세
넷째 사위 이응훈李應薰이 세상을 떠나고, 외손자 이학규가 태어나다.

1771 신묘 영조 47년 64세
아들 이가환이 사마시司馬試에 합격하여 진사進士가 되다.
신광수申光洙가 연천현감漣川縣監으로 나갈 때 「신광수가 연천에 부임하는 것을 전송하며送申使君光洙之任漣川」를 짓다. (『승정원일기』에는 9월 8일 부임한 것으로 나온다.)

1772	임진 영조 48년 65세

정운유鄭運維가 죽자 「자헌대부 공조판서 정공묘갈명資憲大夫工曹判書鄭公墓碣銘[幷序]」을 짓다.
신광수申光洙가 영월부사寧越府使로 나갈 때 「신성연이 영월에 부임하는 것을 전송하며送申使君聖淵之任寧越」를 짓다. (『승정원일기』에는 9월 부임한 것으로 나온다.)

1773	계사 영조 49년 66세

조육趙堉의 회방첩에 「삼가 평양조공平壤趙公의 회방첩回榜帖에 쓰다敬題平壤趙公回榜帖」를 짓다.

1774	갑오 영조 50년 67세

4월에 평안도 관찰사로 나가는 채제공을 위해 「채사도가 관서의 관찰사로 나가는 것을 전송하는 서문送蔡司徒出按關西序」을 짓다.

1776	병신 영조 52년 69세

7월, 동생 이병휴를 곡하다.
9월 안정복이 목천현감으로 나갈 때 「안백순이 목천현감으로 나가는 것을 전송하는 서문送安百順出宰木川序」을 짓다.

1777	정유 정조 1년 70세

아들 이가환이 증광시增廣試에 을과乙科로 급제하여 승문원 부정자가 되다.
다산의 아버지 정재원丁載遠이 화순현감으로 부임할 때 「정사군이 오성의 임지로 가는 것을 전송하는 서문送丁使君之任烏城序」을 썼다.

1778	무술 정조 2년 71세

2월, 아들 이가환이 문신제술文臣製述에서 수석을 하여 6품으로 승서陞敍되다.
상이 소견하여 이가환에게 중국의 역사歷史와 관제官制, 역법曆法, 천문天文, 경의經義 등에 대해 두루 묻고 박식함을 칭찬하다.
3월, 사은겸진주정사謝恩兼陳奏正使가 되어 연경燕京에 갔을 때 「번암 채상서가 연경에 가는 것을 전송하는 서문送樊巖蔡尚書赴燕序」을 짓다.

1780	경자 정조 4년 73세

이가환이 입시하여 「규장각사경시奎章閣四景詩」를 지어 올린 것을 모은 첩에 혜환이 「규장각시첩 서문奎章閣詩帖序」를 짓다.

이가환이 비인현감庇仁縣監이 되다.

여름, 권사언權師彦의 만어정晚漁亭에 「만어정기晚漁亭記」를 짓다.

9월 권암의 만시인 「권시암 암에 대한 만시挽權尸菴(巖)」를 짓다.

10월 한광전韓光傳이 예안현감禮安縣監으로 나갈 때 「한경선이 예안의 임지로 가는 것을 전송하는 서문送韓使君景善之任禮安序」을 짓다.

정란鄭瀾이 백두산을 유람할 때 「대부 정란이 백두산을 찾고 인하여 두루 우리나라의 여러 명산에 유람하는 것을 전송하며送鄭大夫瀾尋白頭山因遍遊域內諸名山」를 짓다.

이동우李東遇가 삼척부사로 나갈 때 「이동우가 척주로 부임하는 것을 전송하며送李陟州之任」를 짓다.[4]

1781	신축 정조 5년 74세

7월, 아들 이가환이 서명응徐命善의 추천으로 예조 정랑에 차임되어 「예조등록禮曹謄錄」을 수정하다.

8월, 아들 이가환이 특지로 지평에 제수되다.

1782	임인 정조 6년 75세

1월 15일 졸하다. 후에 이조 판서에 증직되다.

혜환의 저술

그의 문집은 공간公刊되지 않았다. 현재 남아 있는 자료도 대부분 필사본 형태로 존재하는데, 그것도 상당 부분 낙질落帙된 채로 남아 있다. 지금은 많은 분량의 원고가 일실된 것으로 추정되나 그의 작품이 더 발굴될 가능성은 여전히 남아 있다.

혜환의 필사본은『혜환시집惠寰詩集』『탄만집敥敼集』『혜환거사시집惠寰居士詩集』『혜환시초惠寰詩鈔』『혜환집초惠寰集抄』『혜환잡저惠寰雜著』[1] 등 6종이며, 기타 선집인『시가점등詩家點燈』『금심錦心』『대동시선大東詩選』『필동록必東錄』등에서도 그의 시를 접할 수 있다. 앞의 4종은 대부분 동일한 시로 구성되어 있으나,『혜환집초』에는 처음 보는 작품이 많이 실려 있다. 반면, 선집의 경우『시가점등』『필동록』등에서 새로운 작품들이 나온다.

이 글에서는 지금까지의 혜환 연구에서 간과된 자료나 새로운 자료를 통해, 각 필사본의 형태를 차례대로 살펴보고, 또 각 필사본에 나타난 차이점의 대비를 통해 혜환 시의 전체 윤곽을 되짚

어보는 순서로 논의를 전개하고자 한다. 단, 시를 중심으로 논의하되『혜환집초』에서는 문文에 대해 간략히 언급할 것이다.

필사본의 서지 사항

『혜환시집惠寰詩集』

본래 이돈형 씨 개인 소장본으로 가장家藏되어 내려온 자료다. 현재는 국립중앙도서관에 소장된 자료로 2권 2책의 필사본 형태로 되어 있으며, 편찬 연도는 알 수 없다. 본 시집은 제7권, 제8권으로 구성되어 있고 총 58제 300수가 수록되어 있다. 대부분의 이본이 이 판본을 기준으로 작성된 것으로 보이는데, 이 판본은 상당 부분 또는 한 권 분량 이상이 낙질된 것으로 추정된다.

	5언절구	5언율시	5언고시	7언절구	7언율시	5언율시 7언율시	6언절구	계
제題	27	1	2	18	7	1	2	58
수首	179	2	2	93	13	¢	11	300

참고: 「원일시필元日試筆」은 동일한 시제로 5언율시, 7언율시가 각 1편씩 실려 있으므로 제는 5언율시, 7언율시로 통일해서 넣고 수는 각자 해당되는 칸에 넣었다.

규장각에 소장된 자료로 1책(80장)의 필사본 형태다. 편찬 연도는 알 수 없고, 총 59제 305수가 수록되어 있으며, 2000년에 한국문집총간(v.223)에 실리게 되었다. 분권分卷, 문류표출文類標出, 서발序跋 등이 전혀 없으면서도 시는 시체별詩體別, 문은 문류별文類別로 구분하여 정리되어 있다. 시체와 문류가 바뀔 때마다 언제나 신엽新葉으로 시작되고 있는 것으로 보아, 유고를 정리한 후 간행을 준비하기 위해 제1차로 편차編次한 고본稿本인 것 같다.[2] 본 판본은 『혜환시집』과 모든 작품이 동일하나 『탄만집』에 「이승지 수일에 대한 만시挽李承旨秀逸」(5언절구 5수)가 더 실려 있다.

	5언절구	5언율시	5언고시	7언절구	7언율시	5언율시7언율시	6언절구	계
제	28	1	2	18	7	1	2	59
수	184	2	2	93	13	0	11	305

참고: 「원일시필」은 동일한 시제로 5언율시, 7언율시가 각 1편씩 실려 있으므로, 제는 5언율시, 7언율시로 통일해서 넣고 수는 각자 해당되는 칸에 넣었다.

『혜환거사시집惠寰居士詩集』

개인이 소장한 자료로 1책의 필사본 형태다. 편찬 연도는 알 수 없으나, 자료 첫머리에 '표옹豹翁'이라는 표암豹庵 강세황姜世晃의 인각印刻이 찍혀 있어 대략의 시기를 예측할 수 있다. 총 127제 341수가 수록되어 있다. 이 자료는 현존하는 혜환의 어떤 필사본보다 풍부한 작품을 싣고 있어 혜환의 시를 이해하는 데 매우 중요한 자료다.

	5언절구	5언율시	5언고시	7언절구	7언율시	7언율시 7언절구	5언율시 7언절구	제
제	56	5	4	49	11	1	1	127
수	179	11	4	124	23	∅	∅	341

참고:「다시 앞서의 운자韻字를 거듭하여 백문사사白門詩社에 보내다復疊前韻寄白門詩社」는 동일한 시제로 7언율시 6수, 7언절구 5수가 실려 있으므로, 제는 7언율시, 7언절구로 하나로 통일해서 넣고 수는 각자 해당되는 칸에 넣었다.「이태백의 고사古事를 사용하여 붓을 휘둘러서 김도인金道人에게 주다用太白古事酒翰贈金道人」는 동일한 시제로 5언율시 2수, 7언절구 8수가 실려 있다. 앞의 경우와 동일하게 배치했다.

『혜환시초惠寰詩鈔』

국립중앙도서관에 소장된 자료로 1책(26장)의 필사본 형태다. 시집 마지막 장 간기刊記에는 '병진유하서등丙辰榴夏書謄'이라 기록되어 있어 시기를 대략 추정해볼 수 있으나, 정확한 시기는 알 수 없다. 총 110제 251수가 수록되어 있다. 『혜환거사시집』과 수록된 시가 같거나 보다 적게 실려 있으며, 편집 순서가 『혜환거사시집』과 거의 같으므로 이 판본은 『혜환거사시집』을 저본으로 가려 뽑은 선집임에 틀림없다. 단, 「얼큰히 취해 되는 대로 읊은 글을 외손자 허탁許琢에게 주다微醺漫吟書贈外孫許琢」의 경우 『혜환거사시집』에는 7언절구 1수가 실려 있으나, 여기에는 7언절구 2수가 더 실려 있다.

	5언절구	5언율시	5언고시	7언절구	7언율시	7언율시 7언절구	5언율시 7언절구	계
제	57	4	3	38	6	1	1	110
수	146	10	3	77	15	∅	∅	251

참고: 「다시 앞서의 운자를 거듭하여 백문시사에 보내다」는 동일한 시제로 7언율시 6수, 7
언절구 3수가 실려 있으므로, 제는 7언율시, 7언절구로 하나로 통일해서 넣고 수는
각자 해당되는 칸에 넣었다. 「이태백의 고사를 사용하여 붓을 휘둘러서 김도인에게
주다」는 동일한 시제로 5언율시 2수, 7언절구 8수가 실려 있다. 앞의 경우와 동일하게
배치했다.

『혜환집초惠寰集抄』

고려대도서관에 소장된 자료로 1책으로 된 필사본 형태의 수진본
袖珍本이다. 『혜환집초』는 화산華山 이성의李聖儀가 수집한 자료로
맨 뒷면에는 그가 적은 것으로 보이는 "이 『혜환집초』 한 권은 수
진본이다. 정종대왕 때 사람인 이가환의 친필 교정본이다此惠寰集
鈔一卷 袖珍本 正宗大王時人 李家煥 親筆校正本"라는 글이 부기되어 있다.
글씨가 추솔麤率하여 판독이 매우 까다롭다. 시는 현재 남아 있는
판본들과 전혀 중복되지 않는 새로운 작품들로 채워져 있다.

이 자료는 크게 세 부분으로 나뉘어 있다. 시는 초학初學, 유학
有學으로 분류되어 있는데, 초학에는 34제 35수가 실려 있고, 유
학에는 14제 19수가 실려 있다. 초학과 유학으로 분류한 것은 전
겸익의 문집 체재를 본뜬 것으로 보인다. 모두 처음 선보이는 시
들로 총 48제 54수가 수록되어 있다. 여기에 수록된 시들은 다
른 판본에서처럼 연작시의 경향은 보이지 않고, 시체詩體에서는
혜환의 특질 중 하나인 6언시나 전에 볼 수 없었던 3·5·7언시

같은 특이한 형식도 엿보인다. 내용 면에서는 혜환시를 통틀어 영물시詠物詩가 12제에 불과한 것과 대비해볼 때, 거의 대부분이 영물시로 채워져 있는 것은 이례적이다. 문은 10편이 수록되어 있는데 그중 6편은 여기에서 처음으로 보이는 자료다.

	5언절구	5언율시	7언절구	7언율시	6언절구	3,5,7언	계
제	2	9	11	24	1	1	48
수	2	9	11	25	5	2	54

시詩	초학	山家雜詠, 雪後, 山中, 自遣, 夏日, 夜, 睡仙堂早梅, 牧童韻, 夜次前韻, 訪山家, 山寺, 偶題, 山行, 還舊第作, 偶書, 夏日, 梅, 閒居, 幽居, 偶題, 鷄, 醇, 綏, 鷰, 落葉, 偶題, 山家, 夏日, 雨, 尋春, 遊賞, 遊甂, 述懷, 村○
	유학	讀書有感, 途中, 偶成, 和壁上韻, 謾吟, 閒居雜興六言, 閒中偶詠, 扇, 述行, 志感, 記遊, 三五七言, 聽鶯, 偶題
문文	『혜환집초』에만 보이는 작품	(제목이 보이지 않음), 貽謀錄序, 季父星湖先生八十壽序, 送洪文伯遊楓山嶽序, 訪花稿小序
	다른 판본에도 보이는 작품	松穆閣詩文序, 李華國遺艸序, 奉送洪大夫使燕序, 故進士漢源盧公墓誌銘, 連巢集序

참고: ○는 판독이 불능한 글자임.

『혜환집초』는 논란의 여지가 있는 자료다. 앞선 논자들도 이 자료를 혜환의 것으로 보는 데 유보적인 입장을 취한다.[3] 이 자료의 신뢰성을 크게 떨어뜨리는 것은 수록되어 있는 작품 중에 이가환의 작품이 섞여 있다는 점이다. 산문에서 「연소집 서문連巢集序」은 이가환의 「솔경시 서문率更詩序」과 제목만 다를 뿐 내용은 같다. 또 「죽은 진사한원노공묘지명故進士漢源盧公墓誌銘」도 이가환의 작품이다. 반면, 시는 이용휴와 이가환의 문집에 수록되어 있는 작품들과 중복된 것이 단 한 편도 없다. 시의 경우에는 이것이 이용휴의 작품인지 이가환의 작품인지 쉽게 예단할 수 없다. 그러나 누구의 작품이든 특정 시기에 쓰인 작품들로 보인다. 작가와 창작 시기에 대해서는 좀더 논의가 필요할 듯하다.

선집들의 서지 사항

『시가점등詩家點燈』

『시가점등』은 선집 중에 가장 주목할 자료다. 이규경李圭景(1788~?)의 『시가점등』에는 「매월혜환영사梅月惠寰詠史」 「혜환준시략초惠寰雋詩畧鈔」 등 혜환의 시 2칙則이 실려 있다. 우선 「매월혜환영사」에는 김시습의 영사시詠史詩가 함께 수록되어 있다. 총 8제 8수로 중국의 인물만을 다룬 영사시로만 실려 있다. 혜환의 영사시는 뒤에 소개될 『필동록』 1제 7수의 시를 제외하고는 유일하게 이 선집에서만 찾아볼 수 있다.

다음으로 「혜환준시략초」에는 좀더 많은 자료가 실려 있다. 여기에는 27제 45수가 실려 있는데, 다른 판본과 중복된 것을 제외하면 총 23제 38수가 새로운 시다. 형식 면으로 6언시이고 내용면으로 송시送詩, 제시題詩 등이 보이는 것으로 보아, 문집에 수록되지 않은 시들이 당대 문인들 사이에서 회자되었던 것으로 보인다. 재미있는 사실은 이덕무의 『청비록』에 실려 있는 혜환의 시가 이규경의 『시가점등』에 모두 실려 있다는 점이다. 아마도 손자인 이규경이 이덕무와 동일한 자료를 본 것으로 추정된다.

이규경은 「혜환준시략초」의 서두와 중간 부분, 마지막 부분에서 자신의 단견短見을 적고 있다. 서두 부분에서는 "혜환 이용휴는 여흥驪興 사람이다. 그의 시는 뛰어나게 아름다워 쉽게 얻을 수 없는 것이다. 다만 전체 원고를 보지 못하고 오직 흩어져 다니는 것을 얻었으나, 항상 읊어도 싫증이 나지 않는다"[4]고 했으며, 끝부분에서는 "이것은 휴지休紙와 난초亂草 중에서 얻은 것인데 얼어붙은 손을 호호 불면서 가까스로 쓴 것이었으니, (시를) 깊이 사랑하여 벽癖이 된 것임을 알 수 있었다"[5]고 했다. 이규경은 혜환이 죽은 뒤에 태어난 인물이다. 이규경이 생존해 있던 때만 해도 혜환의 작품이 상당수 남아 있었을 것으로 추정된다.

	5언절구	7언절구	6언절구	계
제	15	11	1	27
수	22	20	3	45
「매월혜환영사」	咏陳平, 咏蘇子卿, 咏孔光, 咏揚雄, 咏李元禮, 咏李勣, 咏陽履, 咏魏仲山			
「혜환준시략초」	送許子正遊楓岳, 寄塾隱, 步韻呈拙簡, 六言, 有感, 謾筆, 題金剛山圖, 古意, 寄○叟, 拙隱詩尋常看來無異於人而中有妙趣, 送奎輔遊妙香山, 訪山家, 送仲殷進士還鄕, 贈別高興太守許晉卿, 贈咸豐使君鄭玄老			

참고: 1. ○는 판독이 불가능한 부분이다. 2. 다른 판본에 보이는 작품은 목록에 넣지 않았다.

『금심錦心』

이 선집은 송준호 선생 소장본이다. 자하紫霞 신위申緯, 우촌雨村 남상교南尙敎, 혜환 이용휴, 다산 정약용의 시들을 초抄한 책이다. 초록한 사람이 자신이 애호하는 시인의 시들을 임의로 뽑아놓은 것이다. 혜환의 경우, 새로운 작품이 단 한 편도 없으며, 시들이 다른 판본과 제목조차 맞지 않는 경우가 많고, 한 제목 아래 다른 시에서 몇 구를 따왔거나 몇 작품을 조합하는 형태로 시를 임의로 구성해놓고 있다. 참고로 예를 하나 들면 다음과 같다. 「증인贈人」이란 제목으로 4수가 실려 있다. 모두 다른 제목인 시 4편을 모은 것이다. 1번 시는 「유춘백이 종성에 돌아가는 것을 전송하며送柳春伯還鍾城」의 5언절구 5수 중 3번째 시에서, 2번 시는 「삼송재에 지어서 부쳐주다寄題三松齋」 5언고시 중에서 마지막 4행을, 3번과 4번 시는 「이우상 만시李虞裳挽」 5언절구 10수 중 7, 8번 시에서 따온 것이다. 이처럼 이 선집은 혜환 작품이 수록된 사실을 제외하고는 특별한 가치가 없다.

『대동시선大東詩選』

『대동시선』은 1918년 장지연이 편찬한 역대 한시 선집이다. 여기에는 15제 20수가 실려 있다. 모두 다른 이본에 보이는 작품으로, 대개 『시가점등』에 소재한 자료들과 수록작이 비슷하다.

　규장각에 소장된 자료로 12권 3책의 필사본 형태다. 연대와 저자가 미상이다(영조대, 18세기 중후반으로 추정). 조선 후기의 명장 임경업林慶業(1594~1646)의 행적과 사후의 신원伸寃 과정, 사당 건립의 내력 등을 모아 편집한 책이다. 여기에는 여러 사람의 글이 실려 있는데, 혜환의 작품으로는 「임장군유사를 읽고 감회를 적다讀林將軍遺事志感」(5언절구 7수)가 있다. 유일하게 한국 인물을 대상으로 한 영사시다.

『병세집拜世集』

『강천각소하록江天閣銷夏錄』

　『병세집』에는 혜환의 글이 총 8편 실려 있다. 이 중 「채제공이 관서로 가는 것을 전송하는 서문送蔡關西序」은 『혜환잡저』에 「채사도蔡司徒가 관서의 관찰사로 나가는 것을 전송하는 서문送蔡司徒出按關西序」이라는 제목으로 실려 있다. 여기에만 실려 있는 산문의 제목은 「허연객 묘지명許烟客生誌銘」「연명硯銘」[6]「불상연명佛像硯銘」「외종숙인 조공趙公에 대한 제문敬祭從舅處士趙公文」「금시당기今是堂記」「삼소권 발문三疎卷跋」 등이다. 또 『강천각소하록』에는 혜환의 글이 3편 실려 있다. 이 중에 「조운거 군에게 주다贈趙君雲擧」는 『혜환잡저』에도 보인다. 여기에만 실려 있는 산문은 「이씨 아이 글씨에 쓰다題李童書」「정수에 대한 제문祭晴叟文」 두 편이다.

혜환의
저술

다른 문집에서도 그의 산문들을 찾아볼 수 있다. 황호의『만랑
집漫浪集』에는「만랑집 후지漫浪集後識」가, 이언진의『송목관집松穆
館集』에는「송목관집서松穆館集序」가 각각 실려 있다.『기락편방沂洛
編芳』에는 혜환의 발문跋文이 부기되어 있고『근예준선近藝雋選』에
는「근예준선서近藝雋選序」가 남아 있다. 또『표은유집豹隱遺集』에는
「묘지명墓誌銘」이,『양천허씨 충장공파보陽川許氏忠莊公派譜』에는「증
가선대부홍문관부제학경연지제교행사헌부장령휘휘묘지명贈嘉善
大夫弘文館副提學經筵知製教行司憲府掌令諱彙墓誌銘」이 실려 있다. 그리고
이극성李克誠(1721~1779)의『형설기문螢雪記聞』 65화에는 혜환이
13세로 요절한 이극성의 딸을 위해 지어준「죽은 딸에 대한 묘지
亡女墓誌」가 실려 있기도 하다. 끝으로 혜환의 형 이광휴의 묘지명
인「죽파처사 묘지명竹坡處士墓誌銘」이 국립민속박물관에 소장되어
있다.[7]

필사본의 분류 및 계통

지금까지 혜환의 필사본과 선집들을 살펴보았다.『탄만집』은『혜
환시집』을 저본으로 하고,『혜환시초』는『혜환거사시집』을 저본
으로 한 것이다.『탄만집』『혜환시집』과『혜환시초』『혜환거사시
집』의 선행 관계에 대해서는 좀더 세밀한 고찰이 필요할 것으로
보인다. 몇 가지 특이 사항으로는『혜환거사시집』에는 6언시가 보

이지 않고, 『혜환시초』에는 다른 판본보다 인명이 정확하게 기재되어 있다는 사실이다. 『혜환시초』의 경우, 필사자가 혜환 생전의 인물이거나 그의 주변 상황에 대해 잘 알고 있었던 인물일 것으로 추정된다. 한편 『혜환집초』의 경우 다른 판본과의 상관관계를 전혀 찾아볼 수 없다. 이 이본들의 선후 관계는 좀더 정밀한 서지적 고찰이 이루어진 후에 파악이 가능할 것으로 보인다.

다음으로 선집을 살펴보자. 『시가점등』『병세집』『강천각소하록』 등에는 다른 곳에서 발견할 수 없는 작품이 다수 실려 있다. 이를 통해 아직 미발굴된 혜환의 시문이 상당수 남아 있을 것으로 추정할 수 있다.

『대동시선』은 『시가점등』과 상당한 연관성이 있다. 『대동시선』의 8제가 제목은 같지 않지만 『시가점등』과 중복된다. 『대동시선』의 편찬 시기를 고려해볼 때, 사후 130년까지도 지금은 확인할 수 없는 혜환의 작품 상당수가 남아 있었던 것으로 보인다. 다음으로 『필동록』은 비록 한 편의 작품만이 실려 있지만, 작품 말미에 '출매남시고出梅南詩稿'라는 기록이 있는 것으로 보아, 『매남시고梅南詩稿』라는 또 다른 판본이 존재했을 것으로 추정된다. 『금심』은 편집자의 독특한 기호가 반영돼 있기는 하지만 별다른 특징이 없는 선집이다.

혼연婚緣

이용휴는 진주유씨晉州柳氏[1] 헌장憲章의 딸과의 사이에 1남 5녀를 두고 있다. 아들 이가환李家煥(1742~1801)은 석치石癡 정철조鄭喆祚(1730~1796)의 부친인 정운유鄭運維[2]의 딸에게 장가들었다. 딸들은 각각 허휘許彙의 아들 허만許晩, 이광직李光溭의 아들 이동욱李東郁, 이동우李東遇의 아들 이응훈李應薰, 신사申渻의 아들 신희연申熹淵, 강세관姜世觀의 아들 강순흠姜舜欽에게 시집보냈다. 이러한 혼연婚緣은 해주정씨海州鄭氏, 양천허씨陽川許氏, 평창이씨平昌李氏, 고령신씨高靈申氏, 진주강씨晉州姜氏 등과 세교世交를 맺는 계기가 된다.

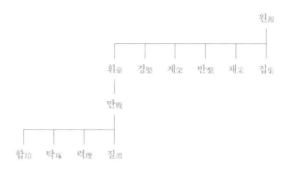

양천허씨陽川許氏

원源

휘彙　경檠　계棨　반槃　채采　집集

만晩

합珆　탁琸　력瓅　질瓆

* 『양천허씨충장공파보陽川許氏忠莊公派譜』참조.

여주이씨와 양천허씨는 몇 대에 걸쳐 세교가 있었다. 금화자金華子 이원휴李元休(1696~1724)는 허채許采·허집許集 형제와 절친했고, 이용휴의 맏딸은 승암勝菴 허만許晩에게 시집갔으며, 혜환의 동생인 정산貞山 이병휴李秉休의 아내도 허규許逵의 딸(1711~1763)이었다.[3] 이원휴, 이용휴, 이병휴 등은 모두 문집에 허씨와 관련된 글을 많이 남기고 있다. 특히 혜환은 『혜환잡저』와 『혜환시집』 등에 양천허씨에 대해 많은 기록을 남겼다.[4] 조선 후기에 활약한 양천허씨 문인들에 대한 선행 연구는 거의 이뤄지지 않았다. 하지만 여러 정황을 참고해보면 그들의 문학적 성취는 가볍게 볼 만한 문제가 아닌 것 같다. 지금껏 연구되지 않고 있는 허담許潭(1723~1801)[5] 같은 이도 주목할 만한 인물 중 한 명이다.

혜환과 특히 관련이 많은 인물은 허원許源(1671~1731)[6]의 여섯 아들과 여서女壻다. 그의 여섯 아들은 집集(1689~1736, 진사),[7] 채采, 반槃(1698~1752, 진사), 계棨(1701~1752, 진사), 경檠, 휘彙 등이고, 여서는 심각沈殼[8]이다. 이 중에 주목할 인물은 채, 경, 휘 등이다.

허채許采(1696~1764)는 자가 중약仲若, 경회景晦이고, 호는 현은자玄隱子, 농와聾窩다. 강박姜樸이 "백 년 이래로 이와 같은 글을 보지 못했다"[9]고 했다는 기록이 가장家狀에 보인다. 저서로 『수진현람修眞玄覽』 『시림잡록詩林雜錄』 『농와집聾窩集』이 있다는 기록이 있으나, 확인은 불가하다. 이원휴李元休(1696~1724)[10]의 『금화유고金華遺稿』에는 허채와 관련된 글이 많이 남아 있으며,[11] 허채도 이원휴가 죽자 「제문祭文」 「만사輓詞」를 지어주었다. 그의 형인 허집도 이원휴에 대한 「만사」를 남기고 있다. 혜환의 아들인 이가환의 문집 『금대시문초』 「농와허공聾窩許公」이란 글에 그에 대한 행적이 자세히 설명되어 있다.

허경許檠(1707~1781, 진사)은 자가 정숙正叔이고, 호는 학주鶴洲다. 그의 여서는 복암茯菴 이기양李基讓(1744~1802)[12]이다. 허경에 대한 글은 『혜환잡저』에 「학주시집발鶴洲詩集跋」과 『혜환시집』에 「허학주경 만시許鶴洲檠挽」(5언절구 4수)이 있고, 이가환의 『시문초詩文艸』(秋)에 「학주허공鶴洲許公」이란 글이 남아 있다. 『학주고鶴洲稿』라는 문집이 있다 전하나 확인할 수 없다.

공은 평온하고 조용하여 도를 즐거워했으며 청기淸奇하여 예스러움을 좋아했다. 혜환 이용휴는 도의로 사귄 벗이었는데 일찍이 말하기를 "정숙正叔은 한 점의 속된 기가 없다" 했다. 석북石北 신광수申光洙와 군열君悅 윤용尹熔[13]은 시를 잘 짓기로 이름났으며 의중儀仲 권후權詡와 참판參判 한필수韓必壽는 사부詞賦에 뛰어났고 조종관서趙宗貫恕의 형제는 모두 변려문騈儷文을 잘했는데 공과 함께 막역한 사이

였으나 경국제세의 계책에 있어서는 여러 공이 감히 그 울
타리도 엿보지 못했다.[14]

그는 평생 과거에 응시하지 않았으나 위의 기록처럼 당대 저명
한 여러 문인과 교유했다. 그의 형인 허채가 놀리며 "그대는 묘문
에 불부거不赴擧라는 세 글자를 쓰고자 하는가?"라 했다는 기록
이 있듯 일생을 초야에서 자적한 인물이었다.

허휘許彙(1709~1762)는 자가 진경晉卿이며 호는 호은湖隱, 표은豹
隱이다. 눌은訥隱 이광정李光庭(1674~1756)의 사위다. 또, 그의 아들
허만許晩은 이용휴의 맏사위가 된다. 1743년(영조 19) 문과에 급
제했으며, 벼슬이 지평持平을 거쳐 장령掌令에 이르렀다. 문집으로
『표은선생문집豹隱先生文集』이 남아 있다. 그는 형인 허채와 더불
어 『양천세고』를 편찬하기도 했다. 『혜환시집』에 「양무(陽武: 康溧)
현감 허진경許晉卿을 전송하다送陽武許使君晉卿」(5언절구 5수), 「허지
평진경 만시許持平晉卿挽名彙」(5언절구 6수) 등이 남아 있다. 그의 묘
지명을 혜환이 지어주었는데, 『혜환잡저』에는 실려 있지 않은 글
이다. 이가환도 『금대시문초』에 「호은허공湖隱許公」이란 글을 남기
고 있다.

공은 성품이 화락和樂 단아하고 겸손 화평하여 여러 사람
과 종일토록 있으면서도 희롱하는 말이 없고 솔직한 실정
대로 행동하며 마음을 속이는 일이 없었다. 남의 선하지
못한 것을 보면 마치 더럽혀지는 것처럼 여겼다. 벼슬자리
에 있을 적에는 청탁의 길을 막았고 시험을 관장하게 되어

서는 사정을 따르는 길을 막았다. 자기 자신의 봉양은 반
드시 간약하게 하고 남을 접함에는 반드시 인자하게 했
다. 필선弼善 이만회李萬恢, 참의 김조윤金朝潤, 여러 사람과
가장 서로 선으로 벗하였다. 번암 채제공이 식사를 하다
가 부음을 받고는 음식상을 물리치고 눈물을 흘리며 그
슬픈 감회를 극도로 했고, 또 "하늘이 우리 무리를 버리니
다시 가망이 없다" 했다. 임오년에 졸하니 수가 54세다.[15]

허만許晚(1732~1805)은 자는 여기汝器이고, 호는 승암勝菴이다.
휘의 아들이며, 이용휴의 맏사위다. 『양천세고』에 자지명自誌銘과
8편의 시를 남기고 있다. 혜환은 『혜환잡저』에 「승암 허군 생지명
勝庵許君生誌銘」「허성보 동유록에 발문을 쓰다題許成甫東遊錄跋」「허
성보를 전송하는 서문送許成甫序」 등을 남기고 있다. 특히 「승암 허
군 생지명」은 살아 있는 사위에게 지어준 생지명으로, 이러한 형
식은 조선시대 비지문 가운데 유례를 찾아보기 어렵다. 이가환도
자형에 대해 많은 글을 남기고 있다.[16] 또 이삼환도 『소미산방장少
眉山房藏』에 「허승암 초혼사許勝菴招魂辭」를 남겼다.

허만에게는 질瓆, 력瓅, 탁琢, 합㿟의 네 아들이 있었다. 그중 혜
환은 맏손자에게 큰 애정을 갖고 있었다. 허질(1755~1791)은 자
가 순옥純玉이며 호는 가이소可以所였다. 혜환은 『혜환집저』에 그
에 대해 여러 편의 글을 남기고 있고,[17] 이가환은 『시문초』에 「허
순옥 묘지명許純玉墓誌銘」「원일에 순옥에게 부치다元日寄純玉」「순
옥이 이른 것을 기뻐하다喜純玉到」「순옥과 이별하다別純玉」「가이
소기可以所記」라는 글을 남기고 있으며, 이삼환도 『소미산방장』에

「가산에서 허순옥 질에게 증별하다嘉山贈別許姪純玉瓚」를 남겼다. 또 그에 대한 기록이 『이사재기문록二四齋記聞錄』에 간단히 남아 있다. 이 글에서는 허찬許瓚을 이가환의 생질이라 소개하는데, 여러 정황상 허찬으로 추정된다. 『이사재기문록』에 소개된 전문은 다음과 같다.

> 허찬은 이가환의 생질이다. 「금상악양루수上岳陽樓」라는 시 제2구에서 "사양斜陽은 오초吳楚가 다 끝난 가에서 밝고, 남하가 끊긴 기러기는 건곤乾坤이 떠 있는 곳에 울고 있네"라 했다. 가환이 눈물로 옷깃을 흠뻑 적시며 말하기를 "이것은 사람의 말이 아니니, 너는 세상에 오래 있지 못할 것이다"라 했는데 과연 그 말과 같았으니, 밝은 거울이 아니겠는가! **18**

이가환의 생질은 앞서 밝힌 것처럼 네 명인데, 여기서 허질을 제외한 나머지 세 명은 모두 예순을 넘겼으나, 허찬만은 36세로 요절한다. 그는 시에도 매우 뛰어났던 인물로 혜환은 자신의 문학적 재능을 이은 맏손자에게 각별한 애정이 있었던 것으로 보인다.

'허직許㙍'(1758~1834)은 허숙許璹이란 인물의 다른 이름이다. 혜환은 『혜환잡저』에 「완의설浣意說(외손 허숙을 위해 짓는다. 숙이 자호를 완의료浣意寮라고 했다為外孫許璹作璹自號浣意寮)」「외손 허숙의 자 수옥에 대한 설外孫許璹字壽玉說」을 남기고 있다. 족보에는 자가 수옥壽玉, 호는 삼폐당三閉堂이라 나와 있다. 나중에 개명한 듯 보인다. 혜환은 그에 대해서 『혜환시집』에 다음과 같은 시를 남기고 있다.

여러 명산을 두루 셀 적에

천하에서 풍악楓嶽만이 홀로 우뚝하네

석치가 한 번 붓을 대니

드디어 두 개의 금강산이 되었네

歷數諸名山

楓嶽天下獨

石痴一落筆

遂爲兩楓嶽

_「외손 허숙의 금강산을 그린 부채에 쓰다題外孫許璹畫金剛山扇」

허탁許琢(1760~1825)은 자가 문옥文玉이다. 『혜환시집』에 「얼큰
히 취해 되는 대로 읊은 글을 외손자 허탁許琢에게 주다微醺漫吟書
贈外孫許琢」(7언절구 2수)를 남기고 있다. 허합許玲(1767~1829)은 자
가 현옥玄玉이다.

이들과 직계는 아니지만 또 다른 인물로 허필이 있다. 허필許佖
(1709~1761)은 호가 연객烟客, 초선草禪, 구도舊濤이고 자는 여정汝
正, 자정子正이다. 진사시에 합격한 뒤 학문에만 열중했다. 시·글
씨·그림에 모두 능하여 삼절三絶이라 불렸다. 저서에 『선사창수록
仙槎唱酬錄』이 있다 하나 확인할 수 없다.[19] 『양천세고』에 그가 지
은 13편의 시가 남아 있다. 혜환은 『혜환시집』에 「허연객 만시許
烟客輓(名佖字汝正)」(5언절구 8수), 「허자정이 풍악으로 유람 가는 것
을 전송하며送許子正遊楓岳」(7언절구 1수) 등과 『혜환잡저』에 「허자
정 북한시권에 대한 발문跋許子正北漢詩卷」 「허자정 동협수창록에
대한 발문跋許子正東峽酬唱錄」 「허자정 금강록에 대한 발문跋許子正金

剛錄」 등을 남기고 있다.[20] 허필의 누이가 이병휴에게 출가했으니, 허필은 이병휴에게 처남이 된다. 이병휴는 『정산잡저』에 허필에 대한 제문인 「허자정 제문祭許子正文」을 남기고 있다. 또, 이삼환은 허필을 사백詞伯으로 모시기도 했다.

평창이씨平昌李氏

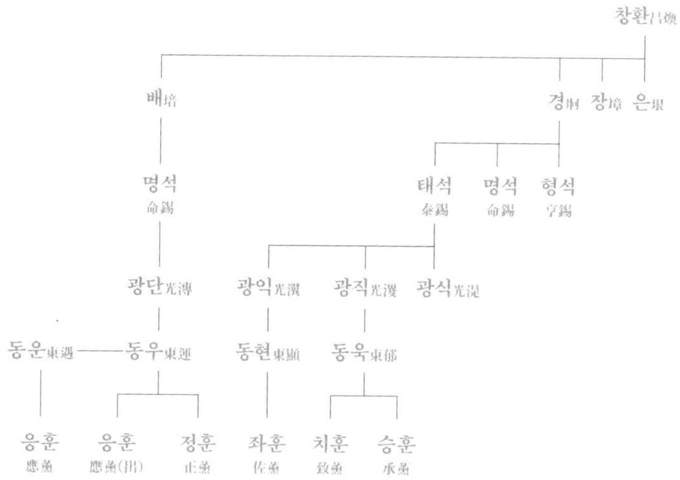
창환
배培
경
장
은垠
명석 命錫
태석 泰錫
명석 命錫
형석 亨錫
광단光溥
광익光瀷
광직光溭
광식光湜
동운東遇
동우東運
동현東顯
동욱東郁
응훈 應薰
응훈 應薰(出)
정훈 正薰
좌훈 佐薰
치훈 致薰
승훈 承薰

*『계행보』(天) 515쪽 참조.

혜환과 평창이씨[21]는 삼대에 걸친 세교가 있다. 혜환은 2녀와 4녀를 평창이씨 가문에 시집보낸다. 혜환과 관련된 인물은 이광직李光溭, 이광부李光溥, 이광익李光瀷, 이동욱李東郁, 이동우李東遇, 이응훈李應薰, 이승훈李承薰, 이치훈李致薰, 이학규李學逵 등이다. 또 평창이씨는 나주정씨羅州丁氏인 다산의 집안과도 누대의 혼인 관계가 있었다.

이광직李光溭(1692~1769)은 자가 원중源仲이다. 그에 대한 글로는 『혜환잡저』에 「가선대부동지돈령부사이공묘갈명嘉善大夫同知敦寧府事李公墓碣銘」이 남아 있다. 이광익李光瀷(1703~1780)은 자가 원숙源叔이다. 이광직의 동생이다. 문과에 급제하여 벼슬이 좌윤에 이르렀다. 그가 초산군수楚山郡守로 부임할 때 준 송시送詩인 「이대부원숙이 초산의 임지로 가는 것을 전송하며送李大夫源叔之任楚山」(7언율시 8수)가 『혜환시집』에 남아 있다. 혜환이 원님으로 선치善治하길 바라던 것처럼 초산군수 시절 그는 청렴으로 이름높았다. 군수를 마치고 돌아올 적에 모든 창고의 곡식을 백성에게 주고 행장에 물건이 하나도 없었다는 이야기는 아주 유명하다.[22]

이광부李光溥(1694~1773)는 자가 자연子淵이다. 이광부는 이광직과 이광익의 육촌 형제로 봉조하奉朝賀를 역임했으며, 그의 손자인 이응훈과 이용휴의 딸이 결혼했다. 1773년 이광부가 세상을 떠나자 이용휴는 「이지사광부 만시李知事光溥挽」(5언절구 3수)를 지어주었다. 또 『혜환잡저』에는 은퇴하고 인주仁州로 돌아가는 그를 위해 혜환이 지어준 「삼가 지중추부사 이공李公이 인주仁州로 돌아가는 것을 전송하는 서문奉送知中樞李公歸仁州序」과 그의 집에 대해 써준 「후송정기後松亭記」라는 글이 있다. 『혜환시집』에는 「삼가 봉조하奉朝賀 이공李公의 후송정後松亭 시에서 차운하여 공公의 고조 만취공을 두 편의 말구에서 언급하였다敬次奉朝賀李公後松亭韻 公高祖考晚翠 二篇末句及之」(7언절구 2수)가 남아 있다. 석북 신광수도 「이승지광부의 편지에 답하다答李承旨光溥書」라는 글을 남기고 있다.

이동현李東顯(1725~1792)은 자가 덕휘德輝다.[23] 이광익의 아들이다. 배配는 진주유씨다.[24] 함경도 안변의 임지로 가는 것을 전송하며 지어준 「이동현李東顯이 안변安邊의 임지로 가는 것을 전송하며送李使君東顯之任安邊」(7언절구 3수)가 『혜환시집』에 남아 있다.

이동우李東遇(1730~1789, 진사)는 자가 덕순德順, 천여天輿이고, 호는 진심재眞心齋다. 이광부의 아들이다. 후사가 없어 형의 아들인 이응훈李應薰을 양자 삼고, 이용휴의 넷째 딸을 며느리로 맞았다. 또, 이학규가 그의 손자가 된다. 이동우는 목만중의 백사白社에도 깊이 관여했다. 『혜환시집』에 그와 관련된 「삼척부사 이사군에게 주다贈陟州李使君名東遇」(7언절구 1수), 「이동우가 척주로 부임하는 것을 전송하다送李陟州之任」(5언절구 2수), 「덕순德順이 유선幼選(睦萬中)과 시를 말한다는 말을 들으니, 노인(혜환)이 관렵지희觀獵之喜가 움직여서 근체시를 지어 덕순에게 보내고 유선에게도 보이다聞德順, 與幼選, 談詩, 老人, 動觀獵之喜, 作近體詩, 寄德順, 兼示幼選」(7언율시 4수) 등 세 편이 있고, 『혜환잡저』에도 「이대부李大夫가 척주陟州의 임지로 가는 것을 전송하는 서문送李大夫之任陟州序」이라는 글이 남아 있다.[25]

이동욱李東郁(1738~1794, 진사)[26]은 자가 유문幼文[27]이고 호는 소암蘇巖이다. 이광직의 아들이다. 혜환이 그에게 자신의 둘째 딸을 출가시켰다. 참관과 의주부윤을 역임했다. 특히 글씨를 잘 써서 강원도 영월군에 세운 자규루子規樓를 위하여 채제공이 지은 상량문上梁文을 필서筆書했다고 전해진다.[28] 혜환은 그를 위해 『혜환잡저』에 「몽소헌기夢蘇軒記」와 「이유문이 도강의 임지로 가는 것을 전송하는 서문送李幼文之任道康序」을 지어주었다. 『혜환시집』에 「유문幼文이 우승郵丞(察訪)으로 옮겼으므로 시를 지어 보내주다幼文調郵丞以詩寄贈」(5언절구 2수)가 있다.[29]

이응훈李應薰(1749~1770)은 자가 화국華國이다. 이동운의 아들

이었으나 이동우가 후사가 없어 출계했다. 이학규의 아버지이며
혜환의 사위다. 혜환은 그의 문집에 「이화국유초서李華國遺草序」라
는 서문을 써주었다. 목만중의 『여와문집餘窩文集』에 그에 대한 제
문인 「이생응훈 제문祭李生應薰」이 남아 있다.

이승훈李承薰(1756~1801)[30]은 자가 자술子述이고 호는 만천蔓川
이다. 아버지는 동욱東郁이며, 어머니는 이가환의 누이다. 정재원
丁載遠의 딸을 아내로 맞아 정약전丁若銓, 약현若鉉, 약종若鍾, 약용
若鏞과 처남 매부 사이가 되었다. 1783년 서장관書狀官이었던 아버
지 동욱을 따라 북경에 가서 40여 일 체류하며 남천주당南天主堂
에서 필담으로 교리를 배운 후 그 이듬해 정월에 그라몽 신부로
부터 영세를 받는다. 순조가 즉위한 1801년 신유박해로 이가환,
정약종, 홍낙민洪樂民 등과 함께 체포되어 4월 8일 서대문 밖 형
장에서 대역죄로 참수되었다.[31] 혜환은 외손자인 그에 대해 전혀
글을 남기고 있지 않았다. 아마도 서학西學 관련 문제로 그의 문
집에서 산삭刪削된 듯 보인다.

이좌훈李佐薰(1753~1770)은 자가 국보國輔이고 호는 연암烟巖이
다. 동현東顯의 아들이다. 7~8세에 문장을 지어 세상을 놀라게 했
던 탁월한 시재詩才를 갖췄으나, 아쉽게도 18세에 요절한 천재 시
인이다. 그는 요절했음에도 기재奇才로 남인 시단에서 상당한 주
목을 받았던 문제적 인물이었다. 그의 문집인 『연암유고烟巖遺稿』[32]
는 당대 남인 시단의 거두인 채제공의 서문과 목만중의 발문이
있으니 이는 일찍이 전례가 없었던 일이다. 그 외 사람들의 문집
에도 그에 대한 기록이 상당수 남아 있다. 신경준申景濬은 『여암유
고旅菴遺稿』에 「이군국보[좌훈]묘지명李君國輔[佐薰]墓誌銘」을, 신광수

는 『석북집』에 「이좌훈유고서李佐薰遺稿序」를, 채제공은 『번암집樊巖集』에 「이좌훈시고에 쓰다書李佐薰詩稿」라는 글을 각각 남기고 있다.

이치훈李致薰(1765~1822)은 자가 자화子和[33]다. 이동욱의 차남이다. 형인 이승훈에게 수차례 배교背敎를 권유했으며, 신유박해辛酉迫害 때 마지막 형장에서 형의 배교를 권유했으나 듣지 않고 순교했다. 그 후로 충청도로 낙향하여 은거하다 삶을 마감했다. 『혜환잡저』에 이치훈이 관례를 치를 때 준 「외손 이치훈의 관례 날에 써서 주다外孫李致薰冠禮日書贈」이라는 글이 남아 있다. 그는 죽란시사竹欄詩社의 일원으로 활동하기도 했다.

이처럼 평창이씨는 혜환과 친분이 있었을 뿐 아니라, 채제공, 이헌경, 정범조, 신광수, 목만중 등 남인 문인들과도 폭넓은 교유가 있었던 것을 확인할 수 있다. 다만 그들의 시문들이 천주학 박해로 말미암아 거의 사라지게 된 것은 매우 애석한 일이다.

고령신씨高嶺申氏

신후申逅(1708~1779)[34]는 자가 중회仲會이고, 호는 과필헌果必軒이다. 혜환은 그의 집에 대해 「과필헌기果必軒記」라는 글과 그의 형인 신규申逵(1704~1774, 자는 경백景伯, 호는 백인당百忍堂)의 집에 대해 「백인당기百忍堂記」라는 기문記文을 각각 써준다. 신후의 아들과 혜환의 딸은 혼인하게 된다. 이것을 계기로 혜환은 고령신씨 집안과 깊은 교유를 맺게 되는데 그 내용은 다음과 같다.

신광수申光洙(1712~1775)는 자가 성연聖淵이고 호는 석북石北 또는 오악산인五嶽山人이다. 채제공,[35] 이헌경, 이동운李東運,[36] 정범조

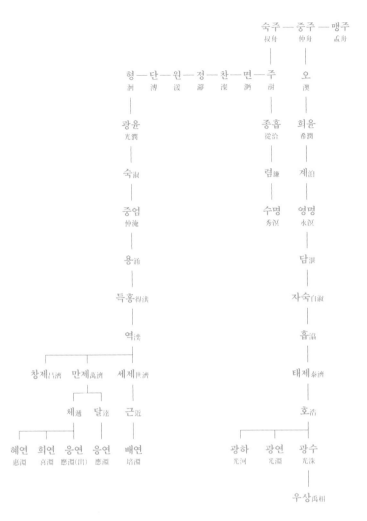

숙주 — 중주 — 맹주
叔舟　仲舟　孟舟

형 — 단 — 원 — 정 — 찬 — 면 — 주　　오
洞　溥　浚　瀞　灒　沔　澍　　　澳

광윤　　　　　종흡　희윤
光潤　　　　　從洽　希潤

숙숙　　　　　렴겸　계박
叔淑　　　　　　濂　洎泊

중엄　　　　　수명　영명
仲淹　　　　　秀溟　永溟

용용　　　　　　　　담담
　涌　　　　　　　　　湛

득홍淂洪　　　　　　자숙白淑

역涏　　　　　　　　흡潝

　　　　　　　　　　태제泰濟

창제昌濟　만제萬濟　세제世濟

체체遞　달달達　근근近　　호호浩

혜연　희연　응연　응연　배연　　광하　광연　광수
惠淵　喜淵　應淵(出)　應淵　培淵　　光河　光渭　光洙

우상禹相

* 『계행보』(地) 1209 참조.

등과 교유했다. 특히 이헌경과 정범조는 그들의 문집에 신광수와
관련된 시문을 다수 남겼다. 혜환은 석북이 연천현감으로 부임한
1771년 가을에 「신광수가 연천에 부임하는 것을 전송하며送申使君
光洙之任漣川」(5언절구 6수)를 지어 전송했고, 또, 석북이 연기로 부

임한 1772년 9월에는 「신성연申聖淵이 영월寧越에 부임하는 것을 전송하며送申使君聖淵之任寧越」(5언절구 2수)를 지어 전송한 바 있으며, 석북이 죽을 때는 「신성연에 대한 만시申聖淵挽」(5언절구 4수)를 남긴 바 있으니, 평생을 두고 교유한 셈이 된다. 반면 신광수, 목만중, 채제공의 문집에는 혜환에 대한 글이 아예 없거나 한두 편 남짓 남아 있을 뿐인데, 이것은 혜환의 아들인 이가환이 서학으로 죽임을 당한 일과 상당한 관련이 있는 것으로 보인다.

신광하申光河(1729~1796)는 자가 문초文初, 백택白澤이고 호는 진택震澤이다. 그는 여러 산을 즐겨 유람하기도 했는데, 정조 2년(1778) 8월에 금강산 유람길을 떠날 때는 목만중과 이용휴, 이가환 부자가 서문을 남기기도 했다. 이때 혜환이 준 서문이 「신문초가 금강산을 유람하는 것을 전송하는 서문送申文初遊金剛山序」이라는 제목으로 『혜환잡저』에 실려 있다. 한편 이삼환도 신광하와 교유했는데 1795년 그가 죽었을 때 「진택신문초에 대한 만시 2수挽震澤申文初二首」라는 만시 2수를 지어 애도했다.[37]

신희연申熹淵(1741~1789)은 자가 맹문孟聞이고 호는 황내거사黃嬭居士다. 동훈대부通訓大夫와 의금부도사義禁府都事를 지냈다. 연행淵行 3형제와 녹행祿行 8종형제가 모두 문장이 뛰어나 삼연팔록문장가三淵八祿文章家로 일컬어졌다.[38] 그는 신후의 둘째 아들로 혜환의 셋째 딸(1751~1831)과 혼인한다.

신박연申博淵(1739~?)은 신교의 아들이고, 조부는 붕제鵬濟다. 혜환은 그가 죽자 「신정자박연에 대한 만시申正字博淵挽」(5언절구 2수)를 써서 그의 죽음을 애도하기도 했다. 또, 신배연申培淵(1735~1760)은 자가 덕양德養이다. 신근申近의 아들이다. 본생本生

은 신적申迪이다. 그는 26세로 요절했는데, 혜환은 「신진사배연 만시申進士培淵挽」(7언절구 3수)를 지어 상복도 벗지 못한 채 상기喪期 중에 맞이한 죽음을 애도했다.[39] 신사권申史權(1718~?)[40]은 자가 용경用經이다. 일청一淸의 아들이다. 혜환은 요절한 그를 위해 「신진사사권 만시申進士史權挽」(5언절구 8수)을 남겼다.

신우상申禹相(1730~1799)은 초명初名이 맹권孟權이다. 자가 선용善用이고 호는 나운懶雲이다. 석북 신광수의 아들로 문장文章으로 유명했다. 그가 고흥高興 군수로 나갈 적에 「신선용이 고흥의 임지로 가는 것을 전송하는 서문送申使君善用之任高興序」이라는 송서送序를 써주기도 했다. 그와 관련된 글들은 여러 남인 문인의 문집에서 찾아볼 수 있다.[41]

이처럼 고령신씨 역시 혜환 집안과 매우 많은 교유가 있었음을 확인할 수 있다. 그중 신광수, 신광하가 가장 대표적이다. 익히 알려진 것처럼 신광수와 신광하는 남인 시단에서 뚜렷한 족적을 남긴 시인들이었다. 혜환이나 고령신씨 문인들 모두 당대 기라성 같은 인물이었다. 혜환과 고령신씨 문인들의 교유는 서로에게 많은 영향과 자극을 주었을 거라고 쉽게 추측할 수 있다.

진주강씨晉州姜氏

강세관姜世觀(1696~1733)은 자가 광국光國이다. 그의 첫째 아들 강순흠姜舜欽과 혜환의 다섯째 딸이 혼인했다.[42] 또, 같은 항렬의 강세선姜世選(1734~1790)은 혜환과 매우 교분이 두터웠다. 그는 자가 정진廷進이다. 그의 묘지명을 삼명三溟 강준흠姜浚欽[43]이 지어주

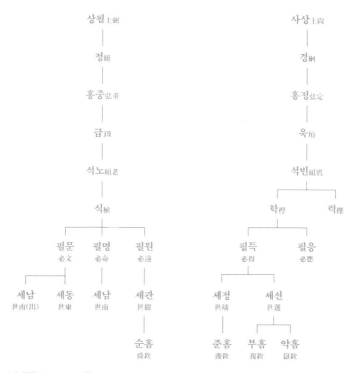

상필上弼
│
정繼
│
홍중弘重
│
급級
│
석노碩老
│
식植
├─ 필문 必文 ─┬─ 세남 世南(出)
│   └─ 세동 世東
├─ 필명 必命 ─── 세남 世南
└─ 필원 必遠 ─── 세관 世觀 ─── 순흠 舜欽

사상士尚
│
경�
│
홍정弘定
│
욱垣
│
석빈碩賓
├─ 학㩻 ─┬─ 필득 必㝵 ─┬─ 세정 世靖 ─── 준흠 浚欽
│   │   └─ 세선 世選 ─┬─ 부흠 復欽
│   └─ 필응 必應   └─ 악흠 嶽欽
└─ 력㩻

*『계행보』(地) 1557 참조.

었다. 혜환은 그에게 「강정진 사군기유록에 대한 서문姜廷進四郡記
遊錄序」 「벼루에 대한 명銘(강정진姜廷進의 연석硯石이니, 무늬가 고사
리와 댓잎을 이루고 있다)硯銘(姜廷進硯石文成薇與竹葉)」이라는 글을 지
어주었고, 여와 목만중도『여와집』에 「강정진 사군취유록에 대한
소서姜廷進四郡醉游錄小序」를 남기고 있다. 그의 아들인 강악흠도 혜
환과 교분이 있었다.

　　강악흠姜嶽欽(1756~1778)은 자가 사고士高이고, 호는 죽소竹巢다.
그는 23세로 요절했다. 그의 죽음에 혜환은 「강악흠 군에 대한
만시挽姜君嶽欽」(5언절구 5수)를 남겼다. 이 시는 혜환의 만시 중에

서도 절창이라 할 만하다. 종제從弟인 강준흠이 묘지명을 지었다.

진주강씨에 대한 또 다른 글로 혜환은 「강씨의 어머니 이태부인 수서姜母李太夫人壽序」를 남겼다. 이글은 영조 52년 병신丙申년에 지은 것으로, 용안龍安 현령 강세동姜世東(1714~?, 자는 성표聖表), 강세남姜世南(1717~1791, 자는 성초聖初)의 어머니인 이태부인李太夫人의 91세 생신에 대한 축서祝序다. 이때 형제가 모두 기로에 올랐다고 한다.

외가外家

어머니 한양조씨 부인은 소옹梳翁 조공근趙公瑾[44]의 후손인 조석제趙錫悌(1651~1735, 자는 이순而順)의 3남 6녀 중 둘째로 태어났다. 혜환은 외할아버지인 조석제의 3남 6녀 등과 맺어진 외종, 이종들과 매우 두터운 교분을 나누고 있다. 조석제의 맏딸은 남양홍씨南陽洪氏 홍리洪釐에게 출가하여 홍필석洪弼錫, 홍리석洪履錫을 낳았고, 둘째 딸은 여주이씨驪州李氏 이침李沈에게 출가하여 이용휴, 이병휴를 낳았으며, 셋째 딸은 전주이씨全州李氏 이세종李世忠에게 출가하여 이동준李東俊, 이형준李亨俊, 이종준李宗俊, 이명준李命俊을 낳았다. 넷째 딸은 전주이씨全州李氏 이응번李應蕃에게 출가하여 이종간李宗幹, 이종한李宗翰, 이종조李宗朝, 이종오李宗吾를 낳았고, 다섯째 딸은 전주이씨에게 출가했으며, 여섯째 딸은 연안이씨 이종연李宗延에게 출가하여 이행덕李行德을 낳았다. 이로써 혜환은 조석제의 자손들인 외가, 이종 형제들과 매우 두터운 교분

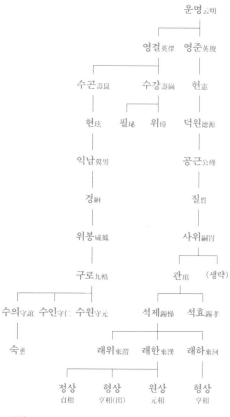

운명云明

영걸英傑　영준英俊

수곤壽崑　　수강壽崗　헌憲

현玹　필珌　위瑋　덕원德源

익남翼男　　　공근公瑾

경絅　　　　질質

위봉威鳳　　　사위嗣胃

구로九輅　　　관琯　　（생략）

수의守誼　수인守仁　수원守元　　석제錫悌　석효錫孝

숙埱　　　래위來渭　래한來漢　래하來河

정상　　형상　　원상　　형상
貞相　　亨相(出)　　元相　　亨相

*『계행보』(地) 1423 참조.

을 나누게 되는 데, 특별히 언급할 만한 사람들은 다음과 같다.

　　특히 이용휴는 외사촌 형제인 조원상, 조형상, 조정상 삼형제
와 교분이 두터웠다. 조원상趙元相(1709~1771)은 자가 춘경春卿으
로, 그에 대한 글로 혜환은 「외사촌 조처사춘경 제문祭表從趙處士
春卿文」을 남겼다.

　　조형상趙亨相(1712~1782)은 자가 사통士通이고 호는 칠옹漆翁이
다. 조래한趙來漢의 세 아들 중 둘째로, 백부伯父인 조래하趙來河의

뒤를 이었다. 이용휴는 시로 「조칠옹이 남쪽 모양牟陽에 유람하는 것을 전송하며送趙漆翁亨相南遊牟陽」(5언절구 1수), 「앞의 시운詩韻을 사용해 칠옹漆翁·무구無求·구주鷗洲 등 제군諸君에게 보여주고 화답을 구하다用前韻 示柒翁無求鷗洲 諸君求和」(7언율시 1수), 「칠옹에게 주다贈柒翁」(7언절구 1수), 「장난삼아 사통士通에게 주다戲贈士通漆翁之字」(5언율시 1수), 「칠옹에게 주다贈漆翁」(5언고시), 「붓을 놀려 사통의 시에서 차운하다, 사통士通은 조형상趙亨相이다走筆次士通韻 士通卽趙亨相」(7언절구 12수), 「다시 앞서의 운을 거듭 지어서 칠옹에게 보여주고 화답을 구하다復疊前韻示柒翁求和」(7언율시 4수) 등을, 산문으로는 「칠옹이 남쪽으로 모양牟陽을 유람하는 것을 전송하는 서문送漆翁南遊牟陽序」「구호처사 주갑 수서鷗湖處士周甲壽序」를 남기고 있다. 또, 그의 아내인 안동권씨安東權氏를 위해 「유인 권씨 찬孺人權氏贊」을 지어주기도 했다.

조정상趙貞相(1726~1789)은 자가 사고士固다. 1763년 문과에 급제했고, 장령掌令을 역임했다. 그에 대한 글로 혜환은 「표제인 조사고가 고창의 임지로 가는 것을 전송하는 서문送表弟趙士固之任高敞序」을 남기고 있다.

또, 한양조씨에 대한 글을 여러 편 남겼는데, 그중 대표적인 인물은 조숙이란 사람이다. 조숙趙憲(1727~1755)은 자가 계온季溫[45]이다. 그에 대한 글로는 『혜환시집』에 「조대부숙이 능주의 임지로 가는 것을 전송하며送趙大夫憲之任綾州」(5언절구 8수)를 남기고 있다. 채제공은 『번암집』에 「조대사간숙에 대한 만시趙大司諫憲挽」「조학사계온숙이 서장관으로 연경에 가는 것을 전송하며送趙學士季昷憲書狀赴燕」를 남기고 있다.

이종으로는 특히 다음과 같은 사람과 교분이 두터웠다. 이동준李東俊에 대해 「이형 이동준에 대한 제문祭姨兄李公(東俊)文」을 남기고 있다. 이형준李亨俊(1714~1768)은 자가 사회士會다. 혜환은 그의 묘지명인 「사헌부장령이군묘지명司憲府掌令李君墓誌銘」을 남겼다.[46] 이종준李宗俊에 대해서는 「이종준의 자 이노에 대한 설李宗俊字以魯說」 「신재기愼齋記」를 남기고 있다. 이명준李命俊(1721~?)은 자가 우경虞卿이다. 이성전李性全의 아들이다. 혜환은 그에 관한 글로 「이우경이 예주의 수령으로 나가는 것을 전송하는 서문送李虞卿出守禮州序」 「이정준의 자 우경에 대한 설李廷俊字虞卿說」 「이제 이우경에게 주는 서문贈姨弟李虞卿序」 등을 남겼다. 이병휴도 『정산시고』에 「우경虞卿이 미호迷湖로 가는 것을 전송하며送虞卿之迷湖」 「우경에게 주다贈虞卿」 「밤중 잠자리에서 세 절구를 지어 사통士通·우경虞卿·사고士固 여러 사람에게 부치다夜枕得三絶句 寄士通虞卿士固諸員」 등을 남겼으며 『정산잡저』에도 「이제 이우경에게 주는 서문贈姨弟李虞卿序」 등을 남기고 있다.

혜환은 외종, 이종 형제와 각별한 친분을 유지했다. 그들 중에 특별히 뚜렷한 문재文才를 드러냈던 인물은 없다. 혜환이 그들과 각별한 친분을 유지했던 바탕에는 정서적 동질감이 있었을 것이다. 특히 출사하지 않았던 조형상과의 교분은 이러한 사실을 뒷받침해준다.

1장

1 경명景命: 대명大命을 이른다. 『시경』「기취旣醉」 7장에 "군자가 만년토록 큰 명이 따르리라君子萬年, 景命有僕"라고 했다.

2 혜환惠寰: '은혜가 세상에 미치다' 정도의 의미인 듯하다.

3 탄만誕數: 『강희자전康熙字典』에 '無文采貌'라 나오니 문학적인 재능이 없는 것을 말한다.

4 이침李沈. 자는 여묵汝默이고, 호는 아정鵝亭이다. 아버지 이하진李夏鎭이 유배지인 평안도 운산雲山에서 1682년 세상을 떠났다. 이에 과거를 단념하고 어머니 권씨 부인과 아우 성호와 함께 안산安山에 정착했다. 1696년(숙종 22) 26세의 나이로 숙부 이명진李明鎭의 양자로 들어가 예산禮山의 고덕古德으로 거처를 옮겨 학문에 열중했다. 성호가 형인 이침에 대해 쓴 제문 「제사형문祭四兄文」이 남아 있다.

5 조석제趙錫悌. 본관은 한양이다. 1735년(영조 11) 85세의 나이로 수직壽職으로 첨지중추부사를 제수받고 그해 2월 을축일에 회혼回婚 잔치인 중뢰연重牢宴을 행했다. 『성호전집星湖全集』권51 「첨지 조석제의 중뢰연 시에 차운하다僉樞趙公錫悌重牢宴序」.

6 그에 대한 기록으로는 이용휴의 『혜환잡저』에 「방산홍처사팔십수서方山洪處士八十壽序」가 남아 있고, 이병휴의 『정산시고貞山詩稿』에 「방산옹方山翁이 병든 몸으로 고향으로 돌아갔는데 지금 들으니 깨끗이 나았다고 하기에 기뻐하며 시 한 수를 바치다方山翁扶疾還鄕 今聞霍然痊可 喜獻一詩」「차운하여 방산方山 어른께 드리다 2수次韻呈方山丈人二首」가 남아 있다.

7 「종자 용휴에게 답하다 무인答從子用休 戊寅」. "崔生至, 口申甚詳, 慰釋難勝. 家煥看讀不輟耶? 聞不許赴試, 此一辦亦不易. 昔仲氏十六發解, 聲譽夙達, 皆

云必得, 先君子以爲太早, 命棄之爾, 可謂不忝祖矣. 吾涼生後, 神氣稍蘇, 而夜中振振增寒, 其漸不祥可怕." 번역은 고전번역원의 것을 참고했다.

8 이익이 이용휴에게 남긴 편지는 1통에 불과하지만, 이병휴에게 남긴 편지는 39통이나 된다.

9 이익李瀷, 『성호전집星湖全集』, 「식산 이 선생에게 답하다答息山李先生」. "瀷念昔年迫有立, 未嘗知有此邊一事, 只奔走於應俗求名. 中罹禍難, 隕種失圖, 便無意於擧業文字, 則其勢將杜門踣伏, 日與世齟齬. 家有藏書數千, 以時緡閱, 爲消遣之資."

10 『여주이공소릉공파세보驪州李公少陵公派世譜』『가선대부동지돈령부사 이공묘갈명嘉善大夫同知敦寧府事李公墓碣銘』『여강세승驪江世乘』「속등과기續登科記」에는 모두 생원生員이라 기록되어 있다.

11 이응훈李應薰(1749~1770). 자는 화국華國이다. 이동운의 아들이었으나 이동우가 후사가 없어 출계했다. 이학규의 아버지이며, 혜환의 사위다. 혜환은 그의 문집에 「이화국유초 서문李華國遺草序」라는 서문을 써주었다. 목만중의 『여와문집餘窩文集』에 그에 대한 제문인 「이생응훈 제문祭李生應薰」과 만시인 「오늘은 이응훈이 죽은 날이어서 홀로 앉아 감회를 쓰다今日乃李生應薰亡日 獨坐書感(李生之大人 方住已陵)」 등이 남아 있다.

12 그의 집안사람인 이병휴, 이삼환, 이가환, 이맹휴에 대한 행장, 묘지명 등의 자료가 남아 있다. 허전許傳, 『성재집性齋集』「정산이공행장貞山李公行狀」; 이남규李南珪, 『수당유집修堂遺集』「목재선생묘지명木齋先生墓誌銘」; 정약용丁若鏞, 『여유당전서與猶堂全書』「정헌묘지명貞軒墓誌銘」; 이익李瀷, 『성호전집星湖全集』「망자정랑행록亡子正郎行錄」; 안정복安鼎福, 『순암집順菴集』「이만경순수유사 임신李萬頃醇叟遺事 壬申」.

13 남한조南漢朝, 「혜환거사 이용휴 만시○ 다른 사람을 대신해서 짓다輓惠寰居士 李用休○代人作」; 박지서朴旨瑞, 「종유한 제현들의 유사從遊諸賢遺事」; 신광하申光河, 「혜환선생 만시 36운追輓惠寰先生三十六韻」; 유경종柳慶種, 「혜환옹의 부고를 듣고[임인년 정월 15일 유시에 죽어 18일에 짓다. 나이는 75세로 무자년에 태어났다]聞惠寰翁訃[壬寅正月十五日酉時卒 十八日作 壽七十五 戊子生]」; 이단전李亶佃, 「혜환선생 만시와 소인 惠寰先生挽幷小引」(천수경千壽慶, 『풍요속선風謠續選』); 이삼환李森煥, 「중부 혜환선생에 대한 제문祭仲父惠寰先生文」; 정범조丁範祖, 「혜환거사이경명 용휴에 대한 만시惠寰居士李景明 用休 輓」; 조술도趙述道, 「이혜환 용휴를 곡하다○ 4수哭李惠寰 用休○四首」; 조운도趙運道, 「이혜환 용휴에 대한 만시挽李惠寰用休」 등이 있다. 박지서의 기록은 유사이기는 하지만 여러 사람에 대한 것으로 이용휴에 대한 언급은 몇 줄에 불과하다. "李惠寰諱用休字○○, 驪州人, 星湖從子, 居京貞洞. 以文章名, 中司馬不赴擧. 讀書求志, 學博而行危, 不屑屑於平凡, 儘卓犖奇偉士也."

14 "是生諱用休, 旣爲進士, 不復入科場. 專心攻文詞, 淘洗東俚, 力追華夏, 其爲文奇崛新巧, 要不在錢虞山袁石公之下. 自號曰惠寰居士, 當元陵末年, 名冠一代. 凡欲琢磨以自新者, 咸就斧正. 身居布衣之列, 手操文苑之權者三十餘年, 自古以來未之有也. 然抉剔邦人先輩文字之瑕太甚, 以故俗流怨之." 번역은 고

전번역원의 것을 참고했다.

15 『소호당문집韶護堂文集』「신자하시집서申紫霞詩集序」, "自英廟以下, 則風氣 一變, 如李惠寰錦帶父子, 李炯菴柳泠齋朴楚亭李薑山之倫, 或主奇詭, 或主尖 新. 其一代升降之跡, 方之古, 則猶盛晚唐焉."

16 유경종柳慶種, 『해암별고海巖別稿』「유감有感」. '기혜환寄惠寰'에 "명성이 아 래로 여항까지 미쳐서 이서吏胥의 무리 열너덧 따랐네. 사람마다 범속함을 벗 어났고, 각자 의취를 품고 있었네下逮閭巷間, 吏胥十四五, 種種脫凡陋, 色色 有意趣"라 했다.

17 정약용, 『혼돈록餛飩錄』「혜환만시惠寰輓詩」, "惠寰居士, 爲人作輓詩曰: '萬古 有一疑案, 未知死何如生. 君欲親往以決, 飄然棄世獨行.'"

18 이경유, 『창해시안滄海詩眼』, "惠寰居士, 文章, 奇邁絶俗. 其贈滄海逸士卽鄭 瀾也詩二句, 可知非俗語 有：'萬枕同鄕駒, 皆作富貴夢'者, 是也"; 조언림趙彦 林의 『이사재기문록二四齋記聞錄』, "惠寰居士李用休, 家煥之父也, 文章不下 其子, 其輓姜學欽一絶曰：'城西樓谷洞 儒者姜學欽, 二十三病死, 淸晝氣忽陰.'"

19 그의 6언시 창작과 관련된 흥미로운 기록이 있다. 유만주, 갑진甲辰년(1784) 5월 24일조 237면에 "손님 중에 6언시를 잘 짓는 사람이 있어서 그 두세 편 을 들어보니 이들도 혜환 이용휴와 송목관 이언진의 유파였다客有善六言詩 者, 聽其二三, 是亦惠寰松穆二李之流派也"고 나와 있다.

20 정민, 「18세기 우정론의 맥락에서 본 이용휴의 생지명고生誌銘攷」, 『동아시 아 문화연구』 34집, 한양대학교 동아시아문화연구소, 2000.

21 『조선왕조실록』 숙종 29년 7월 17일 기사. 辛酉/四學儒生李沉等, 上疏爲先正 臣宋時烈申辨, 答曰："爲大老辨誣之誠, 溢於言表, 予甚嘉尙焉." 後, 時烈門人 執義李箕洪, 平市令鄭纘輝, 忠淸道儒生蔡之涵等, 俱上疏辨誣, 上嘉納之.

22 『근기실학연원제현집近畿實學淵源諸賢集』 제6책, 『여강세승驪江世乘』, 대동 문화연구원.

23 이삼환李森煥, 『소미산방장少眉山房藏』 권1, 「귀거래행, 대로신덕능(석상)장가 에 대해 화답하다歸去來行, 和大鹵申德能(奭相)長歌」, 한국문집총간 속집 제 92집 21면, "放歌一曲君莫悲, 寸心上有皇天知, 枉矢險譌徒爾爲, 我生不及逮 王父, 往事欲語心悲苦, 玉樓迢遞誠難通, 瀝血天閽九届怒, (王考剡溪公拜疏時, 喉司阻搪禁門外, 口占一絶云：'孤雲不動日分明, 禁漏遲遲禁樹平. 九届司僃靈琑邃, 玉樓高處倘通誠.') 黑烟卷日陰沴收, (王考生時, 曾王考副學公夢, 有日墜之變, 手扶 而正之, 光耀重新, 有浮烟收黑, 落日餘靑之詩.)"

24 公上疏自訟曰, "臣本樗櫟冗散, 鳧雁去來, 其於當世, 初無怨惡. 而前後論臣者 斷斷不置, 豈有他哉. 其爲言也, 或隱映說去, 或直抵顯斥, 而要其歸, 蓋以臣從 祖事, 齮齕臣家也. 嗚呼! 臣從祖臣潛, 當時保護之疏, 洒血剖心, 爲國願忠, 以 身殉志, 尙忍言哉. 傷痛如結, 而歲月已邈. 臣雖不忍泚筆追提, 惟是列朝辨晢 之敎, 昭在國乘, 照映耳目. 且臣曾伏覩御定皇極編, 歷敍事實, 剖析無餘, 一篇 文字, 皎如日星, 臣莊誦千百, 涕血交迸. 盥手淨寫, 抱之入地, 歸見從祖, 字字 誦傳, 相對感泣於泉臺之下, 抑將永有辭於天下後世也, 何暇與彼輩岐岐較絜也 哉. 今臣則以平生所結轖者, 一暴之矣. 拳踢鋒鏑, 視以分內, 死生禍福, 付之 膜外, 惟有奉身一退, 歌詠聖澤, 子子孫孫, 隕首結草而已, 尙復何恨."

25 『조선왕조실록』 정조 17년(1793) 1월 25일 조條에 나온다.

26 이익李瀷, 「식산에게 올리는 편지上息山」, 『성호전집星湖全集』 권67, 한국문집총간 제198집 201면. "夫先生逾嶺南爲, 仲兄則棲棲甸服之間, 而國有辛巳之獄, 嗣後凶徒藉口, 變怪層生, 公慨世憂國, 形於色辭, 殆寢食靡安, 常私於人曰: '父母之邦, 阽於危亡, 肉食無謀, 柰吾君何?' 至丙戌儒生林溥以言得罪, 兄弟駢戮, 國人於是無敢言鹿者矣. 公遂定抗疏之計, 祕室獨草, 不泄于家人. 疏旣具, 人覺之, 有難之以嫠緯之憂, 公曰: '吾家世厚恩, 與庶氓不同, 況出位之嫌小, 扶顚之義大, 以一身殉三百年宗祊, 猶庶幾有補也, 吾何惜?'" 번역은 고전번역원의 것을 참고했다.

27 송혁기, 「섬계 이잠의 병술년 상소 연구」, 『민족문화연구』 제60호, 고려대학교 민족문화연구원, 2013, 91쪽.

28 이병휴, 『정산잡저貞山雜著』 「자서自序」. "我李系出驪州. 九世大父敬憲公, 始起身顯仕, 至大司馬. 嘗爲咸鏡道觀察使, 大闡儒化于北方, 變弓馬爲冠紳, 北民俎豆腏享, 迄今不廢. 自高大父翼獻公, 始居于漢陽皇華坊小貞陵洞. 翼獻公位至貳相, 以厚德稱搢紳間. 諸子簪紱蟬聯詞翰輝映, 人豔之, 謂貞李. 族大父太湖公早謝軒冕, 退處江湖, 博究墳籍, 敦尙禮敎, 爲世之師表焉. 至我叔父玉洞先生及季父星湖先生, 隱居求志, 專務爲己之學, 朝廷徵以官不就爲世儒宗. 此余家學之淵源也."

29 이원진, 『태호 이원진의 태호시고』, 실시학사 경학연구회 옮김, 사람의무늬, 2016.

30 惟我李氏, 自敬憲公起家, 九列至少陵公兄弟, 益昌, 顯稱巨族. 然其綱紀桀則, 太湖公, 實有功焉, 而家叔星湖公, 又紹修之, 加潤飾, 然後乃大備云. 每宗人會, 屬尊一人主席, 餘以序坐, 道設家先世德, 次出所傳諸舊物陳之, 亦古琬琰河圖, 以示後人之義也.

31 이서李漵, 『홍도선생유고부록弘道先生遺稿附錄』, 「행장초[이시홍]行狀草[李是鉷]」. "吾家性理之學, 實自先生剏始之. 星湖先生親炙其門而大闡斯文, 貞山公·萬頃公·木齋公·可山公, 又皆親炙於星湖而成德. 例軒公·錦帶公·柿軒公皆私淑於家學而成道, 一變詞藻之習, 蔚爲詩禮之家. 溯其淵源, 則先生寔有造端肇基之功云."

32 이서, 『홍도선생유고부록』, 「제청계공문략[정산공이 쓴 것이다]祭淸谿公文畧[貞山公所著]」. "昔我仲父玉洞先生, 生于仕宦之家, 而絕意名利, 篤志爲學, 德成名立, 屹爲鉅儒. 至季父星湖先生繼起, 而斯文大闡, 斡詞翰之習而爲道學之宗, 若原其剏始之功, 則實仲父先生也. 先生筆法亦名世, 余十三四歲, 以童子謁先生, 執管請學, 但瞻其不厭不倦氣像而已, 稍長則先生已厭世矣. 余乃受業於季父先生之門, 間與先生舊日門徒遊, 人人皆尊先生之道慕先生之德, 誠心悅服, 不翅如七十子之於仲尼, 是豈聲音笑貌所可致哉. 余於是知先生之學有大過人者也. 今距先生之歿條已四十二年, 歲月寖遠, 覩記漸湮, 先生之嘉訓懿行, 人少知者, 余甚懼焉."

33 雖然, 蘭皐子, 是古之淸士, 而其詩實作家. 憶余幼年, 嘗受書於蘭皐子. 見其日整衣冠, 對案讀書, 間寫『星湖集』數紙, 有所感, 輒寓於詩, 詩成, 一再吟咏, 或收或不收. 當時不省爲何語, 今見之, 簡遠雅潔, 獨立自運, 非世之襞砌飣餖者,

所可髣髴也.

34 이병휴, 『정산잡저貞山雜著』, 「집에 간직하고 있는 효경 뒤에 쓰다書家藏孝經卷後」, "秉休嘗侍於季父先生, 先生以一册授秉休曰: 此卷余幼時, 仲兄所手寫而敎讀者也. 汝其藏弆敬受而閱之', 乃『孝經』也. 奉玩心畵不覺感愴, 卽背糊改裝而藏焉. 其後十數年, 先生已損世, 重閱是卷, 尤有感焉. 因竊念當日先人手書是『經』, 口授先生之意, 殆非偶然, 則家學淵源, 亦有可得而考者."

35 我星湖先生, 天挺人豪, 道德學問, 超越古今, 子弟之親炙服習者, 皆成大儒. 貞山秉休治周易·三禮, 萬頃孟休治經濟實用, 惠寰用休治文章, 長川嘉煥博治如張華·干寶, 木齋森煥習禮若崇義·繼公, 刻村九煥亦以繩祖武名, 一門儒學之盛如此. 번역은 고전번역원의 것을 참고했다.

36 이병휴李秉休, 『정산잡저貞山雜著』 「자서自序」, "四歲而孤, 十歲母氏携余兄弟還京師, 十三四歲, 當壬寅癸卯之際, 余乃往受學于季父先生."

37 성호 이익의 전배前配는 고령신씨高靈申氏로 정언正言 필청必淸의 딸인데 후사가 없고, 후배後配는 사천목씨泗川睦氏로 천건天建의 딸인데 슬하에 1남1녀를 두었다. 이 제문에서 언급하고 있는 작은어머니는 천건의 따님으로 생몰은 1692~1746년이다.

38 『함장록』에 대해서는 다음의 논문을 참고하라. 임형택, 「순암 안정복의 학문과 사상: 성리학과 실학의 관련성 문제―함장록의 분석」, 『한국실학연구』 25집, 한국실학학회, 2013.

39 유경종의 행장은 세 가지 이본이 있다. 진주유문晉州柳門이 소장하고 있는 초고본 「해암유공행장초」(유중화 작)와 이를 수정하여 강세황이 자필로 정서한 「해암유공행장海巖柳公行狀」, 그리고 이 자초본自筆本 행장을 문집 간행 목적으로 다시 필사한 『표암유고』(한국정신문화연구원 간행본, 1979) 소재 「해암유공행장」이 그것이다. 이 중 초고본에는 자필본에 삭제된 일부 내용이 고스란히 남아 있는데, 이익에게 수학한 일, 이용휴·안정복과 친구 사이였다는 진술 등이 특기할 만하며, 자구字句의 수정 과정도 뚜렷하게 남아 있다. 김동준, 「해암海巖 유경종柳慶種의 시문학 연구」(서울대 박사논문, 2003) 참조.

40 「四月 南華 [木川邑西村名] 族弟命甫 [鼎銘] 來言邑人立去思碑于伏龜亭店邊 聞而戲吟」.

41 정재원(1730~1792). 조선 후기의 문신. 자는 기백器伯. 다산의 아버지다. 어려서부터 문학에만 힘쓰고 재물에는 뜻을 두지 않았다. 일찍이 광주廣州의 세과歲課에 부방했는데, 당시 광주유수 이종성李宗城으로부터 글의 뛰어남과 뜻의 원대함을 인정받았다. 다산도 이때 아버지를 모시고 따라갔다. 다산이 화순현 동헌 본채에 딸린 금소당琴嘯堂에 대해 지은 「금소당에서 조 진사 익현과 함께 짓다琴嘯堂 同曺進士(翊鉉)作」란 시가 남아 있다. 그에 대한 다른 문인들의 글로는 안정복, 『순암집順菴集』 「정기백재원에 답하다答丁器伯載遠別紙戊申」; 신광수申光洙, 『석북집石北集』 「정기백에게 주다與丁器伯」; 정범조丁範祖, 『해좌집海左集』 「족제 기백에게 주는 글與族弟器伯書」; 이용휴, 『혜환잡저』 「정사군이 오성의 임지로 가는 것을 전송하는 서送丁使君之任烏城序」 등이 있다.

42 남계(1705~1782). 본관은 의령宜寧이고 자는 군옥君玉이다. 성호의 문인으로

성호의 친구인 홍창보의 사위이며 홍유한의 자형이 된다. 계룡산 아래에 지은 집인 이경와二耕窩에 대해서는 이익의 「이경와에 부쳐 쓰다 2수寄題二耕窩二首」와 「이경와기二耕窩記」가 있고, 혜환의 「이경와기二耕窩記」가 있다. 그에 대해서는 이익의 『성호전집』에 「남군옥 범호시에 차운하다 6수次南君玉汎湖韻 六首」「남군옥경호범주시서南君玉鏡湖汎舟詩序」가 있고, 안정복의 『순암집順菴集』에 「남군옥 계에게 답하다 갑신答南君玉堦書 甲申」이 있으며, 이민보李敏輔의 『풍서집豐墅集』에 「우연히 서단에서 만나다偶會西壇 李東元君善君玉汝範亦到 材人盛設酒肉」 등이 있다.

43 권사언(1710~?). 본관은 안동安東. 자는 중범仲範. 1756년 문과를 한 후 부정자副正字·정랑正郎 등을 지냈다. 화죽헌花竹軒·산향재山響齋 등의 당호를 썼다. 처부妻父는 홍명원洪命源(홍성洪晟의 부친)이다. 그에 대해서 혜환이 「권사군 중범이 임지인 수주로 가는 것을 전송하며送權使君仲範之任遂州」, 「만어정기晚漁亭記」를 남겼다. 그의 정자인 만어정晚漁亭에 대해서는 여러 사람이 기록을 남겼다. 이헌경李獻慶의 「만어정에 차운하다次晚漁亭韻」, 「만어정기晚漁亭記」; 채제공의 「만어정에서 주인의 판상에 차운하다晚漁亭次主人板上韻」, 「만어정가를 권중범에게 주다晚漁亭歌贈權仲範」, 「삼포로부터 돌아오다 말 위에서 만어 권중범을 생각하다 歸自三浦馬上懷晚漁權仲範」, 「만어정기晚漁亭記」; 정약용의 「만어정기晚漁亭記」가 남아 있다. 『창해시안』에도 만어정과 관련된 기록이 있다.

44 그에 대해서는 정약용, 『혼돈록餛飩錄』에 '한광전韓光傳의 효행'에 다룬 것이 있고, 친구 안정복이 그의 아들 한치건韓致健에 대해서 자사字辭를 써준 「손생한치건자사 무신孫甥韓致健字辭 戊申」이 남아 있다.

45 「아암기我菴記」: 이처사李處士; 「낙소와기樂蘇窩記」: 권처사權處士; 「경졸당기景拙堂記」: 신처사申處士(신혜길申惠吉로 추정); 「오학사가 연경에 가는 것을 전송하는 서문送吳學士赴燕序」: 오학사吳學士; 「정사군이 오성에 부임하는 것을 전송하는 서문送丁使君之任烏城序」: 정재원丁載遠; 「명사총강 뒤에 쓰다題明史總綱後」: 이극성李克誠; 「이경와기二耕窩記」: 남계南堦; 「만어정기晚漁亭記」: 권사언權師彦; 「한사군 경선이 예안의 임지로 가는 것을 전송하는 서문送韓使君景善之任禮安序」: 한광전韓光傳; 「홍대부가 관동성 관찰사로 나아가는 것을 전송하는 서문送洪大夫出按關東省」: 홍대부洪大夫; 「허학주 경에 대한 만시許鶴洲檠挽」: 허경許檠.

46 남하행(1697~1781). 조선 후기의 학자. 본관은 의령宜寧. 자는 성시聖時, 호는 잠옹潛翁·둔암遯庵. 충청남도 공주에서 태어났다. 동소桐巢 남하정南夏正의 아우. 이서李漵·이익李瀷의 문하에서 수학했다. 제자백가와 고금의 전적에 통달했으며, 글씨에도 뛰어났다. 저서로는 『와유록臥遊錄』과 『술선록述先錄』이 있다. 또 『근역서화징』에서도 남하행에 대한 기록을 찾아볼 수 있으며, 이가환 문집에도 「둔암남공묘지명遯菴南公墓地銘」이 있다.

47 박사정(1713~1787). 본관은 무안務安, 자는 자중子中이고 호는 농와聾窩다. 예법禮法을 비롯하여 수학數學과 보학譜學에 정통하여 『가례작통家禮酌通』 『산학지남算學指南』 『백씨보략百氏譜略』 등을 저술했다. 안정복은 그를 위해 「통덕랑농와박공 묘지명通德郎聾窩朴公墓誌銘」을 지어주었다.

48 鼎福素昧書法, 而星湖跋文. 有曰, "心準意想, 是何風韻之克似也" 惠寅子晚榮
    翁則曰, "雖起素師示之, 必自疑其乘醉寫一本" 曰, "氣骨磊落, 脫世俗脂粉態."

49 홍유한(1726~1785). 우리나라에서 최초로 천주교 신앙을 실천한 사람으로, 명
    문가의 후예인 그는 8~9세 때 이미 사서삼경四書三經과 백가제서百家諸書
    에 통달하여 신동이라 했다. 달레 신부의 『한국천주교회사』에서 조선인들의
    전설로 소개되며 '사량士良'이라 불리기도 한 홍유한은 전설의 인물이 아니라
    성호 이익의 제자로 밝혀졌다. 홍유한은 16세기가 되던 해인 1742년 성호 이
    익의 문하생이 되었다. 그 무렵 이익은 『천주실의天主實義』 『칠극七克』 등 한
    역서학서漢譯西學書를 통해 서학을 연구하면서 천주교에 대해 유교의 부족
    한 점을 보완한다는 보유론補儒論적 태도를 보이고 있었다.

50 이삼환은 홍유한의 만시인 「홍사랑에 대한 만시挽洪土良」를 남겼다.

51 윤호진, 「문혈록: 아버지를 추모하는 마음」, 탐구당, 2016. 이 책에 대해서 이
    익은 「효자 홍중명의 문혈록에 쓰다題孝子洪公重明扱血錄」, 이형상李衡祥은
    「문혈록에 뒤에 쓰다題扱血錄後」와 「문혈록서문 뒤에 쓰다題扱血錄序後」를
    각각 남겼다.

52 이용휴, 「홍창보 어른에 대한 만시敬輓洪丈昌輔」.

53 그에 관련된 글로는 이익의 『성호전집』에 「次南君玉汎湖韻 六首」 「南君玉鏡
    湖汎舟詩序」가 있고, 안정복의 『순암집』에 「答南君玉培書 甲申」이 있으며, 이
    민보의 『풍서집豐墅集』에 「偶會西壇 李東元君善君玉汝範亦到 材人盛設酒
    肉」 등이 있다.

54 『혜환잡저』에는 제목이 「명사총강 뒤에 쓰다題明史總綱後」라 되어 있고, 『탄
    만집』에는 제목이 「명사총강 뒤에 있는 발문에 쓰다題明史總綱後跋」라 되어
    있다. 또 목만중도 『여와집』에 「명사총강 서문 明史總綱序」을 남기고 있다.

55 『경원록』은 지봉 가문의 일화를 정리한 것으로 국재菊齋 이희검李希儉, 이수
    광, 이성구, 동주東州 이민구李敏求, 이상규李尙揆, 혼천混泉 이동규李同揆,
    퇴촌退村 이당규李堂揆, 이석규李碩揆, 회헌悔軒 이현기李玄紀, 이현수李玄
    綏, 이현치李玄緻, 유재游齋 이현석李玄錫, 경연당景淵堂 이현조李玄祚, 나은
    懶隱 이현량李玄亮, 졸은拙隱 이한보李漢輔, 하정下亭 이덕주李悳冑, 의호義
    湖 이서李瑞冑, 기원杞園 이혜주李惠冑, 하포下圃 이헌주李憲冑 등의 기록
    이 남아 있다.

56 목만중, 『여와문고』(권1)에는 「경원록서景遠錄序」가 있으며, 분사 이성구의 문
    집에 대한 서문인 「분사이상국유고 서문分沙李相國遺稿序」도 있다. 또 이헌
    경, 『간옹집艮翁集』에는 「이씨경원록 서문李氏景遠錄序」이 있다.

57 『사과록』에 대해서는 고려대학교 해외한국학자료센터 홈페이지에 올라와 있
    는 부유섭의 해제를 참고했다.

58 顧醇叟, 幼與余同受業於星湖先生. 先生每敎之, 以古聖賢修已治人之要. 及見
    先生之所以爲家, 則家事, 理雖微, 至於鷄鴨薪米之類, 無不秩然有制也. 若承
    而移之於政, 廉所不當, 知此一縣令哉. 且醇叟前所對策, 達於治理, 然空言也.
    今可以見於行事矣, 醇叟, 其勉之.

59 一經眼終身不忘, 遇有觸發, 一誦數千百言, 如鴟夷吐水, 流丸轉阪. 九經·四
    書·二十三史, 以至諸子百家·詩賦·雜文·叢書·稗官·象譯·算律之學, 牛

医·馬巫之說, 惡瘡·癩漏之方, 凡以文字爲名者, 一叩皆輸寫不濡, 又皆研精核實, 一似專治者然, 問者駭愕, 疑其爲鬼神.

60 公又鑑識精通, 唐·宋·元·明之詩, 一聞皆知其世, 百無一錯, 東人詩尤不可諱. 公之甥許瓊, 持華東歷代詩集, 終日抽問, 卒無一錯.

61 至於家煥, 未嘗非好家數, 而落拓百年, 斲輪而貫珠, 自分爲羈旅草莽, 發之爲聲者, 悲已慷慨之辭也. 求而會意者, 齊諧索隱之徒也. 跡愈詭而言愈詖, 言愈詖而文愈詭, 絲繡五采, 讓與當陽, 離騷·九歌·假以自鳴, 豈家煥之樂爲? 伊朝廷之使然. 번역은 고전번역원의 것을 참고했다.

62 昔吾先君子文章重當世, 四方人士, 奔走踵門, 乞一言以揚厲其先人者, 甚多. 不肖生晚, 奉讀遺集於中年, 以上所論述, 則蓋有不知其爲誰某者. 若李孝子小傳, 及爲李孝子所著絕句三首, 跋文一首, 亦按文而知其名氏而已, 竟不知孝子子孫在何處. 數年來, 始交李君學祖, 知其爲孝子曾孫. 歲壬子秋, 分司西京, 遇學祖之世父慜, 始得見小傳及絕句跋文原稿. 歲月滋久, 紙墨尚新, 摩挲感歎, 不能自已. 慜又出示二尺牘, 一爲丙寅二月所寄, 一爲是歲八月所寄. 八月云, "兒痘惱心者" 卽不肖也. 今不肖鬢髮已變, 痘痕猶有存者, 顧復之恩, 念之流涕. 嗟! 孝子家之藏奉遺蹟, 罔或失墜, 自其謹厚之意, 豈能預知余之來此獲覩, 鄭重繾綣也哉? 嗚乎! 其亦可感也夫.

63 「정헌묘지명」에 "公制行嚴苦, 居喪三年, 不入中門之內."

64 此本爲書初成, 進御呈覽者也. 故紙墨精良, 用黃絹糚. 後以賜親王某, 某與本國首譯金指南厚較以贈之. 指南死, 家貧, 其孫弘喆, 不能守. 先君聞之, 斥廐馬以取之, 自是, 家遂無馬. 噫! 書之屢易主如此, 使幸免水火蟲鼠足矣. 其傳而屬他可知也. 故書之以去來者, 冀得之者, 知其如此而相與葆愛之也.

65 庚子二月十九日, 上命入侍諸近臣, 製奎章閣四景詩以進, 因宣法醞, 諸臣皆一時文學之選, 而前都事臣李家煥亦與焉, 榮矣. 人聞前代盛事, 猶慕艷之, 矧身親値之者乎. 蓋詩猶畫, 一畫手也, 寫闐闈則賤, 寫殿閣則尊. 今所詩者, 奎章閣, 閣卽天上圖書之府, 豈不嚴重崇顯哉? 夫奎之爲星, 屈曲相鉤, 似文章之畫, 故司文章焉. 餘輝所及, 筆墨卽有氣色, 此帖, 宜爲傳世寶矣. 按月令, 仲春之月, 日在奎. 今授簡應製之日, 在仲春, 乃知聖人之與天同道也.

66 원문은 병병으로 적고 있으나 의미상 병병이 맞을 듯하다.

67 오나라 계자: 춘추시대 오나라 왕 수몽壽夢의 넷째 아들. 계찰季札을 이른다. 부왕父王 수몽이 계찰의 현명함을 택하여 그에게 군주의 자리를 전하려 했으나 이를 사양하고 노魯나라를 비롯하여 여러 나라 관광觀光을 했는데 이때 데리고 갔던 그의 큰아들이 죽었으므로 제齊나라의 영읍嬴邑과 박읍博邑의 중간에 무덤을 썼다 한다. 여기서는 금대가 죽은 아들의 무덤을 무덤 같게 쓰지 못했다는 뜻으로 인용한 것이다.

68 『맹자』 「등문공 상滕文公 上」에 나온다.

69 李子居金化, 僦屋數椽 讀書其中, 至孟子告陳相, 喟然曰, "甚矣 古人之難及也. '飽煖逸居而無教, 猶能近禽獸' 則是猶有愈禽獸者存也. 今余放逐流離, 衣食不周, 與飽煖逸居異矣. 讀古聖書, 奉教於今之君子多矣, 尙不如禽獸, 矧曰近之云乎? 夫大食穢, 人視之穢也, 大視之食也, 於義何害? 余或不義而食珍錯方丈, 曾不如大之食穢也. 夫豕淫, 不自知其非, 今余知其可恥, 而常不免動心

於麋鼈, 曾不如家之不知也. 噫! 食色擧隅也. 推之於一言一行, 無往不然, 古之無敎而近禽獸者, 聖人尙且憂之, 使見有敎而不若禽獸者, 當何如也? 嗚乎! 其可愧也夫. 其可懼也夫.

70 予曰, "直閣待敎之才, 曾所稔知者, 而至於洪仁浩, 亦是人才, 宜有聳動之政矣, 李家煥之文, 亦爲絶作矣" 民始曰, "三文臣非但以才藝論之, 可謂鳴國家之盛矣" 命善曰, "李家煥是稀有之才, 宜有別般收用之道矣" 予曰, "旣識其才之超等, 而豈可仍寘不用乎."

71 이병휴의 『정산시고貞山詩稿』에 「삼가 가형家兄 죽파竹坡 선생을 축수하다 敬壽家兄竹坡先生」가 있고, 이시홍의 『육회당유고六悔堂遺稿』에도 「빙조죽파이영공 천장애사聘祖竹坡李令公遷葬哀辭」가 있으며, 『여강세승驪江世乘』 『성호선생문집星湖先生文集』에도 기록이 보인다.

72 公姓李氏, 諱廣休, 字景微, 自號竹坡, 驪州人. 判書諡敬憲諱繼孫之九世孫, 高祖左贊成諱尙毅, 曾祖持平諱志安, 祖大司憲諱夏鎭. 大憲公生五男, 而公卽其第四諱沈之長子. 出爲伯父諱瀅後. 妣密陽朴氏直長守和之女, 本生妣草溪鄭氏學生洙堂之女. 公幼而氣逸, 長而體豐, 眼饒晶光, 夜能辨物, 早棄擧業, 隱居安山之瞻星村, 灌花種竹以自娛. 爲人直心坦懷, 不餙邊幅, 不設畦畛. 遇事敢爲, 無所鯁避, 嗜義喜施, 有以急來者, 必力應之, 未嘗冷面叉手, 使之觖望而去. 又博聞多識, 又長於史, 然不以是自名. 中歲後有足疾, 廢杖腰者若千年而終. 公以肅宗癸酉五月五日生, 卒於今上辛巳正月十一日, 享年六十九. 葬於德山縣長川里先塋左麓壬坐之原. 配海州鄭氏生員德寧之女. 生三男一女, 男長煥, 次晶煥, 次森煥, 女適豐山洪瞻漢. 乙酉四月六日仲弟用休謹撰.

73 설가說家: 주석注釋을 하는 사람 혹은 평론하는 사람.

74 公肌體豐肥, 不便功苦課業. 而好觀諸史, 旁及稗官說家, 貫穿古今, 該括巨細, 纏纏不窮, 世之以博名者, 或遜焉. 所爲詩多佳語, 文之婁長鬚傳, 則雖置古人集中, 亦難辨焉.

75 公不喜拘儒曲謹. 然居喪三年, 不入內, 平生帷無外色. 且家不蓄博奕之具, 口不近烟酒. 最惡巫覡, 遇必禁逐, 陰陽避忌, 時故犯之, 以破誣惑.

76 公旣不遇, 無以消耗其壯心. 晩歲, 鑿池種蓮, 庭梅籬菊, 各得位置. 每於良辰佳節, 召賓友數人, 摘畦蔬, 剝園果, 以佐壺觴. 開懷縱談, 或間以雅謔爲樂. 惟語不及朝政時局.

77 公爲人, 壇宇甚峻, 而中易直. 與人交, 不爲表襮, 披竭底蘊. 人有長多, 奬與成之, 有難, 必佽助濟之. 或有負公者, 公不爲悔, 其人, 後以窮歸, 待之如初.

78 公有一莊, 在湖西之唐津, 外家所遺也. 女弟貧, 卽割而屬之. 諸親戚鄕鄰, 緩急多資公, 有大事則肅, 公爲祭酒以聽焉.

79 그 외 저술로는 『관혼례冠婚禮』 1책, 『상제례喪祭禮』 2책, 『대학심해大學心解』 1책과 『잡기雜記』 1책 및 『가장家藏』 1책, 『성호선생예식星湖先生禮式』 1책, 『가제축식家祭祝式』 1책 등이 있다.

80 嗚呼! 君降以庚寅, 少我二歲. 而我善病羸弱, 三年猶未免懷, 與君同飮一乳, 同臥一褓. 稍長, 同受一書, 同製一題. 旣壯, 行業相師, 道義相勉, 盖形體雖分, 氣義相通. 迨老而我居皇華坊舊第, 君寓湖西之伊山, 三百里而遠, 常鬱鬱有離索之思. 然時時以書翰寄聲, 今幽明永隔, 悲哉! (…) 嗚呼! 君天資旣高, 學承家

傳, 而尤邃於禮. 施之必有可觀, 而不遇於時, 韞而藏之, 施不施, 何與於君, 而君子不能無私竊歎焉. 噫! 無始來, 幸與君一遇, 無終前, 或復與君再遇否? 不可期也. 惟彼德豐一曲, 山靜而雲閒者, 君之遺照也, 見而想像而已. 鳴呼哀哉!

81 덕산德山. 충청남도 예산군 덕산면, 고덕면 일대와 봉산면 일부 지역에 걸쳐 있었다.

82 自京之德山, 爲程十一息. 雖使我聞君之病, 而卽發已不及見君之生面, 而只見死面. 訃來之後, 則雖疾馳而行, 死面亦不得見, 已斂而柩矣. 今又將擧柩而納之幽窆, 人之事已畢. 而猶不得臨穴寫哀, 雖食息寄世, 與冥然者, 何別? 鳴呼! 吾兄弟, 違離慈顏, 已一世矣. 君之此行, 必得親焉, 三十年來, 其所優然僾然者, 可以釋然, 而不肖之近狀, 亦得從傍以聞矣.

83 世皆謂命之脩短, 繫於稟賦之初, 而非壽養所與, 徵其不然也. 余聞之先妣仲兄, 始生脆弱異常, 數歲而頭骨, 猶未固. 我先妣鞠養之勞, 百倍他人, 兒呼亦呼, 兒吸亦吸, 如在胞中. 稍長 食不與葠腴, 衣不許燠煖, 使其遊戲, 不離閨闥之際, 如在懷中. 及其旣長, 則仲兄先生, 又能謹守, 先妣之敎, 畏愼攝養, 過於常人. 平生不犯霧露, 不觸寒暑, 苟非淸和暄姸之時, 未敢出門, 或當風雨乖亂之日, 不肯開戶. 文章喧世, 而不欲銕心, 書畫溢架, 而只要寓意. 夫世間萬事, 家內百爲可喜可怒可憂可悲者, 都付一忘字, 其他凡可以傷生害性者, 一切避遠, 故立年以後, 形貌日充, 神氣日旺. 于今干支一周 拾滿六十一, 而韶顏不減, 星髮絶稀, 視聽殆同少壯. 其堅固難老之容, 亦異於常人, 此豈非壽養之效歟? 昔之與先生等輩, 而氣甚盛體甚健者, 太半作泉下人, 雖或有存者, 衰朽厭厭, 無陽界意. 而先生則前虛後完, 昔羸今碩, 當老而益壯, 臨衰而愈旺, 又豈非壽養, 與不壽養之明驗歟?

84 녹시록가鹿豕: 사슴과 돼지. 여기서는 떼를 지어 다닌다는 뜻을 취한 것이다.

85 죽두竹兜: 대로 만든 가마.

86 안산에서 서울로 올라왔음을 이야기한 것이다.

87 천산군자이天山君子以. 천산둔天山遯을 군자가 관찰해야 한다고 했다.『주역』둔괘遯卦의 상象에서 따온 말. 주역의 괘상卦象으로 천天의 상인 건괘乾卦(☰)를 위에 놓고 산山의 상인 간괘艮卦(☶)를 아래에 놓아 합친 것이 둔괘인데, 소인을 멀리하여 은둔하라는 뜻이 담겨 있다. 혜환 형제는 역점易占에서 이 괘를 뽑았으므로 섬곡剡曲의 선향으로 은퇴하기로 한 것이다.

88 상재지향桑梓之鄕: 선대 조상이 심은 뽕나무[桑]와 개오동나무[梓]가 있는 고장이란 말로 선향先鄕이란 뜻이다.

89 함장函丈: 스승의 자리와 자기의 자리 사이에 한 길丈의 여지를 둔다는 말로 선생이란 뜻이며 여기서는 성호星湖 선생을 가리킨다.

90 서청西淸: 서청西淸은 청나라 때 궁정 안에 있던 방으로, 한림학사가 출근하던 곳이다. 여기서는 벼슬이란 의미로 쓰인 것이다.

91 동고東皐: 물가의 양지바른 곳에 있는 높은 지대. 넓은 뜻으로 전원田園이나 원야原野를 가리킨다. 들로 번역한다.

1   이익, 『성호선생전집星湖先生全集』, 「여흥세첩에 대한 발문驪興世帖跋」, "世稱字體, 必曰驪興之李. 我李之以筆鳴, 久矣, 而從祖聽蟬堂, 其尤著也. 聽蟬得之孤山, 孤山得之張東海, 東海又本乎懷素, 尙論者以爲草聖統緖. 然人徒見聽蟬有得於孤山, 不知家學已累世洽矣. 子孫紹業至今, 莫不津津說鍾王, 各自輝暎, 如再從姪仲賓其一也."

2   이관휴(1692~?). 자는 연종延宗이고 호는 근재謹齋다. 어려서부터 공부를 좋아해 경사자집經史子集에 두루 통달했고, 재종숙再從叔인 이익과 교류하면서 학문을 연마했다. 족보 등에 졸년이 기록되어 있지 않으나 수직壽職한 시기를 보면 1772년까지는 생존했던 것으로 보인다. 이현환은 『섬와잡저』에서 「근재문집서문謹齋文集序」 「근재 이관휴전謹齋傳」 「근재서謹齋序」 「근재설謹齋說」 「근재 이관휴에게 올린 문장을 논한 편지上謹齋論文書」 「근재서화謹齋書畫」 등의 글을 통해 그에 대하여 비중 있게 다루고 있다. 서화 수집에도 일가견이 있었던 듯 보인다.

3   왕희지 이하의 글씨가 모두 열 권이다. 『구당서舊唐書』 「왕방경열전王方慶列傳」에 "측천무후가 왕방경의 집에 서적이 많다는 말을 듣고서 일찍이 우군右軍의 유적遺跡을 찾으니 왕방경이 말하기를 '신의 10대 종백조從伯祖 희지羲之의 글씨는 먼저 40여 장이 있었는데 태종太宗 대왕이 구함으로 저희 아버지가 아울러 이미 진상하고 오직 1권만이 현재 남아 있습니다. 그리고 또 신의 11대조인 왕도王導와 10대조인 왕흡王洽과 9대조인 왕순王珣과 8대손인 왕담수王曇首와 7대조인 왕승작王僧綽과 6대조인 왕중보王仲寶와 5대조인 왕건王騫과 고조부인 왕규王規와 증조부인 왕포王褒와 구대삼종백조九代三從伯祖인 진나라 중서령中書令 왕헌지 이하 28인의 글씨가 모두 10권입니다'라고 했다"고 나온다.

4   天下之寶, 當公之天下, 非一家之所得私也. 然其所愛慕, 親切於疏, 近甚於遠, 亦理也. 是謹齋公所以付此帖於載續之意也. 噫! 徵文獻者, 必於其家. 王方慶所云, "有十代從伯祖義之以下書共十卷"者, 此又載續之所宜知也.

5   이재중(1747~1822). 자는 유여幼興이고 호는 석헌石軒이다. 금화공金華公 원휴元休의 손자이며 청계공淸谿公 정환晶煥의 아들이다. 현환은 그에 대해서 「글을 써서 종손인 유여진사에게 주다書贈從孫幼興進士」라는 글을 남기고 있다.

6   「사내당기四耐堂記」도 이서와 관련된 글이다.

7   「화죽장자에 대한 발과 찬畫竹障子跋并贊」. "姨弟完山李宗翰, 性弗嗜畫. 一日於余宅偶値, 閱古畫. 數十紙中, 多有名品, 如無覩也. 獨拈柳岊雲所描竹障子一軸, 求甚力曰: "先志也. 先君處士, 最愛是畫. 購有年未畢. 今已棄諸孤矣. 不肖, 則將賚歸於諱辰奠饗, 施于神位之後, 以寄慕焉." 余感其意, 卽撤而授之, 係以贊."

8   「동현재 그림에 대한 발문董玄宰畫跋」. "余所蓄古畫中, 有玄宰水墨山水一小幅, 筆法翩翩, 與諸家逈異, 見其畫, 想其人矣."

9   『섬사편』에 대해서는 다음의 논문을 참고하라. 김동준, 「이철환李嘉煥의 『섬

사편剞社篇』에 대한 재고: 8세기 안산지역 시회詩會의 맥락 검토를 겸하
여」, 『한국한시연구』 19집, 한국한시학회, 2011. 『섬사편』은 편성자인 이철환
李嘉煥(1722~1779. 자 길보吉甫, 호 예헌例軒) 자신을 비롯하여 여주이씨 가문
의 문인인 이광휴李廣休(1693~1761), 이병휴李秉休(1710~1776), 이경환李景
煥(1696~1779), 이창환李昌煥(1699~?), 이광환李匡煥(1702~?), 이현환李玄煥
(1713~1772), 이영환李英煥(1717~1777), 이형환李亨煥(1729~1790), 이삼환李
森煥(1729~1813), 이재덕李載德(1711~1768) 및 당시 안산에서 활동하던 표암
강세황 등 총 13인의 시 65편과 그림 2점, 발문 격의 산문 1편을 수록하고 있
는 시화첩이다.

10 강이천姜彛天, 「무한경루소집 서문無限景樓小集序」. "始四五歲, 讀書於王考
    惠寶在澗諸公, 又間石北先生." 강경훈姜景勳의 『중암 강이천 문학연구重菴
    姜彛天文學研究』에서 재인용했다.

11 박용만, 「李用休의 詩文學 研究」, 한국정신문화연구원 한국학대학원 박사학
    위 논문, 2000, 28~29쪽.

12 유경종, 二十九日晴, 『해암고海巖稿』 권10, "賞我文者惠寶".

13 유경종, 『해암고海巖稿』, 「혜완옹의 부고를 듣고……聞惠寶翁訃 壬寅正月十五
    日酉時卒 十八日作 壽七十五戊子生". "舊述意園記, 新題晩榮堂."

14 유경종의 문집에 「次鐸侄寄來諸篇」(권3), 「題意園圖」(권4), 「又」(권5), 「意園誌」
    (권10) 등이 있다.

15 장유승, 「[조선의 잡사] 〈65〉 여성이 운영권 가졌던 '채소선'」, 『동아일보』,
    2018년 9월 4일 자.

16 조중보. 자는 규보奎輔, 호는 의암蟻庵이다. 안산 15학사 중 한 사람으로 본
    관은 양주楊州. 1738년(영조 14) 진사시進士試에 합격했다. 그의 문집은 전
    해지지 않는다.

17 편연便姸: 가뿐하고 아름다운 모습.

18 「남창서법 발문跋南窓書法」. 余於臨池之學, 無所解, 每觀諸家書法, 輒隨知
    者之評. 今此帖有豹菴老友之評曰: "便姸流動, 亦中國之所罕有." 余亦曰: "便
    姸流動, 亦中國之所罕有."

19 「대우암기對右菴記」. "天之生物也, 以理寓於形, 使其最神聖者代言而宣化, 經
    是也. 然言必倚書而行, 故使蒼頡造書. 書首象形, 而其用亦有所窮. 故使史皇
    作圖, 圖與書配而後, 始盡之矣. 雖然, 經日月于宇宙, 而書附焉, 惟圖或顯或
    晦, 闗風王會以後, 不甚著焉. 間有才氣之過者溢, 而爲花竹翎毛, 其工亦能以
    肖造化, 而娛心目, 此道不可小也. 金君士能, 以無師之智, 創出新意, 筆之所
    至, 神與俱焉. 其髮翠毫金絲丹縷素, 精巧妙麗, 有古人不見我之恨. 故頗自矜
    重, 不輕渲染, 盖其人品甚高, 有雅士韻人之風, 故不欲以我之心力手指, 供交
    際之贄幣, 作盦廚之玩具也. 夫書譬, 則人之姓名, 圖乃其面貌也. 識其姓名, 而
    不識其面貌, 雖終日並席而坐, 不能相認, 其可乎哉? 噫! 圖與書起因同, 而托
    體均. 世多申書, 而詘圖, 至辱以工, 若史者, 何也? 金君扁其所居曰, 對右者, 取
    古人左圖右書之意也. 圖書離而孤行者, 幾年? 今復合焉, 兩家可以交相賀也."

20 「대우암 김군의 화상에 대한 찬對右菴金君像贊」.

21 여주이씨 문인들뿐 아니라 다른 문인들과의 교유도 매우 활발했다. 임희성은

「송서가 연객 허필 여정에게 불러서 보여준 운자를 차운하여 지어서 양쪽에 주다次松西示烟客許佖汝正號韻兩寄」「연객 허여정 만시 15수 중에서 6수를 뽑다煙客許汝正挽十五選六首」「허여정필의 연객시권 서문許汝正佖煙客詩卷序」「허여정필 제문祭許汝正佖文」 등을, 신광수는 「또 여정에게 주다又贈汝正」「허여정에게 부치다寄許汝正」「또 허연객 필에게 부치다又寄許煙客佖」 등을 남겼다. 또 서석린徐錫麟은 「허상사여정필에게 주다與許上舍汝正佖」를 남겼고, 강세황은 「허연객의 금강도에 쓰다題許烟客金剛圖」를 남겼다.

22 이용휴, 「연객설烟客說」, 『연객록烟客錄』. "火化來, 歷幾代始有茶, 而陸鴻漸氏以茶著. 茶後, 又歷幾代始有烟, 而許汝正氏以烟號. 茶則亡論, 盖明季以還百有餘年之間, 天下皆烟, 而其聞焉者, 惟一人, 亦希且貴矣. 夫酒典午一世噪者, 數十人, 惡足夸哉. 若王奉常之所自稱者, 則取義別焉, 所謂名同而實異者也."

23 「균와아집도」의 우측 상단에 있는 화제는 다음과 같다. "倚几彈琴者, 豹菴也. 傍坐之兒, 金德亨也. 含烟袋而側坐者, 玄齋也. 緇巾而對棋局者, 毫生也. 對毫生而圍棋者, 秋溪也. 隔坐而觀棋者, 烟客也. 凭几而軟坐者, 筠窩也. 對筠窩而吹簫者, 金弘道. 畫人物者, 亦弘道, 而畫松石者, 卽玄齋也. 豹菴布置之, 毫生渲染之, 所會之所, 乃筠窩也. 癸未四月旬日. 烟客錄."

24 이 당시의 정황은 「겨울밤 화헌에서 함께 짓다花軒冬夜同賦」로 알 수 있다.

25 「허연객 생지명許烟客生誌銘」. "許烟客名佖, 汝正其字, 孔巖世家也. 烟客少淸姸, 饒姿止, 性和而辨, 易而立. 與人談諧, 聲氣可樂, 人無勿善之也. 與其兄佾子象, 同氣味, 若一身也. 然子象好讀易, 烟客喜吟詩, 此其異也. 又多藝, 善篆隷, 兼通史皇六法, 然不竟其學, 曰: '是人役, 徒勞我耳.' 家貧屢空, 而有泰色. 或遇古器若良劒, 卽解衣易之. 人笑其迂, 曰: '我不迂, 誰當迂者?' 庭有古楠, 階列佳菊, 逍遙其間, 不問世事. 常曰: '吾外不內顧者, 爲有妻金也; 內不外顧者, 爲有子需也.' 妻亡不再耦, 盡以家屬霊. 烟客以明陵己丑生, 二十七成進士, 今年五十三. 忽謂余曰: '吾幸與子幷世, 而又善子, 我死, 霊必以幽累子, 如其死而幽累子, 曷若生而明累子?' 余感其意, 遂諾而詔之. 銘曰: '自夏而后, 漸屬之陰; 自午而后, 漸屬之暮; 自中身而后, 漸屬之幽. 烟客知之, 豫爲之謀. 余告烟客, 似達未達, 猶爲識點. 往古來今, 子之年也; 佳山好水, 子之居也; 含齒戴髮, 子之眷也; 悲懽否泰, 子之歷履也; 李氏爲之銘而姜氏書之, 是子之不死也.'"

26 闔吏晨開闔, 舡行尾相銜. 梢工祭神龍, 一時盡上帆.

27 이용휴가 허필의 생지명을 써주었고, 허필도 안산 15학사 중 한 사람인 엄경응嚴慶膺의 생지명을 써 주었다는 기록이 나온다. 허필이 생지명을 썼다는 것은 박지현(2004, 37)이 상세하게 언급했다.

28 여기에 해당되는 시가 적지 않다. "짚신은 사마駟馬에 해당됐고, 도토리와 밤은 바로 마른 양식일세屛鞋當駟馬, 橡栗乃粮糧."(「題灞佐漢西賓稼堂」) "행인은 담 밖으로 상투 보이고, 삼각산은 하나의 봉우리가 푸르네行人墻外髻, 華嶽一峯靑."(「淸潭臥雲樓」)

29 임희성, 「허필에 대한 제문祭許汝正佖文」. "嘻子平生, 才高用卑. 於何見斑, 壹發諸詩. 天與之竊, 天與之閑. 良時勝景, 美水佳山, 出門漫浪, 爲樂則長. 毋曰命蹇, 氣或日昌. 華亭之博, 竟陵之奧, 枝山之宕, 石田之傲, 其人其辭, 其筆其繪. 會歸于一, 無堪作對. 長歌慟哭, 平地不平. 中焉孰測, 外逼者名. 蓬林鉅谷,

風雨四驟, 迅瀨激湍, 巖石交鬪. 奔軼絶塵, 余僵且汗."

30　역易에 있어 하늘의 생긴 수를 셋, 땅의 생긴 수를 둘로 잡아 천지의 생수生
　　數인 다섯을 각각 열까지 늘리어 이룬 수를 일컫는 말이다.

31　'(수미산)'은 있고 없는 사이에 있다는 말로서 수미산이란 실제로 있는 산이 아
　　니라 관념상의 산이기 때문에 한 말이다.

32　「정일사鄭逸士가 동북의 명산으로 유람함을 전송하는 서문送鄭逸士遊東北
　　名山序」. "州有九, 涉其八, 天不欲以全與人也. 譬之大衍之數五十; 其用四十九,
　　其一則雖聖神, 莫能知也. 談山者, 以須彌爲極, 然此在有無中, 若昆侖則是河
　　源所出而古今無有睹者, 遊豈易言哉? 鄭逸士, 往年西遊, 遊九月, 以爲奇, 胸中
　　有九月, 及遊妙香, 無九月, 有妙香. 今又東遊, 遊楓嶽, 必無妙香, 有楓嶽, 若轉
　　北遊, 遊白頭, 無楓嶽, 有白頭, 何者, 以境愈勝而見愈高也. 將俟異日, 無白頭
　　而後復與逸士語遊矣."

33　惠寶居士, 文章, 奇邁絶俗. 其贈滄海逸士卽鄭瀾也詩二句, 可知非俗語 有曰:
　　"萬枕同駒駒, 皆作富貴夢"者, 是也.

34　「정일사가 백두산을 유람하고 돌아와 시를 써주기를 구하다鄭逸士遊白山還
　　索題」.

35　「정일사가 백두산을 유람한 기록 뒤에 쓰다題鄭逸士遊白山錄後」.

36　『혜환잡저』, 「정일사가 바다로 들어가서 한라산에 유람하는 것을 전송하며送鄭
　　逸士入海遊漢拏山」. "丈夫生世, 當卓然自立, 以行其志, 豈忍將此七尺, 埋沒於
　　帖括冊錢穀簿中耶? 鄭逸士盡觀三韓佳山水, 將泛海入耽羅遊漢拏山, 聞者笑
　　之. 此事, 俗根入髓者笑, 固也. 然數百年後, 笑者在耶, 見笑者在耶, 我不能知."

37　정란에 대해서는 안대회, 「여행가 정란」, 『신동아』(통권 539호), 2004년 8월 호
　　에 자세히 실려 있다.

38　법식法式: 여기서는 '본보기' 또는 '모범'이란 뜻이 있으니 『시경』 「대아大雅」
　　'하무下武'에 "왕의 믿음을 이루어, 하토의 법식이었도다成王之孚, 下土之式"
　　라고 했으니 주周나라 무왕武王의 효행이 온 백성에게 본보기가 되었다는 뜻
　　이다.

39　현법縣法: 고대에 법을 공포할 때 글을 써서 궁궐의 게시판에 게시揭示, 여러 사
　　람으로 하여금 두루 알게 했으므로 법령을 반포하는 것을 현법縣法이라 한다.

40　단계丹溪: 경상남도 산청군 단성면의 옛 이름.

41　선의先意: 선의승지先意承志의 준말. 『예기』 「제의祭義」에 "군자의 이른바 효
　　라는 것은 부모의 뜻에 앞서 뜻을 받들어서 부모를 도에 깨우치는 것이다君
　　子之所謂孝者, 先意承志, 諭父母於過"라 했다.

42　향언響言: 부모 말씀에 메아리처럼 반응한다는 뜻이다.

43　좌우취양左右就養: 부모를 섬길 때 여러 방법으로 봉양을 다한다는 뜻. 『예
　　기』 「단궁檀弓」에 "어버이를 섬기되 은미하게 간함은 있고 면전에서 직간直諫
　　함이 없으며, 좌우로 나아가 봉양하되 일정한 방소가 없다事親有隱而無犯,
　　左右就養無方"고 했다.

44　"지극한 정성은 쉬는 일이 없다至誠無息." 『중용』 26장 참조.

45　「포의정군묘지명布衣鄭君墓誌銘」. 人有至行而無年者, 其故莫解也. 余以爲至
　　行者, 乃人之所得以爲人之式也, 天出以示人, 使知其式. 其收之或遲或速, 初

無定期, 譬猶縣法於門, 在曉民而已也. 歲戊寅正月二十一日, 其式出於嶺南丹
城縣之丹溪, 乙未三月十三日, 收之於善山府之夢臺, 纔改略十朞, 短矣. 其爲
式者, 鄭姓, 名箕東, 字東野, 東萊世家也. 父諱瀾, 號滄海逸人, 高曾皆以偉人
長德, 爲世所慕服. 君生有異質. 性孝, 先意響言, 左右就養, 知有父母而不知有
身. 於物無所好, 惟好書若嗜慾然. 嘗自以孝未盡職, 書未盡讀爲恨, 臨絕托其
妻趙, 善事舅姑, 以書殉葬, 妻諾而踐之. 銘曰: "一暝而百念息矣, 萬事已矣.
君欲以婦爲子, 以書爲後, 續成其志. 傳曰: '至誠無息', 先儒言 '君子之心死而
不已'者, 君是也. 噫! 山徑人絕, 林扉欲昏, 猶疑君之候灷於門也, 月苦風酸, 木
鳴鳥呼, 或者君之夜讀咿唔邪."

46 정기동에 대한 글로, 신경준申景濬, 「정동야 묘갈명鄭東野墓碣銘」; 김종섭金
    宗燮, 「정기동의 칠등편 뒤에 쓰다題鄭箕東漆燈篇後」; 조술도趙述道, 「정동
    야기동 애사鄭東野箕東哀辭」가 있다.

47 又曰: 公崇尙弇州, 實貴邦中一人, 是不族文王者, 佳佳. 雲我曰: 吾無奇識, 吾
    師有炭欠曼欠先生者, 文章海東千古一人. 吾受師說者如是. 龍門曰: 果知有淵
    源也. 初以爲貴國所尙則不過宋文平平者, 今聞公餘論正, 乃知國有人矣. 恐稱
    之者不多. 위의 글의 번역은 정민의 논문에서 그대로 인용했다.

48 대간룡大幹龍: 태조산에서 가장 중심으로 크게 뻗어 내려간 줄기.

49 『혜환시집』, 「덕순이 유선과 시를 말한다는 말을 들으니, 노인(혜환)이 관렵지
    희가 움직여서 근체시를 지어 덕순에게 보내고 유선에게도 보이다聞德順 與
    幼選 談詩 老人 動觀獵之喜 作近體詩 寄德順 兼示幼選」, 「模擬爲詩豈是詩
    圓機活法有心師."

50 『혜환시집』, 「허처사를 송수한다壽許處士」, "屢見列仙傳, 道緣在諸許, 上天無
    妄施, 壽必仁者與."

51 『혜환시집』에도 왕세정에 대한 언급이 있다. 「운자를 써서 졸간拙簡에게 드린
    다步韻呈拙簡」에 "간단하면 엉성해지고 세밀하면 일치하게 되니, 어떻게 발
    바닥을 감원弇園에게 보인 적이 있었으리오. 문장이란 비유하면 저 강물 같
    아 도도하게 흐르는 만리원萬里源이 있어야 하네簡則爲踈縛則一, 何曾脚板
    見弇園. 文章譬彼江河水, 須有滔滔萬里源"라 했다. 또 「신성연만시申聖淵挽」
    에서는 "지기知己는 한 명이고 둘이 아니니, 둘이 되면 그것이 지기가 아니네.
    감원은 창명滄溟을 곡하였는데, 그 말이 제자諸子들과는 달랐네知己一非二,
    二則便不是. 弇山哭滄溟, 其辭異諸子"라고 했다.

52 이용휴의 청장년기 산문에서는 "腐令(「石竹說」)" "健匕箸(「駿董穀語」)" "制科
    義(「洪阊和誄」)" "群耳日屬之矣(「洪阊和誄」)" "勿察淵魚, 勿事鉤距(「送家從弟醇
    叟之任萬頃序」)" 등처럼 왕세정이 조어造語한 자구를 그대로 끌어다 쓴 것이
    자주 보인다. 하지영, 「18세기 진한고문론秦漢古文論의 전개와 실현 양상」, 이
    화여자대학교대학원 박사학위논문, 2014, 193쪽.

53 第前有弇州, 是泰山之壓, 溟渤之呑, 計無以敵之.

54 이동순, 「이언진 문학연구」, 고려대 박사학위논문, 2010.

55 박동욱, 「조선 후기 반역적 개인의 형상—이언진의 호동거실—」, 『民族文化研
    究』 Vol.82, 고려대학교 민족문화연구원, 2019.

56 [72] 城一環步不廣, 瓦一壓頭長低. 只除日月燈光, 眼睜睜看筒婆(王思任, 「游

57　[11] 塵容俗狀滿坐, 其賓張三李四. 貿販歌哭聒耳, 其鄰東井西市.(『牧齋初學集』권33「王德操詩集序」,『牧齋有學集』권13「病榻消寒雜詠四十六首」서문) [73] 巷深如入甕裏, 屋低不及帽簷. 筆硯雜置烟爨, 書卷夾註米鹽.(『牧齋有學集』권20「李梅公唱和初集序」) [152] 焚其衣舞其灰, 移家入農家籍. 唯著作不可廢, 寫牛經抄兔冊.(『牧齋初學集』권32「陳鴻節詩集敘」)

58　곽자장은 이용휴도 언급한 적이 있다.「送趙院正徽緖隨謝恩使赴燕」. 太和司馬郭靑螺, 文比諸公變化多. 可惜華人猶失鑑, 十家同選獨遺他.

59　井敏卿, 松庵筆語: 雲我曰, 僕喑韓蘇如菖歜. 然博識通辯文士急務, 何必膠守一二人? 韓蘇萬古一人, 王其入室哉. 吾好韓蘇, 故好王氏. 又好王氏, 故好袁中郎·王思任·錢謙益·郭子章·虞行圓·李本寧諸人.

60　오색五色:『산해경』에 "단혈산丹穴山에 봉황이 사는데 그 새는 다섯 빛깔을 하고 있다"고 했다. 여기서는 이우상의 태생이 비범함을 말한다.

3장

1　조휘서. 본관은 한산韓山이고, 자는 자신子愼이다. 1735년에 통문관 시험에 합격했다.

2　詩力追中國, 恥作鴨江以東語.

3　『해좌집海左集』권9,「혜환거사 이경명용휴 만시惠寰居士李景明 用休 輓」, "區區洱以東, 衆音皆可刪, 赤縣二三子, 恨不携而還."

4　제17책, 甲辰年(1784) 正月 十三日條. "惠寰藏書頗富, 而所有皆奇文異冊, 無平常者一秩, 蓋其奇怪天性也."

5　이덕무,『청장관전서』제35권, 청비록 4,「혜환惠寰」. "博極墳典, 字句有根."

6　「종자상 시권에 대한 발문跋宗子相詩卷」. "子相詩, 不及文氣, 時有扴茶處. 弇州乃云: '鞭風馭霆, 以險爲絶.' 此老金剛眼, 必不於此失照, 無或爲私好而過與之耶?"

7　제발을 단 글에 대해서 정리해보면 다음과 같다.『혜환잡저』(권11)에 소재한 글로는「食色紳言跋」「愼言跋」「題問奇集」「跋燕市雜詩」「農說跋」「建州女眞考跋」「跋古奇器錄」「跋宗子相詩卷」 등이 있고,『혜환잡저』(권12)에 소재한 글로는「跋夷俗考」가 있다.

8　결자缺字가 있다.

9　余將寫置几案, 朝夕省繹, 粗以養我 [缺]精, 以養我神心也, 故爲之跋.

10　『혜환잡저』「삼사三事」, 一友問眼鏡馬鐵南草, "此三者, 始於何時, 見於何書?" 余答曰: "'昔張汀洲寧, 見優隷於指揮胡籠家, 蓋宣廟賜物也.' 優隷卽燮隷, 今所謂眼鏡者是已. 又曾見一小說云: '燮隷鏡, 出自西洋, 其始鏡直一馬, 後遞減至銀一二錢云.' 『徐文長集』云: '兩廣山峻, 馬不便行, 商人, 加鐵草鞋於馬足.' 馬鐵, 蓋昉於此. 惟南草, 只有傳說, 終無明證. 近見淸人陸稼書隴其,「與其曾叔祖蒿菴翁書」云: '煙之爲物, 終古所無, 明季, 始有之. 吳梅村以爲妖, 見於『綏寇紀略』中.'「續本草」云: '烟酒不知所自, 或曰療百疾, 或曰能枯腸染疾, 此

其證也. 若宋葉水心適,「送曹器遠」詩云: '廠源洞裡瓊葉雨, 南草市上蘆花秋者', 又未知指何物也."友曰:「盍錄之以備後考?", 余遂錄之.

11 안경에 대해서는 장령張寧의 『방주집方洲集』(권26) 「잡언雜言」을 들어 고증했다. 이 글 또한 『보안당비급』에 실려 있는 글이다. 『혜환잡저』「애체설僾逮說」(잡11)에도 장령의 『방주잡언方洲雜言』에서 인용한 구절이 있다. 편자에 대해서는 서위의 『서문장집徐文長集』에서 고증하고 있으며, 담배에 대해서는 청淸나라 사람 육롱기의 『삼어당문집三魚堂文集』(권6) 「증숙조조암옹에게 주다與曾叔祖蒿菴翁」, 또 『속본초續本草』와 송나라 섭적葉適의 『수심집水心集』(권6), 오지진吳之振의 『송시초宋詩抄』(권81)에서 각각 근거를 제시했다.

12 출처를 알 수 없는 예.「鷗湖處士周甲壽序」, 心過五百年道成矣;「百忍堂記」, 步衛之品, 定於牖外之食;「學生丹陽禹公墓誌銘」, 學有統而無系;「送姜學士出守泰州序」, 養兄去弟之法;「題南強稿」, 夜虹夏雪;「題灘隱墨竹障」, 聖能知聖.

13 김영진,「조선 후기의 명청소품 수용과 소품문의 전개 양상」, 고려대 박사학위논문, 2003, 87쪽. 이용휴의 『혜환시집』 제7권(국립중앙도서관 성호문고 소장본)의 앞표지와 뒤표지의 이면에는 명대 문집 40여 종의 이름이 친필로 필사되어 있다. 혜환이 직접 입수 소장한 것으로 보인다. (이 목록은 혜환이 소장한 장서의 극히 일부일 뿐이다.)

14 『혜환잡저』「조운거 군에게 주다贈趙君雲擧」.「搖扇生風, 嘖水成虹. 灰缺月暈, 湯造夏氷. 使木牛能行, 令銅鐘自鳴. 聲召鬼神, 氣禁蛇虎. 西極東海, 頃刻思周. 天上地下, 瞬息念到, 百世以前, 遡而記之. 千歲以後, 推以測之, 雖往古群哲, 猶有未盡分量者矣. 有此大靈慧·大才能, 而爲七尺血肉之軀所役, 淹沒於酒色財氣中, 豈不大可惜哉!"

15 김정규,「전고인용典故引用에 대한 소고小考」,『인문과학연구논총』8호, 1991, 138쪽.

16 『혜환잡저』「외손 허질에게 써서 주다書贈外孫許瓆」.「己子孫本有愛, 他人則益於己而後始愛. 今汝我孫也, 且我老病, 耳目寄於汝, 臥起須於汝, 書策几杖之役, 汝又皆任之, 其益甚多. 是本愛之外, 亦兼益己之愛者也. 第我無德可以及汝, 玆書古人格言以贈汝. 汝質性旣美, 復從事於斯, 將來所就, 豈止東國近時人物而已哉? 能知足者, 天不能貧, 能無求者, 天不能賤. 忍愁苦易, 忍歡娛難, 忍怒罵易, 忍嘻笑難, 毀人者自毀, 成人者自成, 天下莫易於爲善, 莫難於爲不善. 一念不及物, 便是腐腸, 一日不做事, 便是頑漢. 讓古人是無志, 不讓今人是無量. 君子有常交曰義也, 有常誓曰信也. 釜鼓滿則人槩之, 人滿則天槩之. 得意場中, 能長人志氣, 亦能消人善根. 曰自反自訟, 自強自厚, 自取自作, 自暴自棄, 明由于己, 不由乎人也. 使千人知我, 不如使一人知我, 使一世知我, 不如使千世知我."

17 허질. 자는 순옥純玉이며 호는 가이소可以所다. 혜환은 『혜환잡저』에 그에 대해 「화암기和菴記」「외손허질자순옥설外孫許瓆字純玉說」「외손자 허질이 『고시선』을 베낀 것 뒤에 쓰다題外孫許瓆所寫古詩選後」「외손 허질에게 써서 주다」 등 여러 편의 글을 남겼고, 이가환은 『시문초』에 「허순옥묘지명許純玉墓誌銘」「원일기순옥元日寄純玉」「희순옥도喜純玉到」「별순옥別純玉」「가이소기可以所記」 등의 글을 남겼으며, 이삼환도 『소미산방장少眉山房藏』에

「가산에서 허순옥 질에게 증별하다嘉山贈別許姪純玉瑨」을 남기고 있다. 또 그에 대한 기록이 『이사재기문록二四齋記聞錄』에 간략하게 남아 있다. 이 글에서는 허찬許瓚을 이가환의 생질이라 소개하고 있는데, 여러 정황상 허질로 추정된다. 이가환의 생질은 앞서 밝힌 것처럼 네 명인데, 여기서 허질을 제외한 나머지 세 명은 모두 예순을 넘겼으나 허질만 36세로 요절한다. 그는 시에도 매우 뛰어났던 인물로 혜환은 자신의 문학적 재능을 이은 맏손자에게 각별한 애정을 갖고 있었던 듯하다.

18 『석명釋名』「석궁실釋宮室」. "罘罳在門, 外罘復也, 罳思也, 臣將入請事於此復重思之也."

19 陳眉公『枕譚』引『漢書』云罘罳, 屛也. 又引劉熙說證之末云, 今之照墻也, 以斥段成式雀網之誤. 然余按司馬相如「子虛賦」云, "罘網彌山." 又蘇鶚云, "罘罳從网." 是形不與思, 是聲罘浮也, 罳絲也, 謂織絲文, 輕踈浮虛之貌. 夫彌山而織絲者, 非網而何? 若以漢書之古, 折諸說則子虛又出漢書前邪? 以眉公之博雅, 尙有此失, 書豈易盡哉?

20 유희劉熙의 『석명釋名』, 단성식段成式의 『유양잡조西陽雜俎』, 사마상여司馬相如의 「자허부子虛賦」, 『한서漢書』 등을 인용해서 고증하고 있다.

21 여기에 언급한 서적은 왕오王鏊 명명의 『진택장어震澤長語』 「음운音韻」, 위료옹魏了翁 송宋의 『경외잡초經外雜鈔』 『노걸대』 『박통사』 등이다. 왕오와 위료옹의 글은 모두 『보안당비급寶顔堂祕笈』에 속해 있다.

22 『明儒學案』. "一步離身, 卽走向玉皇上帝邊去, 亦非是. 蓋以我對上帝, 則上帝亦未也."

23 『혜환잡저』「종손 유여진사에게 써서 주다書贈從孫幼輿進士」. "纔離我一邊, 雖走向玉皇上帝邊去, 亦不是者. 眞格言也. 我能守我, 物不能移. 故曰: '天有定數, 人不得與天爭, 人有定理, 天亦不得與人爭.' 任造化裁我, 我惟自立命耳. 余觀幼輿近日言動, 頗有家學規模, 甚喜, 書此以贈. 雖然, 勿謂我已知方, 益加勉焉. 練絲之涅, 幽室之亮, 只在一染一照."

24 『혜환잡저』「수려기隨廬記」. "風東與東, 風西與西, 世糜然矣, 惡而欲避之? 行而影隨, 呼而響隨, 是又在我, 何以得避? 其將黙坐以終己耶? 无是理焉, 且何不古衣冠中華言語? 隨時制也, 隨國俗也. 此衆星隨天, 萬川隨地之義. 雖然, 亦有不隨造化, 自立性命者, 天下宗周而夷齊恥, 百卉零秋而松柏靑是也. 噫! 禹解下裳, 孔從獵較, 大同處, 不可違也. 然則惟從衆欤否. 當從理. 理何在? 在心. 凡事必circle之心, 心安則理所許也爲之, 不安則所不許也已之. 如是則所隨者正, 而自合天則, 壹隨心而氣數鬼神, 皆隨之矣."

25 이기면, 「전후칠자前後七子와 공안파公安派의 동근성同根性 연구」, 『중국어문논총』 제9호, 1995.

26 『혜환잡저』「정재중에게 주다贈鄭在中」. "眼有二, 曰外眼, 曰內眼, 外眼以觀物, 內眼以觀理, 而無物無理, 且外眼之所眩者, 必正於內眼, 然則, 其用全在內矣, 且蔽交中遷 外反爲內害, 故古人願以初瞽遷有者, 以此也. 在中今年四十矣. 四十年中, 所見不爲不多, 雖從此至大耋, 不過如前, 後之在中, 猶夫今之在中, 可知也. 幸在中外障 防視物, 得專內視, 見理益明. 後之在中, 必不爲今之在中. 如是, 則勿論點睛退醫之方, 雖金箆刮膜, 亦不願矣."

주註

27 정재중. 이름은 문조文祚다. 이희사李羲師의 『취송시고醉松詩稿』에 그에 관한 시가 남아 있고, 박제가는 「정생원 문조에게 주다與鄭生員文祚」라는 편지글을 남긴 바 있다.

28 "연암의 시대는 세상 사람들에게 '눈을 감으라'고 설교할 만큼 '경험적 세계'가 아직은 몽매한 상태였다. 그러나 100년을 경과하여 20세기의 시대로 들어서면 신문물·신시대가 가시적으로 나타난다. 그러므로 진보적 사상가는 민중을 향해서 새로움에 경악하지 말고 열심히 배우고 받아들이라고 외쳤던 것." 임형택, 「박연암의 인식론과 미의식」, 『한국한문학연구』 제11집, 한국한문학회, 1988, 36쪽 참조; "눈을 뜬 소경에게 도로 눈을 감으라는 말은 있을 수 없는 일이다. 당장은 혼란스럽겠지만 시일이 지나면 차츰 적응이 될 거라고 위로하는 것이 상식적이다. 사람은 속지 말고 진실을 보아야 하는데, 눈을 뜨고도 속을 바에는 차라리 눈을 감는 게 낫다는 역설." 송재소, 「맹인삽화를 통해서 본 연암 박지원의 사물인식」, 『한시 미학과 역사적 진실』, 창비, 2001, 363쪽 참조.

29 「아암기我菴記」. "我對人, 我親而人疏, 我對物, 我貴而物賤. 世反以親者聽於疏者, 貴者役於賤者何? 欲蔽其明, 習汨其眞也. 於是有好惡喜怒·行止俯仰, 皆有所隨而不能自主者. 甚或言笑面貌, 以供彼之玩戲, 而精神意思, 毛孔骨節, 無一屬我者, 可恥也已. 吾友李處士, 古貌古心, 不設畦畛, 不修邊幅. 而中有守, 平生未嘗干人, 於物亦無所好. 惟父子相爲知己, 慰勉勤勞, 自食其力而已. 處士手所種樹, 數百千株, 其根幹枝葉, 寸寸尺尺, 皆朝朝暮暮, 灌培長養者也. 樹成, 春得其花, 夏得其陰, 秋得其實, 而處士樂可知也. 處士又取材於園, 結一小菴顔之曰我, 示人之日用事爲皆由己也. 彼一切榮華勢利富貴功名, 以較我之天倫團歡戞力本業外之. 不啻外也, 處士知所擇矣. 他日我訪處士, 共坐菴前老樹之下, 當更講人我平等, 萬物一體之旨矣."

30 「환아잠還我箴」. "昔我之初, 純然天理, 逮其有知, 害者紛起. 見識爲害, 才能爲害, 習心習事, 輾轉難解. 復奉別人, 某氏某公, 援引藉重, 以驚羣蒙. 故我旣失, 眞我又隱, 有用事者, 乘我未返. 久離思歸, 夢覺日出, 翻然轉身, 已還于室. 光景依舊, 軆氣淸平, 發鋼脫機, 今日如生. 目不加明, 耳不加聰, 天明天聰, 只與故同. 千聖過影, 我求還我, 赤子大人, 其心一也. 還無新奇, 別念易馳, 若復離次, 永無還期. 焚香稽首, 盟神誓天, 庶幾終身, 與我周旋."

31 『혜환잡저』「가질의 시고에 쓰다題家姪詩稿」. "詩固以奇爲勝, 然若壹於務奇, 則其弊爲杜黙, 黙之所爲歌行, 往往如伶譚梵呪, 讀者難句, 惡可哉? 惟其格古氣逸意圓語新者, 乃詩家射鵰手耳."

32 『혜환잡저』「길보의 문고에 쓰다題吉甫文稿」. "而叔年十七八時, 爲文嗜對儷, 稍長看之, 面赧然不能從篇, 去之. 師宋元諸子, 人頗賞之, 亦自多也. 已復取看, 則曼脆小骨, 不足以言作家, 又去. 而求先秦兩漢, 下逮皇明之季, 以古文著之, 朝夕諦繹, 則稍解其排按闊張, 汰字鍊句之法, 年皆已三十矣. 今時出而讀焉, 間似有當人意者. 故曰, 學問如登山, 消盡無限灰路廻徑, 然後方出上頂. 叔亦以是卜而之, 不久寶是稿也."

33 『혜환거사시집』「덕순이 유선과 시를 말한다는 말을 들으니, 노인(혜환)이 관렵지희가 움직여서 근체시를 지어 덕순에게 보내고 유선에게도 보이다聞德順

與幼選 談詩 老人 動觀獵之喜 作近體詩 寄德順 兼示幼選」.

34 　벽지선辟支禪. 벽지불辟支佛과 같다. 꽃이 피고 잎이 지는 등의 외연에 의하
　　여 스승 없이 혼자 깨닫는 이를 말한다.

35 　「우정고 서문雨庭稿序」. "詩之爲言, 自四而五而六而七. 然今世所行者, 率五若
　　七. 四則風雅後, 銘頌外罕見, 六則絶稀, 雖鉅匠大集, 或止數篇而已. 盖五與
　　七者, 天下所共趨而同好, 且其途易熟, 而聲易獵. 惟六間於五七, 其勢逼, 其局
　　狹, 非才溢於格, 而不受法縛者, 固難工, 工亦遇賞甚難. 譬猶辟支之禪, 獨自
　　覺於聚衆演敎之外也. 鄭君成仲之於詩, 有逸才玄趣, 所嗜不在五七而在六. 故
　　名其集曰 雨庭, 盖寓意也. 夫庭之不欲雨者, 衆之所同也, 欲雨者一人之獨也.
　　雖然雨過開庭, 氣埃洗空, 孤花如沐, 幽草滋綠, 反有勝於不雨時. 此但可冥會,
　　不必向世人索解也."

36 　「하사고에 쓰다題霞思稿」. "老人無事, 使坐客, 說平生奇觀. 異聞而聽之. 一客
　　云, '某年冬暖如春, 忽風作雪下, 入夜雪止, 虹飮于井, 村人驚起噪焉.' 一客云,
　　'曩有行脚僧言, 曾入深峽遇一獸, 虎軀綠毛, 角而肉翅, 聲如嬰兒.' 余謂是近誣
　　說不可信. 翌朝, 有一少年子來謁, 以詩爲贄. 問其姓名曰李亶佃, 已訝其異乎人
　　之命名, 及開卷, 光怪陸離難狀, 有出思慮之外者, 始信二客之說, 非誣也."

37 　진필상,『한문문체론』, 심경호 옮김, 이회문화사, 2001, 224~233쪽 참조.

38 　「송목관집서松穆館集序」. "詩文有從人起見者, 有從己起見者. 從人起見者, 鄙
　　無論, 卽從己起見者, 毋或雜之固與偏, 乃爲眞則, 又必須眞才而輔之, 然後乃
　　有成焉. 予求之有年, 得松穆館主人李君虞裳. 君於是道, 有邁倫之識, 入玄之
　　思, 惜墨如金, 鍊句如丹, 筆一落紙, 可傳也. 然不求知於世, 以世無能知者, 不
　　求勝於人, 以人無足勝者. 惟間出薦余, 還錮之篋而已. 嗟! 積階至一品, 朝收
　　之, 暮爲白身, 殖貨至萬金, 暮失之, 朝爲竆人. 若文人才子之所有者, 則一有之
　　後, 雖造物, 無可如何, 是卽眞有也. 君旣得有, 此餘區區者, 悉謝遣之, 勿置胸
　　中可矣."

39 　『혜환잡저』「우연히 기록하다偶記」. "戊戌春, 有傳斗尾湖有龍, 時時出見. 京
　　中人, 亦有聞而往者. 後問于湖人, 則訛言也. 其冬无氷, 或言往戊戌冬亦然, 或
　　言不然. 近爲五十里而遠纔六十年者, 亦難憑信, 矧事在外國前代者乎? 故曰:
　　'盡信書, 不如無書.'"

40 　『혜환잡저』「잡지雜志」. "自古, 言大庾嶺上梅, 南枝已落, 北枝方開. 余疑五嶺,
　　皆在南方而獨庾嶺爲然也. 後見地志云: '梅鋗, 家滇水上, 從吳芮有功, 梅嶺,
　　卽其封地, 後鋗將庾兄弟, 居守, 又名大庾嶺, 非謂嶺上有梅也.' 始覺世間傳
　　說之訛謬多類此, 不惟小姑彭郎而已矣. 雍正, 特命儒臣, 詳議, 從祀諸賢, 諸
　　葛武侯, 乃列兩廡云. 公論百世始定而撑支宇宙, 扶植綱常之人, 堂堂聖廡, 少
　　此一位不得也."

41 　『혜환잡저』「호설虎說」. "虎宅深山, 人罕覿也. 古書中多言, 其雄詭如鬼厲, 及
　　看諸丹靑家所畵者, 極其健特虎驚之狀. 余意世安有如是虓然異物也. 歲辛酉,
　　廣州患虎暴, 官募能捕者賞. 有獵戶某, 連斃數虎. 家兄竹坡公聞, 厚遺焉, 使
　　致之皇華坊第. 虎未至數里, 巷術已塞, 塵颺天也. 乃門坐客, 皆竦然色動. 乃
　　尸於庭, 縱觀焉, 鉅齒鉤爪, 盖猛禽也, 然不至如所見閒於畫若書者也. 是知
　　有載籍來賢豪人物, 未經目見, 類是虎者多矣. 曾聞某宰家蓄一乳虎圖, 傳爲晉

唐間物. 其殊怪猛惡, 若弗及今俗所描者, 而諸犬見之, 輒駭怖走竄. 試以它圖, 則不然云. 彼畜物亦不可欺, 人反有眩眞贋而徒吺吺者, 何哉?"

42 겸괘로 자목하다謙牧: 자신의 처신을 겸손으로 한다는 뜻이다. 『주역』「겸괘」'초육상初六象'에 "겸손하는 군자는 낮춤으로써 스스로 처신한다謙謙君子, 卑以自牧也"고 했다.

43 손괘로 들어가다巽入: 겸손해야만 받아들여진다는 뜻이다. 『주역』「손괘」'정전程傳'에 여행할 때의 예를 들어 "겸손해야만 받아들여진다"고 했다.

44 간괘로 멈추다艮止: 멈출 때가 되면 멈춰야 한다는 뜻이다. 『주역』「간괘」'단사彖辭'에 "간은 멈춘다는 뜻이니 멈춰야 할 때는 멈춰야 하고 가야 할 때는 가야 한다艮止也, 時止則止, 時行則行"고 했다.

45 둔괘로 숨는다遯藏: 물러나서 숨어야 할 때는 숨어 살아야 한다는 뜻이다. 『주역』「둔괘」'정전程傳'에 '둔이라는 것은 물러난다는 것遯者退也'이라 했으니 여기서의 장藏은 퇴退와 같은 뜻이다.

46 작소구거鵲巢鳩居: 『시경』「소남召南」'작소鵲巢'에 "까치가 둥지를 틀었는데, 뻐꾸기가 사는구나維鵲有巢"라 했다.

47 벌꿀을 사람이 달게 여긴다蜂蜜人甘. '지혜는 걱정을 산다彗賈憂'는 말을 예증例證한 것이다.

48 『혜환잡저』「경졸당기景拙堂記」. "行己則輥, 交友則面, 言辭則蠟, 詩文則贋. 以至於器用服食, 新異奇妙, 不可名狀, 甚者, 病天地造化之或未盡工, 欲與之爭巧, 極矣. 其勢不得不受之以拙, 一拙而百巧息, 心逸而身泰. 吾友申處士, 以之謙牧而巽入艮止, 而遯藏者, 實處士, 立命符也. 噫! 捷賈害彗賈憂. 故山狙射隴鳥鎖, 且鵲巢鳩居, 蜂蜜人甘, 宜知所擇矣."

49 『혜환잡저』「보졸헌기保拙軒記」. "嘗畫紙作兩條路. 一書拙字, 一書巧字. 拙路, 疏古今拙者姓名若干, 巧路, 疏古今巧者姓名若干. 徐究其平生, 拙路多始否而終泰, 巧路多前榮而後瘁. 遂喟然歎曰: 此誠禍福生死分界處, 可不愼歟. (…) 而世之君子, 智者鮮矣. 故或才高賈忌, 或宦成招災, 其宜入思而起惕也. 噫! 忠臣孝子節婦義士, 率多拙直人. 以其心, 惟知忠孝節義之爲重, 當行卽行, 更無一毫用智巧避之念故也. 彼儇捷機權之徒, 聲利寵祿, 必居人先, 見有守分抱質者, 則笑以爲鈍拙無用. 然人目己以巧宦巧趍, 則勃然怒形乎色, 改目以朴拙則喜者, 誠以拙爲吉德, 巧則反是故也."

50 부재覆載. 하늘은 만물을 덮고 땅은 만물을 싣는다는 뜻으로, 천지를 일컫는다. 전하여 널리 은택을 베풀어 기름을 가리킨다.

51 『혜환잡저』「치헌기恥軒記」. "余見世之君子, 多自尊而傲物, 肆意而大言. 獨權君彥厚, 欿然若不足, 退然若無能, 而其色則若心有所恥, 而達于面者. 怪而問之, 逡巡良久曰, 我恥對天地, 天地曾覆載幾多聖賢, 而今覆載我也. 恥見日月. 日月曾照臨幾多聖賢, 而今照臨我也. 且我之飮食居處, 與古人同, 目視耳聽手持足行, 與古人同. 其中有未同者, 以及一藝一能, 勿論古人, 亦多不如今人者. 故然也. 余爲之改容曰, 君知恥者, 可遠恥矣. 君嘗求顔其軒, 此可顔也. 請記. 曰我亦恥君之恥者, 記爲君作, 卽自道也."

52 『혜환잡저』「호문설好問說」. "莫知於生知, 然其所知者, 理也. 若名物度數, 則必待問而後知. 故舜好問, 宣尼問禮問官, 矧下此者乎! 余嘗讀本草, 後野行,

見有草莖葉嫩肥, 欲採之, 問于田婦, 婦曰 是名草烏, 有大毒. 余驚棄去. 夫讀本草, 而幾爲草毒, 以問僅免. 天下之事, 其可不審問而妄斷耶? 按說文, 問者, 質疑也. 世之人, 自智而恥問, 生死疑城之中者多. 惟申君原一性好問. 無論學術同異, 義利取舍, 雖尋常字句, 曾已略曉者, 必講究尋繹, 洞然明白而後已. 其進未可量也. 余爲作「好問說」贈之, 君其持此以問於衆, 如有遺義, 復來問我."

53　『혜환잡저』「만어정기晩漁亭記」. "庚子夏, 久旱, 日如火. 忽雨過, 納涼於北窓下. 閱所蓄古今雜畫, 見沈玄齋漁莊圖, 訝曰: '何其似吾友晩漁翁居也?' 翁求記其亭有日, 偶忘之, 今因似者而起思矣. 急以硯承簷溜, 磨墨濡毫, 書爲記日. 翁非漁者, 嘗仕於朝, 爲士友約主. 已而意倦, 歸休于此亭, 自班於江上丈人烟波釣徒. 位置磯梁, 部署鷗鷺, 而亭臨湖, 湖波, 影於欄檻, 汀草渚花, 爭芳弄色, 以供娛玩. 潮汐進退, 漚泡起滅, 以觀天地間消息盈虛之理. 嘉賓時至, 網魚以佐酒, 令兒孫歌古漁父辭, 可樂而忘老矣. 夫道二, 忙與閑. 忙者逐人耳目, 手脚不爲己有以畢生焉, 閑者優游自在, 盡享造物所以餉我者, 然則翁之一日, 直人之百日矣. 且瀟湘洞庭, 苕溪笠澤, 天下之譽也. 然不可携而來, 則眼前一曲之湖勝, 馳萬里之想矣. 語有之, '爲人慈祖父易, 韻祖父難.' 盖慈恒出於韻特故也. 今翁托寄高曠, 風致弘長, 其將爲權氏之韻祖父矣."

54　『혜환잡저』「낙소와기樂蘇窩記」. "荊江之勝, 可與苕霅爭霸. 地又饒壽木美箭. 樵舍佃戶, 漁棚蟹椵, 隱映點綴, 而中寬衍, 吾友權處士居焉, 以爲佚老息躬之所, 顏曰: '樂蘇'. 凡世一切浮艶之觀, 處士皆却而不御, 素托有在. 盖有生之所急者, 爲厚生. 故魯論曰: '食不厭精, 鱠不厭細, 失飪不食.' 夫食必以禾, 鱠必以魚, 飪則須薪. 是皆日用之常, 而人不察焉. 故處士擧而題之, 若六書之會意, 使見者自解爲其粗可以養體, 而其精微可以養性. 處士所樂者, 雖似淺近, 而實無以易之者, 然則處士, 其幾於道矣."

55　『강천각소하록』「정수 제문」. "某年月日, 蕭叟老人將大歸, 宗人某擧觴而送之曰, 公雖在世, 而常厭世, 今所歸處, 無衣食之營婚喪之節, 迎候拜揖, 書牘問遺禮, 又無炎涼之態, 是非之聲, 只有淸風明月, 野花山鳥. 公可從此而長閒矣. 知心之言, 想應頷之. 尙饗."

56　그에 대한 글로는 다음과 같은 것이 남아 있다. 『시가점등詩家點燈』에는 「정수에게 부치다寄蕭叟」라는 제목으로 7언절구 3수가 실려 있다. 『시가점등』에 실려 있는 3수 중 1수는 『혜환거사시집惠寰居士詩集』에는 「만필漫筆」이라는 제목으로, 3수 중 2수는 『대동시선大東詩選』에 「방산가訪山家」라는 제목으로 실려 있다. 또 이병휴의 『정산시고貞山詩稿』에는 「납일臘日 아침에 한 수를 지어 정수에게 보내다臘朝賦得一首呈蕭叟」「정수의 「한거팔영閒居八詠」에 차운하다次蕭叟閒居八詠韻」「정수의 초당草堂을 방문하고 돌아오는 길에 서성西城에 올라 읊다訪蕭叟草堂歸路登西城有吟」「차운하여 정수에게 편지하다次韻柬蕭叟」「정수가 부쳐온 시에 차운하다 2수次蕭叟惠寄詩韻二首」 등이 실려 있다.

57　『혜환잡저』「정덕승을 위하여 장난삼아 집을 구입한 문서를 작성하다爲鄭德承戲作買宅卷」. "宮室作, 書契造. 後幾年, 太歲在辛, 月德在丙, 宜立券交易曰, '宇內寓人某甫, 買宅一區於造物主. 宅凡幾間, 環列雜樹木幾章. 背山臨水, 左震右兌, 價償銅錢幾陌.' 成券之後, 歷歲窮宙, 永無爭者, 惠寰道人, 依南海大

士舊例爲證.”

58 『혜환잡저』「풍악도에 쓰다題楓嶽圖」. “昔人云, ‘某山是造化幼少時所作, 故草草.’ 余謂 ‘此山乃其老成手熟後, 又別出新意刱造者, 不然, 天下何無一山與之彷彿也?’”

59 『혜환잡저』「반풍록에 쓰다題半楓錄」. “昔有人夢見一姝艶甚, 而只露半面, 以未見其全, 念結爲病. 人曉之曰: ‘未見之半, 如已見之半.’ 其人卽念解. 凡看山水皆如此.”

60 원중거는 이덕무와 함께 조대朝代별 문학의 대표 장르를 논하면서 명대의 대표 장르로 바로 이 제발題跋을 들고 있다. 김영진, 「조선 후기의 명청 소품 수용과 소품문의 전개 양상」, 고려대 박사학위논문, 2003, 96쪽.

61 『혜환잡저』「당일헌기當日軒記」. “自人之不知有當日, 而世道非矣. 昨日已過, 明日未來, 欲有所爲, 只在當日. 已過者, 無術復之. 未來者, 雖三萬六千日, 相續而來, 其日各有其當爲者, 實無餘力可及翌日也. 獨怪夫閒者, 經不載, 聖不言, 而有托以消日者. 由此而宇宙間事, 多有不得盡其分者矣. 且天不自閒而常運, 人安得閒哉? 然當日所爲者, 亦不一, 善者爲善, 不善者爲不善. 故日無吉凶孤旺, 但在用之者耳. 夫日積爲旬而月而時而歲成, 人亦日修之, 從可欲至大而化矣. 今申君欲修者, 其工夫惟在當日, 來日則不言. 噫, 不修之日, 乃與未生同, 卽空日也. 君須以眼前之昭昭者, 不爲空日, 而爲當日也.”

62 주희, 「주문공권학문朱文公勸學文」. “朱文公勸學文曰: ‘勿謂今日不學而有來日, 勿謂今年不學而有明年, 歲不我迎嗚呼老矣, 是誰之咎.’”

63 천하에 가르쳐서는 안 되는 두 글자의 못된 말이 있다. ‘소일消日’이 그것이다. “아, 일하는 사람의 입장에서 말하자면, 1년 360일, 1일 96각을 이어대기에도 부족할 것이다. 농부는 새벽부터 밤까지 부지런히 애쓴다. 만일 해를 달아 맬 수만 있다면 반드시 끈으로 묶어 당기려 들 것이다. 저 사람은 대체 어떤 사람이길래 날을 없애버리지 못해 근심 걱정을 하며 장기 바둑과 공차기 놀이 등 하지 않는 일이 없단 말인가天下有二字惡言之不可訓者, 卽消日是也. 嗟乎! 自其有所爲者而言之, 一年三百六十日, 一日九十六刻, 殆乎不足以自繼. 農夫蚤夜孶孶, 如可繫日, 必挽繩矣. 彼何人, 斯乃不能消減此日, 是憂是悶, 博奕蹴踘, 靡所不謀也.”「도산사숙록」9~89 참조. 번역은 정민의 것을 따랐다.

64 『혜환잡저』「차거기此居記」. “此居, 此人居此所也. 此所卽此國此州此里, 此人年少識高, 善古文, 奇士也. 如欲求之, 當於此記, 不然, 雖穿盡鐵鞋, 踏遍大地, 終亦不得也.”

65 『혜환잡저』「행교유거기杏嶠幽居記」. “古杏樹下有小屋, 桃架几案之屬 幾據三之一, 客至數人, 則膝相磕, 至狹陋也. 主人安之, 惟讀書求道. 余謂 ‘此一室中轉身而坐, 方位易焉, 明暗異焉, 求道, 只在轉念, 念轉而無不隨者. 君能信我, 爲君推窓, 一笑已登昭曠之域矣.’”

66 『혜환잡저』「남헌명 군이 동협東峽에 들어가는 것을 전송하는 서문送南君憲明入東峽序」. “南氏之貫, 宜寧, 以自南來也. 且植物猶或移栽, 人豈可塊守一丘耶? 今君之入峽, 欲擇處而修業, 恥同於汨沒無成, 以負七尺者, 其志可與也. 將行, 過余曰: ‘吾於夫子, 有深慕焉. 獻歲發春, 當復來訪.’ 余方評行卷. 以禿筆餘墨, 書此以贈.”

67 『혜환잡저』「족손族孫 진민振民이 금강산으로 들어가는 것을 전송하는 서문送族孫振民入楓嶽序」. "爲學, 到極處, 平常無奇. 遊山亦如之. 今振民入楓嶽, 他日待共還, 聞其言, 以驗其所遊."

68 『혜환잡저』「수분옹의 문권에 쓰다題守分翁卷」. "天下之患, 常生於不安分. 士不學則懶, 農不耕則餒, 非惟人也. 魚登岸則枯, 虎出林則擒, 故古之至人, 以依本分爲三字經者, 其旨深矣. 余觀於世, 踰分者蓋多. 今閱守分翁卷, 凡於天字, 皆截然不與他字連書以尊之. 閱未數板而止, 曰: '不須盡閱我已知翁.' 易曰: '天尊地卑' 分莫尙於此."

69 『혜환잡저』「표제인 조사고가 고창의 임지로 가는 것을 전송하는 서문送表弟趙士固之任高敞序」. "前生不記, 來生未知, 只有今生. 若閒過今生, 卽爲虛生. 如何是不閒過今生? 行好事. 如何可行好事? 得其位. 何謂位? 公卿大夫皆位也. 有民社之重者, 惟邑宰爲然. 而今士固得之, 其事爲, 勤勸課公聽斷, 抑豪猾恤單弱, 至於館廊堤壩糧長馬戶, 無不立條設法, 以廣如傷之仁, 建永世之利者, 皆在士固心中手中, 士固勉之. 且均人也, 何以稱父母, 何以稱赤子? 而何以一言之善, 爲陽春爲膏澤, 一事之得, 號靑天號神明? 其故可思也. 嘗聞古有秦越人者, 能洞視人之臟腑, 故善治病. 然臟腑猶有所隔, 若吾大學絜矩之道, 則惟推所固者而已. 豈不尤爲直捷易? 須以此方, 蘇彼疾苦也."

70 『우모통편발』. "人有心, 卽有思. 思莫切於思其身. 思其身矣, 又莫切於思其身之所繇出. 身之所繇出爲父母, 而父母, 又有父母, 是爲祖父母, 繇祖父母而上, 至遠祖父母, 實呼吸相通, 氣脈相續. 苟一息在皆思也, 此李君名編之旨也."

71 『우모통편』: 국회도서종합목록은 『우모편寅慕編』을 연세대학교 도서관과 이우성(개인 소장)이 소장하고 있다고 적시해놓고 있다.

72 명아주 잎과 콩잎藜藿도 캐지 않았고藜藿不採: 사람들은 맹수를 두려워해서 감히 산에 올라 채소를 따지 못한다. 나라에 충신이 있으면 간사함이 일어나지 않는 것을 비유한 말이다.(『한서漢書』)

73 진주蚌珠가 멀리서 오게蚌珠遠來: 『서경書經』「우공禹貢」'서주徐州'에 "회수 근처의 오랑캐들은 진주와 물고기를 공물로 바쳤다淮夷 蚌珠曁魚"고 했다.

74 『혜환잡저』「권사군이 옥산의 임지로 가는 것을 전송하는 서문送權使君之任玉山序」. "花山權君東野, 居嘗自顧而問, '能陳謨闡猷, 謀王體而斷國論否?' 曰: '不能'; '能折衝樽俎, 威加鄰境, 藜藿不採, 蚌珠遠來否?' 曰: '不能'; '能高文大冊, 刻畫金石, 上爲廊廟重, 下以賁衿紳否?' 曰: '不能'; '能口誦耳聽, 目覽手答, 機務無滯, 百度畢擧否?' 曰: '不能'; '能鉤距摘發, 霜肅鷹擊否?' 曰: '不能', '亦不爲'; '能得百里之縣, 政不露才, 廉不愧人, 平易慈惠, 使民安我否?' 曰: '此則庶可勉而及之.' 未幾爲玉山大夫, 將行, 以此告余. 余爲 '君之語雖謙, 實自量之審者. 凡事之償敗, 無不由於不自量也. 且身之推爲家, 家之推至於天下, 苟民之安, 雖爲天下宰, 可也, 何有於一縣哉? 噫! 安得如此之人, 徧置於八路三百邑乎?'"

75 『혜환잡저』「홍대부가 연경에 사신으로 가는 것을 전송하는 서문送洪大夫使燕序」. "洪大夫將行, 請余贈言, 余謂, '大夫旣奉命, 則憑君靈矣, 自無途路虞矣. 且大夫素有僑札風, 今行, 不惟不失辭, 定爲國重. 設令, 大夫不作行人, 其間不過自某曹移某曹, 某司遷某司, 課日赴衙剖幾訟, 押幾牒, 或朋友過從報謝,

주註

349

身不出漢京, 而盡計其蹄轍之迹, 則亦且數百千里矣. 曷若入燕都, 縱觀萬國執 壤而來, 瓌奇詭特, 若古王會圖, 壯人心目也哉?' 大夫曰, '然!' 進車. 乘之而去."

76 한예원, 「하심은何心隱의 만물일체적萬物一體的 질서상秩序像에 관하여」, 『한국한문학연구』16호, 1993.

77 「유선 목만중이 비중의 임지로 가는 것을 전송하며送睦幼選萬中之任庇衆」. "民之一粒一絲, 出自心肉心血, 如或取非其道, 冥裏鬼責必切."

78 「정군수가 서천에 부임하는 것을 전송하며送鄭使君之任舒川」. "昔時種粟田, 葬花如雪白. 災荒當從實, 一字胡可易."

79 「중용 이만회가 순천의 임지로 가는 것을 전송하며送李仲容萬恢之任順天」. "先要刑不濫, 次要賦不重. 關節又不行, 然後致民頌."

80 「봉지 유운익 현감이 맹성에 부임하는 것을 전송하며送鵬之使君之任孟城」. "迷人烟月鎭隨車, 誤了平生悔亦疎. 異事宜敎傳妓院, 三年不識使君居."

81 「이명준이 경성의 임지에 가는 것을 전송하며送塤卿之任鏡城」. "豐頰長眉女校書, 雙雙來繞使君車. 此心久已寒灰似, 無復星星點火噓."

82 『혜환잡저』「정사군이 오성의 임지로 가는 것을 전송하는 서문送丁使君之任烏城序」. "國內之邑共三百三十; 而邑各有宰. 此三百三十人者, 盖明主之所才, 而寄民社者也. 吾友丁君器伯, 謁得烏山宰. 烏山去王京八百里而遠. 王京譬則日也. 近日之處, 易暖易明. 若其遠者, 則須資煦之煖, 燭之明者力焉. 君其勉之! 且置宰何意? 使民皆得其所欲也. 不然, 以數百千戶厚自奉而已, 惡可哉? 『宰相守令合宙』者, 經世之書也. 君曾已讀否? 讀之可知其精神氣脈之相注相關以爲治, 而守令爲尤重尤親, 不可以官卑祿薄而自輕也. 噫! 受人一筐蠶, 亦善養之, 惟恐其敗. 矧赤子哉? 君須一循直道, 無參己私, 以民還民, 以吏還吏, 以官還官, 以政成報朝廷."

83 『혜환잡저』「신사군 선용이 고흥의 임지로 가는 것을 전송하는 서문送申使君善用之任高興序」. "惠寰居士曰: '我與民對, 猶屬有間, 非自有也, 盍反其本! 民本善, 勿激之, 使自善! 民本樂, 勿苦之, 使自樂! 民本信, 勿欺之, 使自信! 民本富, 勿奪之, 使自富! 民本壽, 勿病之, 使自壽! 我無所爲, 而民已治. 如此則但熙然而臥, 對高花玩明月, 琴亦不勞彈矣.'"

84 5언절구 31제 137수, 7언절구 8제 24수, 6언절구 1수다.

85 판본과 작품 수에 대한 문제는 다음 논문에 상세하게 설명되어 있다. 박준호, 「혜환 이용휴 문학 연구」, 성균관대학교 박사학위논문, 1999.

86 최재남의 『한국애도시연구』에는, 조선 전기 『고려명현집 1~5』 『이조명현집 1~5』 『한국문집총간 1~80』에서, 조선 후기 『한국역대문집총서 101~400』(경인문화사) 『이조 후기 여항문학총서』에서 정리된 만시 목록이 실려 있다.

87 박동욱, 「산운山雲 이양연李亮淵의 시세계詩世界 연구硏究」, 한양대 석사학위논문, 2000, 65쪽.

88 『혜환잡저』「김명로 군 제문祭金君溟老文」. "嗚乎! 君厚於倫物, 篤於信義. 胸無城柴, 口無玷跕. 善不覬名, 施不望報. 而黯然之修, 造物記之, 其殿最之籍, 置諸上考而題之曰君子. 何以知之? 吾以孫泰王公謙事知之. 噫! 人生以百年爲限, 而稱上壽. 君以安樂爲室廬, 歡喜爲眷屬, 婦善治饔, 何羨太官, 兒能讀書, 可代比竹. 如此而若又滿百年之數, 則比他人之上壽者, 便加倍而享二百年. 世

豈有是哉! 今減其半者, 亦造物絶補平等之意. 達觀者可以順受矣. 余乃窮老布衣, 而君常尊尚之, 君是眇然後輩, 而余每禮貌之, 而其愛好之心則同. 余今失君, 悲從心生, 不暇以世俗祭人之套語煩君聽也."

89 만시에서 원형적·자연적 이미지에 의해 형상화된 죽음의 심상은 매우 다양하여, 계절로는 가을, 시간으로는 해질녘이 원형적으로 죽음의 심상을 형상화한다. 추강秋江 추색秋色 추풍秋風 추우秋雨 등이 가을을, 낙일落日 석양夕陽 차석此夕 양우석凉雨夕 모산산暮山 황혼黃昏 서일西日 등이 저녁 시간을 죽음의 원형적 이미지로 다루고 있다. 또, 자연 대상의 변화 모습에서 부정적이고 하강적인 이미지를 통하여 죽음을 암시하거나 죽음의 배경적인 분위기를 제시한다. 최재남, 『한국애도시연구』, 경남대학교출판부, 1997, 197쪽.

90 「이참봉 만시李參奉挽」. "天厚李氏家, 借寶特破慳. 暫有猶爲幸, 安能久不還."

91 「이우상 만시李虞裳挽」. "無故得千金, 其家必有災. 矧此希世寶, 焉能久假哉."

92 Aries, P. and Duby, G., eds., 1988a: pp. 271~272. 「현대성과 죽음」(『문학동네』, 1995 가을호, 454쪽에서 재인용) 이 책에서는 15세기 바르나 키리아니 집안의 발로리노라는 한 귀족의 비망록을 제시하고 있다. 그는 25~30세에 생후 두 달 된 딸과 58세였던 아버지의 죽음을 맞았고, 37세 때는 17세 된 딸과 생후 7개월 된 자식의 죽음을 맞았으며, 47세 때에는 13세 된 딸과 15세 된 딸을 잃었고, 60세가 되던 해에는 30세 전후의 세 아들과 54세 된 부인과 17세의 손녀를 잃었다. 그뿐이 아니라 발로리노는 비망록을 쓰기 시작한 25세 이전에도 많은 가족을 여의었다.

93 홍세태는 슬하의 8남 2녀가 모두 먼저 죽었고, 정약용은 9명의 자녀 중 4남 2녀와 아내가 죽었고, 이양연은 4남매 중 2남 1녀와 아내와 며느리를 앞세웠다. 극단적인 경우이기는 하지만, 많은 죽음을 접하게 되는 예는 쉽게 찾아볼 수 있다.

94 이학규李學逵, 『인수옥집因樹屋集』, 「아무개에게 주다與」. "이 고을 사람들은 이웃 사람이 죽으면, 나무꾼이나 소치는 아이, 떡장수, 술집 노파를 가리지 않고 으레 종이 한 장을 마련해서 동서로 분주히 돌아다니며 만시를 지어달라고 부탁한다네. 그런데 만시가 어찌 쉽게 지을 수 있는 것이겠는가? 어떤 사람은 죽은 사람의 이름과 사는 곳도 말하지 않고 무턱대고 거창한 시구를 지어달라고 하니, 곁에서 보던 이들이 실소를 머금기도 한다네. 이웃 사람들과 정이 깊이 들어, 부지런히 부탁을 들어주었네此鄕之人, 遇鄰里喪死, 不論樵兒牧竪餠師酒媼, 動費一張紙本, 東西奔馳, 乞爲輓詩. 輓詩何可易作? 或不道出死者名姓居址, 直請作大好詩句, 傍觀爲之失笑. 鄰里情熟, 僶勉副急."

95 권암權巖(1716~1780). 본관은 안동安東, 자는 맹용孟容이고 호는 시암尸菴이다. 감호鑑湖에 별장이 있었기 때문에 '감호'라고도 불렸다. 권철신權哲身(1736~1801)의 부친이다. 안정복安鼎福(1712~1791)과 함께 성호 문하에서 수업한 것으로 보이며, 아들 권일신權日身이 안정복의 사위다. 성호는 그를 외우畏友로 대했다.

96 제목을 표현하는 방식은 다음과 같다. 1) 벼슬이 부기된 경우 19제, 2) 사문斯文 2제, 처사處士 1제, 이제姨弟 1제, 종질宗姪 1제, 우友, 군君, 경敬이 붙은 경우가 각각 1제, 3) 나머지는 이름에 만挽만 붙은 경우다.

97 「최진사덕응 만시挽崔進士德膺(名: 仁祐)」. "泉香而土肪, 是爲吉人宅. 孝婦從穆位, 侍奉如平昔."

98 「최판부 만시沈判府挽(名: 穀)」. "靜度可藥躁, 確守可鎭浮, 潦收水落後, 老石高寒洲."

99 『고문진보古文眞寶』「후적벽부後赤壁賦」. "於是, 攜酒與魚, 復遊於赤壁之下, 江流有聲, 斷岸千尺. 山高月小, 水落石出, 曾日月之幾何, 而江山, 不可復識矣."

4장

1 제17책, 갑진년甲辰年(1784) 정월 십삼일조十三日條. "惠寰詩百餘篇, 當以軸覽. 此人文章極怪, 於文則全不使之而字, 而於詩則全不避之而字, 決要殊異於衆. 此固一病而亦一奇也. 惠寰藏書頗富, 而所有皆奇文異冊, 無平常者一秩, 盖其奇實天性也."

2 『적선세가積善世家』「선부군언행기先府君言行記」. "庶類李德懋·朴齊家有時名. 先君見其所爲, 歎曰: '英廟末有爲此一種邪淫, 如李用休·李鳳煥之徒. 此輩祖之, 遂至於此, 可以見風氣. 此輩無足言, 士大夫子弟款之, 非世道小憂也.'"

3 다른 곳에서는 「유감有感」이란 제목으로도 나온다.

4 혜환은 「장와집서壯窩集序」를 남기고 있다.

5 그에 대한 기록으로 혜환은 「우정고서雨庭稿序」「대우암김군상찬對右菴金君像贊」「강산승람도에 쓰다題江山勝覽圖」 등을 남기고 있다.

6 두 기록이 거의 대동소이하다. 『이향견문록』. "李壯窩聖中, 字士執, 初號竹窩. 凡十發解, 及老年應講天陛, 音吐洪暢, 上壯之, 因改號壯窩. 善詩律, 有壯窩集."; 『풍요속선』 권4 「이성중조李聖中條」. "聖中, 字士執, 初號竹窩, 聖坤弟. 凡十發解, 及老年, 應講天陛, 音吐洪暢, 上壯之, 因改號壯窩."

7 혜환의 시문만 남아 있다. 혜환은 석북이 연천현감으로 부임한 1771년 가을에 「신사군 광수가 연천의 임지로 가는 것을 전송하다送申使君光洙之任漣川」(5언절구 6수)를 지어 전송했고, 또 석북이 연기로 부임한 1772년 9월에는 「신사군 성연이 영월의 임지로 가는 것을 전송하다送申使君聖淵之任寧越」(5언절구 2수)를 지어 전송한 바 있으며, 석북이 죽을 때는 「신성연 만시申聖淵挽」(5언절구 4수)를 남긴 바 있으니, 생평生平을 두고 교유한 셈이 된다.

8 혜환은 그에게 「정학생 법정이 기주의 원님으로 나가는 것을 전송하며送丁學生法正出宰基州」라는 시를 남겼고, 정범조는 혜환이 죽자 「혜환거사 이경명 용휴에 대한 만시惠寰居士李景明 用休 輓」를 지었다.

9 『혜환잡저』 권7에 「채사도가 관서의 관찰사로 나가는 것을 전송하는 서문送蔡司徒出按關西序」「번암채상서가 연경에 가는 것을 전송하는 서문送樊巖蔡尙書赴燕序」이 있고 『혜환시초』에는 「채대부 제공이 외직 함경감사로 나가는 것을 전송하다奉送蔡大夫濟恭出按北藩」가 남아 있다.

10 혜환의 시집에는 「백사에게 부치다寄白社」「다시 앞서의 운자韻字를 거듭하여 백문시사白門詩社에 보내다復疊前韻寄白門詩社」라는 시가 남아 있다.

11 채제공, 「경참사술이 먼저 돌아가고 이정조도 따라서 돌아가다景參上述先歸

李廷藻亦隨而歸 恨然有吟 示兪秀五」, 「개성유수 이정조가 동지의 후반에 나가기 위해 상경하여 유사에 내방하여 시를 주다開城伯李廷藻 趁冬至候班上京 來訪藥舍 詩以贈之」.

12 혜환은 「목유선 만중이 비중의 임지로 가는 것을 전송하며送睦幼選萬中之任庀衆」, 「덕순德順이 유선幼選(睦萬中)과 시를 말한다는 말을 들으니, 노인(혜환)이 관렵지희觀獵之喜가 움직여서 근체시를 지어 덕순에게 보내고 유선에게도 보이다聞德順, 與幼選, 談詩, 老人, 動觀獵之喜, 作近體詩, 寄德順, 兼示幼選」라는 시를 남겼고, 목만중은 이용휴가 첨지중추부사僉知中樞府事로 승자되자 「혜환 이용휴가 시종신의 아버지라는 이유로 자급을 승진시켜주는 데 대한 서문賀惠寰李用休侍從臣父陞資序」을 써주기도 했다. 이 글은 1781년에 지어진 것으로 혜환의 최만년에 해당하니, 이를 보면 그들의 관계가 시종 돈독하게 유지되었음을 알 수 있다. 또 목만중이 혜환에게 보낸 「혜환 이용휴가 시를 보내주었으므로 체를 본떠서 받들어 수답하다惠寰李用休以詩見投 效體奉酬」라는 시에서 시에 대한 깊은 견해를 적어 보낸 것으로 보아 이들의 관계가 단순한 친교 차원에 머물지 않았음을 짐작할 수 있다.

13 『병세재언록』. "鄭正言喆祚, 號石癡, 善畫竹石山水, 癖痼刻硯石. 刻硯人例具刀錐, 名曰刻刀. 喆祚只以佩刀刻硯, 如刑蠟, 勿論石品, 見石輒刻, 頃刻而成, 貯硯滿案, 有求輒與."

14 정민, 『월간 문화재사랑』, 「조선 최고의 벼루 장인, 정철조」, 2008.

15 「題鄭逸士山行圖」 「題楓嶽圖」 「題江山勝覽圖」 「題列仙圖」 「題草堂春睡圖」 「題臨流賦詩圖」 「題桃源圖」 「題出雲墨竹障」 「題出雲着色雪竹障」 「跋蓮潭山水圖」.

연보

1 그에 대한 글로는 이익의 『성호전집星湖全集』에 「단헌에게 부쳐 보내다簡寄檀軒」 「단헌기檀軒記」가 있다.

2 김득대는 본관이 청양青陽이고, 자는 창숙昌叔이다. 1707년(숙종 33) 무과에 급제한 후 천안 군수를 역임했다. 『승정원일기』를 보면 11월 25일에 김득대가 순흥부사에 제수된 것으로 나온다. 이듬해 2월 11일에 담비痰痹의 증세로 위독해져 부임하지 못하고 파출罷黜되었다.

3 신사권申史權(1718~1754). 본관은 고령高靈, 자는 용경用經이다. 1753년(영조 29) 진사시에 장원했다. 당시에 시를 잘 지어 이동운李東運, 황명곤黃命坤과 함께 삼걸三傑로 불렸다.(『司馬榜目』『下廬集』 卷15 再從叔上舍公墓誌, 韓國文集叢刊 260輯) 이익도 「신진사 사권에 대한 만시挽申進士 史權」를 지었다.

4 『척주선생안陟州先生案』을 참고하면 이동우는 1780년 삼척부사로 왔으나 동년 내간內艱을 만나 돌아가게 되었다. 후임은 이헌경李獻慶으로 7월에 삼척부사로 부임했다.

1 혜환의 산문은 『탄만집』『혜환잡저』에 대부분 수록되어 있다. 『혜환잡저』에 는 총 334편의 산문이 수록되어 있다. 또, 『탄만집』에는 『혜환잡저』에서 뽑은 100여 편의 산문이 실려 있다. 최근에 『탄만집』이 민족문화추진회民族文化 推進會(『한국문집총간』, 제223집)에서 공간되기도 했다.

2 규장각 해제 참조.

3 박준호는 "2권 1책으로 된 필사본으로, 『혜환시초』와 서체와 작품 순서만 다 를 뿐 실린 작품의 수나 내용은 동일하다"고 했고, 박용만은 "이 자료는 근본 적으로 의심의 여지가 있는 자료다. 문에서는 일부 중복된 작품이 있지만, 특 히 시에 있어서 기존의 자료들과 중복되는 작품이 단 한 작품도 없다. 또한 아들인 이가환이 필사했다고 보기 어렵게 앞부분에 착락이 많이 발견되고 있으며, 서체 역시 이가환의 필체는 아닌 것으로 추정된다. 따라서 이용휴의 이본 자료로 인정하기에는 유보적이다"라고 했다.

4 "李惠寶用休, 驪興人. 其詩絶佳, 不可易得者也. 但未見全稿, 惟得散行, 嘗詠 不厭."

5 "此得於休紙亂岬中, 呵凍僅抄, 可知其深愛成癖也."

6 『혜환잡저』에는 3편의 연명硯銘이 있다. 제목은 「벼루에 대한 명硯銘(姜廷進硯 石, 文成薇與竹葉)」「벼루에 대한 명硯銘(爲鄭德承作)」「벼루에 대한 명硯銘」 등 이다. 또 그의 시 「매월연梅月硯」도 벼루에 대한 내용을 담고 있다. 이 작품은 『혜환잡저』에는 보이지 않는다.

7 이광휴 묘지명의 존재 여부는 다음 논문에서 확인할 수 있다. 김영진, 「조선 후기의 명청 소품 수용과 소품문의 전개 양상」, 고려대 박사학위논문, 2003.

1 17~18세기 안산의 유씨 가문은 여흥민씨 민암閔闇(1636~1694, 우의정) 가 문, 사천목씨 목내선睦來善(1617~1704, 좌의정) 가문과 함께 근기近畿 남인 계열 3대 가문으로 칭해졌다.

2 그에 대한 기록으로는 『혜환잡저』「자헌대부 공조판서 정공 묘갈명資憲大夫 工曹判書鄭公墓碣銘(并序)」이 있다.

3 전처는 양천허씨인 허규許逵의 딸로 슬하에 1녀를 두었으며, 후처는 거창신 씨居昌愼氏인 신경덕愼敬德의 딸로 슬하에 1남 1녀를 두었다. 아들이 없어 죽파竹坡 이광휴의 둘째 아들 이삼환李森煥을 후사로 삼았다. 전처의 죽음 에 대해 『정산잡저』에 「제망실허씨문祭亡室許氏文」을 남기고 있다.

4 『혜환잡저』에는 양천허씨에 대한 기록이 많이 실려 있는데 대략 다음과 같다. 「양천허씨 세고에 대한 발陽川許氏世稿跋」「양천허씨 세고 뒤에 쓰는 발題陽 川許氏世稿後跋」「허씨가경권 발許氏家慶卷跋」「효부허씨에 대한 찬孝婦許 氏贊」「허사문 애만에 대한 발許士文哀輓跋(名渙)」「허씨훈지고 서許氏塤篪 稿序」.

5   『병세집』에 13제 13수의 시가 남아 있다. 이 수록 편수는『병세집』소재 문인 중 결코 적은 수가 아니다. 그에 대해 간략히 살펴보면 다음과 같다. 허담은 자가 태화太和이고 호는 명애明厓다. 1773년 문과에 올라 벼슬이 정언正言에 이르렀다. 이삼환의『소미산방장』에「약허태화담한경선광부야회염운約許太和澹韓景善光傅夜會拈韻」이 있다.

6   그는 옥동玉洞 이서李溆의 절친한 친구였다. 그의 묘갈명인「청주목사휘원묘갈명淸州牧使諱源墓碣銘」은 이익李瀷이 찬하였다.

7   자가 대성大成이고 호는 송은松隱이다. 족보에는 유고가 가장家藏돼 있다 하나 확인할 수는 없다. 이가환의『금대시문초錦帶詩文艸』권3『송은허공후록소전松隱許公壎簏稿小傳』에 허집에 대한 상세한 내용이 기록되어 있다. 이 기록을 참조해보면『송은만필松隱漫筆』8권이 남아 있다고 하나 이 역시 확인할 수는 없다.

8   혜환은『혜환시집』에「판부 심각에 대한 만시沈判府㲄挽」를 남기고 있다.

9   『양천세고陽川世稿』. "姜菊圃曰, 百年以來, 未嘗見如此文也."

10 이원휴는 자가 정보貞甫, 호가 금화자金華子다. 소릉少陵 이상의 이상의李尙毅의 현손이고 매산梅山 이하진李夏鎭의 손자이며 옥동玉洞 이서李溆의 아들이다.

11 「次許仲若尹士弘梅詩」「和許仲若」「權士恢基彥宅和許仲若采韻」「答許仲若留詩」「權士恢宅次許仲若韻」「贈別許萬頃仲若」「和寄許萬頃仲若」.

12 이기양은 본관이 광주廣州, 자가 사흥士興, 호는 복암茯菴이다. 그는 가문은 성호학파의 주요 가문들과 인척 관계를 맺고 있는데 내용은 다음과 같다. 그의 동생 이기성李基誠(1765~1812)은 안정복의 손녀, 그의 장남 이총억李寵億(1764~1822)은 권철신權哲身의 딸, 그의 차남 이방억李龐億(1776~1837)은 이가환의 딸, 그의 딸은 홍락민(1751~1801)의 아들 홍백영洪栢榮과 각각 혼인했다. 특히 여주이씨 가문과 그의 인연은 남다르다. 그는 이병휴와 이철환李嚞煥(1722~1779)에게서 가르침을 받았다. 이병휴의『정산집貞山集』에「答李士興書基讓」「答李士興書 乙酉」「答李士興書」등과 이가환의『시문초詩文艸』에「送冬至副使李侍郎入燕序」등이 남아 있다.

13 윤용(1708~1740)은 조선 후기의 화가다. 자는 군열君悅, 호는 청고靑皐. 그림과 문장에 뛰어났으나 33세로 요절했다.

14 『양천허씨충장공파보陽川許氏忠莊公派譜』. "家狀曰, 公恬靜樂道, 淸奇好古. 惠實李用休, 道義交也, 嘗曰, "正叔無一點塵㙅." 申石北光洙, 尹昪悅愷, 以詩名, 權儀仲揗韓參判必壽, 長於詞賦, 趙宗眞恕兄弟, 俱善儷文, 而與公爲同硏, 莫逆, 而至經濟之策, 諸公不敢窺其藩籬."

15 『陽川許氏忠莊公派譜』「贈嘉善大夫弘文館副提學經筵知製敎行司憲府掌令諱彙墓誌銘」. "公姿性愷悌謙和, 群居終日, 無戱言, 直情而行, 無欺心之事. 見人不善, 若將浼焉. 居官, 塞請托之路, 掌試杜循私之逕. 奉己必簡約, 接物必仁慈. 與弼善李萬恢參議金朝潤諸人, 最相友善. 樊菴蔡濟恭, 臨食承訃, 却食掩泣, 極其悲感, 且以爲天喪吾儕, 更無可望云云, 壽五十四."

16 『시문초』「次許勝菴見示韻」「次許勝菴見訪韻」「秋日柏谷村口送許勝菴及從侄幼興」「奉酬許勝菴見懷之作」「答許勝菴」「次韻呈許勝菴兼速其來」「許勝菴關西錄跋」「次許勝菴韻」.

17 「和菴記」「外孫許瓚字純玉說」「題外孫許瓚所寫古詩選後」「書贈外孫許瓚」.

18 許潰, 李家煥之甥侄也. "今上岳陽樓'之詩第二句曰: '斜陽吳楚盡際明, 斷雁乾坤浮處響.' 家煥泣下沾衿, 曰: '此非人語, 汝不久於世矣.' 果如言, 非明鑑乎!"

19 허필의 시가 수록된『오대가시五大家詩』(고려대 소장)는 주목을 요한다. 필사본 1책인데 여기에『醉松詩稿』(李義師),『烟客詩稿』(許佖),『后青詩稿』(李漢教),『之又齋詩稿』(鄭遂榮),『睡窩詩稿』(朴守仁) 등이 실려 있어 부분적으로나마 허필의 시세계를 엿볼 수 있다.

20 그는 여주이씨 문인들뿐 아니라 남인 문인들과도 매우 활발하게 교유했다. 임희성任希聖은『재간집在澗集』에「次松西示煙客許佖汝正號韻兩寄」「煙客許汝正挽十五首選六首」「許汝正佖煙客詩卷序」「祭許汝正佖文」등을, 신광수申光洙는『석북집石北集』에「又贈汝正」「寄許汝正」「又寄許煙客佖」등을 남겼다.

21 혜환은 평창이씨에 대한 기록으로『혜환잡저』에「平昌李氏六世承榜錄跋」을 남기고 있다.

22 『계행보』(天) 515쪽. "楚山府使, 餘之廩米, 五百斛, 悉與飢民, 歸裝, 無一物."

23 『문과방목』에는 생년이 1726년으로, 자는 덕회德晦로, 처부妻父가 유경기柳敬基로 기록되어 있다.

24 아버지는 종기宗其이고 할아버지는 혜환의 장인인 헌장憲章이다.

25 채제공도『번암집樊巖集』에「송이영덕순동우재삼척이수送李令德順東遇宰三陟二首」를 남겼고, 정범조丁範祖도『해좌집海左集』에「약유선천여선옹회성남수각개제소년해언념운각부約幼選天與善用會城南水閣蓋諸少年偕焉拈韻各賦」「기삼척사군이동우천여寄三陟使君李東遇天與」를 남겼다.

26 『사마방목』에는 생년이 1739년으로 되어 있다.

27 족보에는 자가 유문孺文으로 되어 있다.

28 『朝鮮圖書解題』, 子部, 子規樓帖.

29 채제공은『번암집』에「六日夜諸君見訪拈韻屬李幼文東郁/七首」「李幼文申士剛應淵李季受至 拈韻同賦 李公會已以日昨重到信宿」「哀李幼文東郁/二首」등을 남기고, 이헌경李獻慶도『간옹집艮翁集』에「詩社諸益有詩寄來步韻 寄三首(酬蘇巖李東郁)」「蘇巖用餘窩唱酬韻見寄謹步卻寄」「送別寧越李使君東郁之任二首」「送李校理東郁以書狀赴燕二首」「次寧越李使君東郁錦江亭韻 寄二首」등을 남겼다. 이가환도『금대시문초錦帶詩文艸』(권1)에「봉기영월이사군명동욱奉寄寧越李使君名東郁」을 남겼다.『병세재언록幷世才彦錄』「우예록寓裔錄」에도 그에 대한 짤막한 이야기가 나온다.

30 그의 문집인『만천유고蔓川遺稿』(필사본)가 숭실대 한국기독교박물관에 소장되어 있다. 그에 대한 연구는 사학(교회사)에 집중되어 있다. 유홍렬,「이승훈과 그 후손들의 순교」,『사학연구』제18집, 1964; 이이화,「이승훈 관계 문헌의 검토」,『교회사연구』제8집, 1992; 이원순,「이승훈 후손의 천주신앙—박해기의 후손들」,『교회사연구』제8집; 조광,「신유교난辛酉敎難과 이승훈」,『교회사연구』제8집, 1992; 차기진,「만천 이승훈의 교회 활동과 정치적 입지」,『교회사연구』제8집, 1992.

31 이헌경은『간옹집』에「만천권후제蔓川卷後題」를 남겼다.

32 목판본으로 안변安邊에 있는 석왕사釋王寺에서 간행되었다. 1책(62장)이다. 서는 채제공과 홍명한이, 발은 목만중이 썼다. 간기刊記에는 "癸巳(1773)冬, 安邊

府開刊板本藏于釋王寺"라 남아 있다. 규장각, 영남대에 각각 소장되어 있다.

33 『사마방목』에는 자가 자화子龢로 되어 있다.

34 『계행보』에는 신사申浹로 되어 있고, 사마방목과 족보에는 신후申逅로 되어 있다. 후자가 정확하다.

35 채제공은 『번암집』에「칠석견신성연광수과해양별업견류서七夕見申聖淵光洙過海陽別業見留書」「억신성연憶申聖淵」「동신성연숙이숙댁호운동부同申聖淵宿李叔宅呼韻同賦」등을 남기고 있다.

36 신광수가 그에게 준「증이성회동운북유수주贈李聖會東運北遊愁州」「한식일제이성회동운시집말寒食日題李聖會東運詩集末」「이성회동운소상야보월향교유감일절李聖會東運小祥夜步月香橋有感一絶」「제이성회동운문祭李聖會東運文」이라는 글이 『석북집』에 남아 있다.

37 그에 대한 글은 남인계 시인들 문집에 매우 많이 남아 있는데, 대표적인 글은 다음과 같다. 이헌경, 『간옹집』「閣夜申文初光河至得聞字共賦二首」「寒夜與文初及兒子廷年拈韻共賦得燈字」「申工部文初來訪卽坐共賦」「閣夜申文初至得寒字共賦」「元月十四夜約文初玩月賦得圓字二首」「白頭山歌送震澤申文初北游」; 채제공, 『번암집』「李公會兄弟率歌妓 卜夜來會 妓有自關東來者 自言曾爲申震澤文初所眄 及來京師 震澤已歸泉下 只自號泣於白門舊第 其言凄斷不聞山陽暮笛 卽席愴然賦詩二首」「送震澤申文初光河遊白頭山序」; 정범조, 『해좌집』「申文初光河自楓嶽 倂海而東 歷過郡齋 相視驚喜 剪燭共賦三十八首」「東海月歌送文初還京師」「送文初書懷」「得文初途中寄書」「黃驪行 感題驪江錄後 贈震澤申文初 兼眎善用」「送申文初宰麟蹄二首」「文初自營下 訪一宿共賦二首」「寄賀震澤申文初登弟」「申文初帆四首」「索居忽忽 作悼韓申二君歌 韓南居景善也 申震澤文初也」「震澤申文初六十六歲壽序」.

38 『고령신씨세보高靈申氏世譜』권6.

39 이헌경, 『간옹집』「신진사배연 만시申進士培淵輓」가 남아 있다.

40 『동인시東人詩』(개인소장본)에는 그의 과시科詩 몇 편이 남아 있다.

41 채제공은 『번암집』에「送申善用禹相通判鏡城」을, 정범조는 『해좌집』에「送申善用禹相宰興陽二首」「約幼選天臾善用會城南水閣蓋諸少年偕焉拈韻各」「贈善用」「黃驪行 感題驪江錄後 贈震澤申文初兼眎善用」을 남기고 있으며, 신광수는 아들과 관련된「白門夜酌與夢瑞禹通景休禹相共賦四首」라는 시를 남기고 있다.

42 『진주강씨박사공파대동보晉州姜氏博士公派大同譜』에는 강세관의 생몰이 1619~1733년으로 기록되어 있고, 강순흠의 배피가 전주이씨 이만선李萬選으로 기록되어 있다. 이것은 둘 다 오기로 보인다.

43 이가환, 『시문초』3,「답강생준흠서答姜生浚欽書」.

44 『혜환잡저』에「소옹선생 휴치 때의 증행시첩 발문梳翁先生休致時贈行詩帖跋」이라는 글이 남아 있다.

45 『국조방목』에는 자가 계창季昌으로 되어 있다.

46 그에 대한 시문으로는 『정산시고』에「선달 사회에게 주다贈士會先達, 訪士會於穆陵齋所適巡山未返獨坐口占」「돌아오는 길에 절구絶句 한 수를 얻어 사회士會에게 부치다歸路得一絶寄士會」「사회士會 원외員外가 성성 남쪽에 집

을 사서 자못 유취幽趣가 있는데 나를 초대하여 함께 단풍나무 아래에서 술을 마시며 무척 즐기고 파했다. 인하여 석상席上의 운자로 짓다士會員外 買宅城南 頗有幽趣 邀余共飮楓樹下 盡驩而罷 因次席上韻」가 있고, 『정산잡저』에 「이제 사회를 전송하는 서문送姨弟士會序」「이사회 제문祭李士會文」이 있다.

참고문헌

1. 자료

姜世晃, 『豹菴遺稿』, 한국정신문화연구원, 1979

金澤榮, 『金澤榮全集』, 아세아문화사, 1978

睦萬中, 『餘窩文集』, 규장각소장

朴齊家, 『貞蕤閣全集』, 여강출판사, 1986

朴趾源, 『燕巖集』, 계명대도서관

申景濬, 『旅菴遺稿』, 민족문화추진회 한국문집총간

申光洙, 『石北集』, 민족문화추진회 한국문집총간

申光河, 『震澤文集』; 『崇文聯芳集』, 아세아문화사

安鼎福, 『順菴集』, 민족문화추진회 한국문집총간

柳慶種, 『海巖稿』, 개인소장본

劉維翰, 『東楂餘談』, 일본국회도서관 소장(필사본)

李用休, 『惠寰雜著』(國立中央圖書館本, 7권 7책; 6~12권, 필사본)

────, 『惠寰詩集』(國立中央圖書館本, 2권 2책; 7~8권, 필사본)

────, 『炭攷曼攷集』(國立中央圖書館本, 1책, 필사본)

────, 『惠寰居士詩集』(個人所藏本, 1권 1책, 필사본)

────, 『惠寰詩抄』(國立中央圖書館本, 1책, 필사본)

────, 『惠寰集抄』(高麗大圖書館本, 2권 1책, 필사본)

────, 『諸子抄選』(藏書閣本, 2권 1책, 필사본)

────, 『惠寰公札』(個人所藏本)

──── 外, 『慶壽帖, '驪州李氏鶴山公壽職』(個人所藏本)

李秉休, 『貞山雜著』(個人所藏本, 11권 11책, 필사본)

李家煥, 『詩文艸』(國立中央圖書館本, 4권 4책, 필사본)

李森煥,『少眉山房藏』(個人所藏本, 6권 3책, 필사본)
李圭景,『詩家點燈』, 아세아문화사, 1981
李德懋,『국역 靑莊館全書』, 민족문화추진회
李瀷,『국역 星湖僿說』, 민족문화추진회
李學逵,『洛下生全集』, 아세아문화사, 1985
李獻慶,『艮翁集』, 민족문화추진회 한국문집총간
任希聖,『在澗集』, 민족문화추진회 한국문집총간
張志淵 外,『大東詩選』, 亞細亞文化社
丁若鏞,『與猶堂全書』, 여강출판사
許彙,『豹隱先生文集』, 경인문화사

『韓國系行譜』天·地·人
『南譜』필사본 4책
『高靈申氏世譜』
『東人詩』, 개인소장본
『驪州李氏歷代人物誌』, 여주이씨 역대 인물지 간행위원회, 도서출판 우평, 1997
『驪州李氏星湖家門世乘記』, 성호선생 기념 사업회, 도서출판 우평, 2002
『驪州李氏世譜』(少陵公派)(堤川公派)
『陽川許氏忠莊公派譜』
『二四齋記聞錄』, 국립도서관 소장
『晉州姜氏大同譜』(博士公派)
『平昌李氏世譜』(翼平公派)
『漢陽趙氏兵參公派譜』(乾), 뿌리출판사, 1998
『성호기념관 도록』, 도서출판 호영, 2002
『閭巷文學叢書』1~10, 여강출판사, 1985~1991
사마방목 CD-ROM, 서울시스템

2. 저서

강명관,『조선후기 여항문학 연구』, 창비, 1997
김종태,『중국회화사』, 일지사, 1990
김명호,『열하일기 연구』, 창비, 1990
_____,『박지원 문학 연구』, 성균관대학교동아시아학술원, 2001
김흥규,『조선전기의 시경론과 시의식』, 고려대민족문화연구소, 1982
문영오,『표암 강세황 시서연구』, 태학사, 1997
성백효,『양천세고』, 춘인당, 2000
송재소,『다산시 연구』, 창비, 1986
_____ 역주,『다산시선』, 창비, 1981
심경호,『한문산문미학』, 고려대출판부, 1998
_____,『한문산문의 내면 풍경』, 소명출판, 2002

심노숭,『눈물이란 무엇인가』, 김영진 옮김, 태학사, 2001
안대회,『조선후기 시화사 연구』, 국학자료원, 1995
_____,『18세기 한국한시사 연구』, 소명출판, 1999
_____, 편,『조선후기 소품문의 실체』, 태학사, 2003
안휘준,『한국회화사』, 일지사, 1991
유약우,『중국시학』, 이장우 옮김, 범학사, 1979
유홍준,『조선시대 화론 연구』, 학고재, 1998
이가원,『한국한문학사』, 보성문화사, 1961
_____,『한국명인소전』, 일지사, 1975
_____,『한국문학연구소고』, 연세대학교출판부, 1980
_____,『조선문학사』, 태학사, 1997
이경수,『한시사가의 청대 시 수용 연구』, 태학사, 1995
이성무 외,『조선시대 잡과 합격자 총람』, 한국정신문화연구원, 1990
이우성,『한국의 역사상』, 창비, 1983
이원진,『태호 이원진의 태호시고』, 실시학사 고전문학연구회 옮김, 사람의무늬,
    2016
이혜순 외,『우리 한문학사의 새로운 조명』, 집문당, 1999
임형택 편역,『이조시대 서사시』(상·하), 창비, 1992
_____,『한국문학사의 시각』, 창비, 1984
정민,『비슷한 것은 가짜다』, 태학사, 2000
정옥자,『조선후기 문학사상사』, 서울대학교출판부, 1990
조남권·박동욱,『혜환 이용휴 시전집』, 소명출판, 2002
조남권·박동욱,『혜환 이용휴 산문전집』, 소명출판, 2007
조동일,『한국문학통사』, 지식산업사, 1983
진재교,『이조 후기 한시의 사회사』, 소명출판, 2001
차주환,『중국시론』, 서울대학교출판부, 1990
한우근,『성호 이익 연구』, 서울대출판부, 1980
_____, 외,『정다산연구의 현황』, 민음사, 1985
후외려 외,『송명이학사』(1·2), 박완식 옮김, 이론과실천, 1993·1995

3. 논문

강경훈,「重菴 姜彝天 文學 硏究」,『古書硏究』제15호, 보경문화사, 1997
김남형,「朝鮮後期 近畿實學派의 藝術論 硏究」, 고려대학원 박사학위논문, 1988
김동준,「李用休 漢詩의 理知的 性向과 새로운 詩的 型式」,『진단학보』95집, 2003
_____,「18세기 한국한시의 실험적 성격에 대한 연구: 李匡師, 李用休, 柳慶種을
    중심으로」,『민족문학사연구』27집, 2005
_____,「해암 유경종의 시문학 연구」, 서울대학원 박사학위논문, 2003
_____,「李嘉煥의『剡社篇』에 대한 재고: 18세기 안산지역 詩會의 맥락 검토를 겸
    하여」,『한국한시연구』19집, 한국한시학회, 2011

_____, 「王世貞 코드로 읽는 生誌銘과 意園—18세기 安山圈 文人들의 불우와 위
안의 예술적 형상화」, 『한국한문학연구』 52집, 한국한문학회, 2013
김성진, 「조선후기 소품체 산문 연구」, 부산대대학원 박사학위논문, 1991
김시업, 「高麗後期 士大夫文學의 性格」, 성균관대대학원 박사학위논문, 1989
_____, 「邵南 윤동규의 근기학파에서의 위치」, 『한국실학연구』 9권, 한국실학학
회, 2005
김영진, 「조선후기의 명청 소품 수용과 소품문의 선개 양상」, 고려대대학원 박사학
위논문, 2003
_____, 「이옥 문학과 명청소품」, 『고전문학연구』 23, 2003
_____, 「李鈺의 가계와 明淸小品 독서」, 『조선후기 소품문의 실체』, 태학사, 2003
_____, 「조선후기 실학파의 총서편찬과 그 의미」, 『한국한문학연구의 새 지평』, 소
명출판사, 2005
나종면, 「18세기 詩書畵論의 美學的 志向」, 성균관대대학원 박사학위논문, 1997
박동욱, 「혜환 이용휴 만시고」, 『온지논총』 7집, 2001
_____, 「혜환 이용휴 열녀전의 입전 의식」, 『동방학』 10집, 2004
_____, 「혜환 이용휴 산문 연구」, 『온지논총』 15, 2006
박용만, 「李用休의 文學論과 漢詩 硏究」, 한국정신문화연구원 한국학대학원 석사
학위논문, 1993
_____, 「李用休論」, 『朝鮮後期漢文學作家論』, 집문당, 1994
_____, 「李用休 詩意識의 실천적 의미에 대하여」, 『한국한시연구』 5, 태학사, 1997
_____, 「惠寰 李用休論」, 『조선후기 한시작가론』 1, 이회, 1998
_____, 「18세기 안산과 여주이씨가의 문학활동: 『섬사편』을 중심으로」, 『한국한문
학연구』 25집, 한국한문학회, 2000
_____, 「李用休의 詩文學 硏究」, 韓國精神文化硏究院 韓國學大學院, 박사학위논
문, 2000
_____, 「18세기 성호일문의 한시 창작에 관한 일고찰」, 『국제어문』, 국제어문학회
(구 국제어문학연구회), 2002
박준호, 「惠寰 李用休의 文學觀」, 『大東漢文學』 9집, 대동한문학회, 1997
_____, 「貞山 李秉休의 學問的 傾向과 詩世界」, 『東方漢文學』 15집, 동방한문학
회, 1998
_____, 「惠寰 李用休의 傳에 대하여」, 『漢文學報』 1, 우리한문학회, 1999
_____, 「惠寰 李用休 詩世界의 한 局面—'愛民詩'를 중심으로」, 『漢文學硏究』
14집, 啓明漢文學會, 1999
_____, 「惠寰 李用休의 生涯와 交遊 關係에 대하여」, 『國學論叢』 4집, 慶山大 國
學硏究院, 1999
백승호, 「번암 채제공 문학 연구樊巖蔡濟恭文學硏究」, 서울대학교대학원 석사학위
논문, 2006
서종태, 「星湖學派의 陽明學 硏究—茯菴 李基讓을 중심으로」, 『韓國史硏究』 66호,
1989
_____, 「鹿菴 權哲身의 陽明學 受容과 그 影響」, 『國史館論叢』 34집, 1992
송혁기, 「섬계 이잠의 병술년 상소 연구」, 『민족문화연구』 제60호, 고려대학교 민족

문화연구원, 2013

심경호, 「18세기 중·말엽의 남인 문단」, 『국문학연구 1997』, 서울대국문학연구회, 태학사, 1997

_____, 「조선후기 문인의 東遊 體驗과 漢詩」, 『韓國漢詩研究』 6, 태학사, 1998

_____, 「화원에서 얻은 단상—조선후기의 화원기」, 『한문산문의 내면 풍경』, 소명출판사, 2001

_____, 「일탈과 실험: 이옥의 산문세계」, 『18세기연구』 3, 한국18세기학회, 2001

안대회, 「韓國 漢詩와 죽음의 문제」, 『한국한시연구』 3, 태학사, 1995

_____, 「이용휴 소품문의 미학」, 『한국학논집』 34, 한양대 한국학연구소, 2000

_____, 「조선후기 소품문의 성행과 글쓰기의 변모」, 『한국한문학연구』 28집, 한국한문학회, 2001

_____, 「평양기생의 인생을 묘사한 소품체 녹파잡기 연구」, 『한문학보』 14집, 우리한문학회, 2006

유홍렬, 「이승훈과 그 후손들의 순교」, 『史學研究』 제18집, 1964

이기면, 「前後七子와 公安派의 同根性 연구」, 『中國語文論叢』 제9호, 1995

이동환, 「朝鮮後期 漢詩에 있어서 民謠趣向의 擡頭」, 『韓國漢文學研究』 제 3·4합집, 한국한문학연구회, 1979

_____, 「朝鮮後期 文學思想과 文體의 變移」, 『韓國文學研究入門』, 知識産業社, 1982

이우성, 「金秋史 및 中人層의 性靈論」, 『韓國漢文學研究』 제5집, 1981

이원순, 「이승훈 후손의 천주신앙—박해기의 후손들」, 『교회사연구』 8집, 1992

이이화, 「이승훈 관계 문헌의 검토」, 『敎會史研究』 제8집, 1992

이정숙, 「惠寰 李用休의 文學思想 研究」, 안동대학원 석사학위논문, 1998

임형택, 「순암 안정복의 학문과 사상: 성리학과 실학의 관련성 문제—「함장록函丈錄」의 분석」, 『한국실학연구』 25집, 한국실학학회, 2013

정경주, 「五洲 李圭景과 『詩家點燈』의 詩學 範疇에 대하여」, 『釜山漢文學研究』 9집, 1995

정민, 「조선후기 산수유기 연구」, 『18세기 연구』 4, 한국18세기학회, 2002

_____, 「18세기 조선 지식인의 '癖'과 '癡' 추구 경향」, 『18세기 연구』 5·6, 2002

_____, 「18세기 시식인의 완물 취미와 지적 경향」, 『고전문학연구』 23, 2003

_____, 「18세기 원예문화와 柳璞의 『花庵隨錄』」, 『한국시가연구』 14, 한국시가학회, 2003

_____, 「『東梯餘談』에 실린 이언진의 필담 자료와 그 의미」, 『한국한문학연구』 32집, 한국한문학회, 2003

_____, 「18세기 우정론의 맥락에서 본 이용휴의 生誌銘攷」, 『한국학논집』 34집, 2000

정우봉, 「李家煥의 文學論과 詩世界」, 고려대학원 석사학위논문, 1984

_____, 「李用休의 文學論의 일 고찰-그의 양명학적 사고와 관련하여」, 『韓國漢文學研究』 9·10 합집, 한국한문학연구회, 1987

조광, 「辛酉敎難과 이승훈」, 『교회사연구』 8집, 1992

조현덕, 「혜환 이용휴의 사유양식과 소품체산문 연구」, 고려대교육대학원 석사논

문, 2001

차기진, 「星湖學派의 西學 認識과 斥邪論에 대한 연구」, 한국정신문화연구원 한국학대학원 박사학위논문, 1996

_____, 「만천 이승훈의 교회 활동과 정치적 입지」, 『교회사연구』 8집, 1992

허윤진, 「희망의 유산遺産: 혜환 이용휴 만시挽詩 연구」, 『한국시가문화연구』 40, 2017

하지영, 「이용휴 문학에 나타난 서학적 개념의 수용과 변용」, 『東洋古典研究』 65, 동양고전학회, 2016

기이한
나의 집

368

효종孝宗(이호李淏) 32

책명

李用休南年四十縣州人字長命號惠衆

迁工湘潭手

題花菴花木品彙後

昔班氏列九等之序以作古今人表而猶多顛錯失

次致遺議若鍾記室之評詩陳太史之選文自以為

品藻甚精而間或有不滿人意者今觀百花菴主花

木品彙其位置行序燦然魂之若若漢三尺周九章

雖使花自為品藻亦無以過可謂難矣或六卷主有

銓衡才而不遇於時故借此以寓其設施云

惠衆道人李用休漾明氏識

기이한 나의 집

이용휴 평전

초판 인쇄 2021년 5월 21일
초판 발행 2021년 5월 31일

지은이 박동욱
펴낸이 강성민
편집장 이은혜
편집 박은아 곽우정
마케팅 정민호 김도윤 최원석
홍보 김희숙 김상만 함유지 김현지 이소정 이미희 박지원

펴낸곳 (주)글항아리│출판등록 2009년 1월 19일 제406-2009-000002호

주소 10881 경기도 파주시 회동길 210
전자우편 bookpot@hanmail.net
전화번호 031-955-2696(마케팅) 031-955-2663(편집부)
팩스 031-955-2557

ISBN 978-89-6735-907-2 03900

geulhangari.com